МИХАЭЛЬ ЛАЙТМАН

«ТАЙНЫ ВЕЧНОЙ КНИГИ»

КАББАЛИСТИЧЕСКИЙ КОММЕНТАРИЙ К ТОРЕ

ТОМ **11**

«ВАЭТХАНАН»
«ВСЛЕДСТВИЕ»
«СМОТРИ»

МЕЖДУНАРОДНАЯ
АКАДЕМИЯ
КАББАЛЫ

Лайтман, Михаэль
Тайны Вечной Книги. Том 11 / Михаэль Лайтман. –
Laitman Kabbalah Publishers, 2024. – 352 с.

Laitman Michael
Secrets of the Eternal Book. Volume 11 / Michael
Laitman – Laitman Kabbalah Publishers, 2024. – 352 pages.

ISBN 978-965-551-054-6

Подобного раскрытия Торы до сих пор не было. Дайте себе немного времени, войдите в материал, уверяю вас, вы не оторветесь от этой книги. Потому что почувствуете, что она – о вас. И она нужна вам, как близкий друг, который всегда поможет, придет на помощь, будет рядом и в горе, и в радости.

*Семен Винокур, автор и ведущий серии передач
с Михаэлем Лайтманом «Тайны Вечной Книги»*

ISBN 978-965-551-054-6

Copyright © 2024 by Laitman Kabbalah Publishers.
1057 Steeles Avenue West, Suite 532
Toronto, ON M2R 3X1, Canada.
All rights reserved.

ОГЛАВЛЕНИЕ

ПРЕДИСЛОВИЕ — 11

ГЛАВА «И МОЛИЛСЯ Я» — 13

- «ДАЙ МНЕ ПЕРЕЙТИ ИОРДАН» — 14
- ТАКТИКА И СТРАТЕГИЯ ТВОРЦА — 16
- ЖИЗНЬ ЦЕНОЙ ИСТРЕБЛЕНИЯ НАРОДА? — 18
- НЕ ВКЛЮЧАЙ СВОЙ РАЗУМ — 20
- ОБЕРЕГАЙ ДУШУ СВОЮ — 22
- ГЛАВНЫМ ЯВЛЯЕТСЯ СТРАХ? — 24
- «ГОЛОС ЕГО СЛЫШАЛИ ВЫ…» — 26
- ГОРА ВЗАИМНОЙ НЕНАВИСТИ — 28
- НЕТ МЕНЯ, НЕТ НИЧЕГО ВОКРУГ — 31
- НЕ МОЛИТЬСЯ ИДОЛАМ? — 33
- ПОДНЯТЬСЯ НАД «КОСТРАМИ ИНКВИЗИЦИИ» — 35
- ИСПОЛЬЗУЕМ СТАРЫЕ ЗАПИСИ — 37
- В ИЗГНАНИЕ ВЫЙТИ ОБЯЗАН — 41
- ЧЕМУ ВОЗРАДОВАЛСЯ РАББИ АКИВА — 43
- ПОМОЩЬ ПРОТИВ ТЕБЯ — 44
- КАББАЛИСТ В МОМЕНТ УДАРА — 46
- В ОДНОМ МЕСТЕ, НО НЕ ВМЕСТЕ — 47
- ЧТОБЫ ВОЗВРАТИТЬСЯ К ТВОРЦУ — 49
- ДВЕСТИ ЛЕТ – ЗА ГОД?! — 51
- КАК ЖЕНИХ С НЕВЕСТОЙ — 53
- НЕ С ОТЦАМИ НАШИМИ, НО С НАМИ — 53
- БЫЛО ПРОСТО, НО ОНИ УСЛОЖНИЛИ — 56
- ЛЮБОВЬ ИЛИ НЕНАВИСТЬ – ТРЕТЬЕГО НЕ ДАНО — 59
- НЕ ПРОИЗНОСИ ИМЕНИ ЕГО ПОПУСТУ — 61
- ДЕНЬ СУББОТНИЙ – ДЛЯ КОГО ОН? — 63
- НЕ КАЖДОМУ ДАНО ОЩУТИТЬ ТЬМУ — 66
- НЕТ – И НЕ НАДО — 69
- ЧТИ ОТЦА СВОЕГО И МАТЬ СВОЮ — 71

НЕ УБИВАЙ	72
НЕ ПРЕЛЮБОДЕЙСТВУЙ	73
НЕ КРАДИ	74
О ЛОЖНОМ СВИДЕТЕЛЬСТВЕ	75
ЖЕНА БЛИЖНЕГО СВОЕГО	76
КАК ПРАВИЛЬНО ЗАКРУТИТЬ ШЕСТЕРЕНКУ	78
«НАПИШИ ТОРУ НА СЕРДЦЕ СВОЕМ»	79
ЛЕСТНИЦА ВНУТРИ ТЕБЯ	80
ПОЧУВСТВУЙ, ЧТО НАХОДИШЬСЯ В РАЮ	83
Я НЕНАВИЖУ ТВОРЦА?	84
БОГ СКАЗАЛ: «ЭТО ХОРОШО»	87
НЕ УПУСТИ СВОЮ ВОЗМОЖНОСТЬ	89
КТО КОМАНДУЕТ СЕРДЦЕМ?	91
ПОВЯЖИ УЗЕЛКИ НА ПАМЯТЬ	93
ЧТО ЗНАЧИТ – ПОМНИТЬ?	95
НИЧЕГО МЫ НЕ ДЕЛАЕМ САМИ!	97
МАСКИ-ШОУ: ГДЕ НАЙТИ ТВОРЦА?	100
УКРАЛИ МЕШКИ И НЕСЕМ ИХ С СОБОЙ	102
И ОН ВОЮЕТ ВМЕСТО НАС	104
НИКАКИХ ПОЛОВИНЧАТЫХ РЕШЕНИЙ	106

ГЛАВА «ВСЛЕДСТВИЕ»	**111**
НЕТ НАКАЗАНИЯ СВЫШЕ	112
ЛЕЖАТЬ НА ДИВАНЕ И СМОТРЕТЬ ТЕЛЕВИЗОР	115
И ПЛЮС, И МИНУС – НА ПОЛЬЗУ ТЕБЕ	117
КАК НЕ ПОПАСТЬ В МЫШЕЛОВКУ	119
ОБЪЯСНИТЬ НЕЛЬЗЯ – ЗАБУДУТ	121
В КАЖДОМ ПОКОЛЕНИИ – СВОЙ МОШЕ	123
ЗВЕРИ ПОЛЕВЫЕ ВОССТАНУТ В ТЕБЕ	126
ВСЕГДА БЫТЬ В МАЛОМ СОСТОЯНИИ	129
СЛЕДУЕМ ЗА ГОЛОВОЙ	130
ПОПАЛ В ЗАПАДНЮ. КАК ВЫБРАТЬСЯ?	131

СНАРУЖИ – «БОЖИЙ ОДУВАНЧИК»	132
ДЕВАТЬСЯ НЕКУДА. ЗАШЛИ В ТУПИК	135
КТО РЕШАЕТ? ИЛИ СНОВА О СВОБОДЕ ВОЛИ	137
ГДЕ-ТО СБОКУ, НЕ У ДЕЛ	140
ПРИЗРАЧНОЕ НАПОЛНЕНИЕ	142
НЕ ХЛЕБОМ ЕДИНЫМ	144
ОДЕЖДА – ПОКРЫТИЕ ДЛЯ ЧЕЛОВЕКА	145
НЕ БУДЕТ НИ В ЧЕМ НЕДОСТАТКА	147
КТО ВОЙДЕТ В ЗЕМЛЮ ИЗРАИЛЯ	150
ВОЗГОРДИШЬСЯ И ЗАБУДЕШЬ БОГА	152
ЧТО ГЛАВНЕЕ: РУКА ИЛИ ПЕРЧАТКА?	153
КАК УСТОЯТЬ ПРОТИВ ВЕЛИКАНОВ?	155
«БОГ СЛОВНО ОГОНЬ ПОЖИРАЮЩИЙ»	159
ВСПОМНИ, КАКИМ ТЫ БЫЛ	161
И КОРЕНЬ КОСНЕТСЯ ВЕТВИ	164
КАЖДЫЙ ДЕНЬ ВЫХОДИМ ИЗ ЕГИПТА	166
УЦЕПИСЬ ЗУБАМИ И ДЕРЖИСЬ	169
СОГЛАСИТЬСЯ – ЭТО НЕ ПРОСТО	173
ЗАПИШИ НА СВОЕМ СЕРДЦЕ	177
ВСЕ ПЛАЧУТ, А КАББАЛИСТ СМЕЕТСЯ	180
СМЕРТЬ ОЗНАЧАЕТ ПОДЪЕМ	182
ТВОРЦА – НЕТ! СОЗДАЮ – ЕГО В СЕБЕ	185
СНИЗУ ВВЕРХ ИДЕШЬ ВПОТЬМАХ?	187
ОСНОВА ВСЕГО – СТРАХ	190
И МЗДЫ ТВОРЕЦ НЕ БЕРЕТ	192
КОМУ НУЖНЫ ЭТИ ПРИШЕЛЬЦЫ?	194
ПРИКУПИЛИ ГОЛОВУ В ЕГИПТЕ	196
КАЖДЫЙ РАЗ МЕНЯЕМ ОБРАЗ	199
И СКАЗКУ СДЕЛАТЬ БЫЛЬЮ	201
ТАЙНА СРЕДНЕЙ ЛИНИИ	203
ДОЖДЬ РАННИЙ И ДОЖДЬ ПОЗДНИЙ	205
ЧТОБ НЕ ЗАМКНУЛ ОН НЕБЕСА	207

ПИШЕМ НОВУЮ ПРОГРАММУ	209
НЕ БОЙСЯ СВОИХ ВРАГОВ	213

ГЛАВА «СМОТРИ» — 217

ПОЧЕМУ «СМОТРИ», А НЕ «СЛУШАЙ»?	218
ГОРА ПРОКЛЯТИЙ И БЛАГОСЛОВЕНИЙ	219
ОВЛАДЕТЬ – ЭТО ЗНАЧИТ ИСПРАВИТЬ	221
ТЕОРИИ, ПОСТРОЕННЫЕ НА ПЕСКЕ	223
И СТОЛБЫ ИХ СОКРУШИТЕ ТОЖЕ	226
КИНО ПОД НАЗВАНИЕМ «ЖИЗНЬ»	229
СВЯЗАТЬ ПРИЧИНУ И СЛЕДСТВИЕ	231
ГДЕ ПОСТРОИТЬ ХРАМ?	234
ЕДИМ И ПЬЕМ ПЕРЕД ТВОРЦОМ	237
ЧЕРЕЗ ОШИБКИ К ИСПРАВЛЕНИЮ	239
ЖЕРТВА – ЭТО ПРИБЛИЖЕНИЕ К ЛЮБВИ	241
НЕ В СВОЮ ОБЛАСТЬ – НЕ ВХОДИ	243
ВХОД ДЛЯ ТЕХ, У КОГО РАЗБИТО СЕРДЦЕ	246
КРОВЬ БЕЛОГО ЦВЕТА?	248
КОЭНУ ОТДАЙ МААСЕР	250
ГОСУДАРСТВЕННЫЕ ЧИНОВНИКИ ЛЕВИТЫ	250
НЕ ТАЩИ БАРАШКА В ИЕРУСАЛИМ	252
Я – ЭТО ВСЕ, А ВСЕ – ЭТО Я	254
В ЧИСТОМ ПОНИМАЮ, ЧТО Я НЕЧИСТЫЙ	256
НЕ ЕШЬ СВОЮ ДУШУ	258
КАЖДЫЙ ПРАВ	259
И СВЯТОСТЬ ОБРАЩАЕТСЯ В ПОРОК	261
ЗАКОНСЕРВИРОВАТЬ СЕБЯ ОТ ЭГОИЗМА	263
НЕ ПОДНЯЛСЯ – ЗНАЧИТ УПАЛ	266
«ПОЦЕЛУЙ ЭТУ ПАЛКУ»	267
В ЧЕМ ЛОВУШКА?	271
ПРОВЕРКА ОТ ТВОРЦА	273

УБЕЙ СНОВИДЦА В СЕБЕ	276
«РУБИТЬ СЕБЕ НОГИ И РУКИ…»	279
ЧТОБЫ ГРУППА СОХРАНИЛАСЬ	281
НЕТ У СУДЬИ БОЛЕЕ, ЧЕМ ЕГО ГЛАЗА	284
УСЛЫШАТ, УЖАСНУТСЯ И… СОГЛАСЯТСЯ С ТОБОЙ	287
ИСПРАВЛЕНИЕ – НА ОСТРИЕ МЕЧА	288
ВТОПЧИ ПРОШЛОЕ В ЗЕМЛЮ	291
МОЕ ДВУХЭТАЖНОЕ СОСТОЯНИЕ	293
КОПЫТО, РАЗДЕЛЕННОЕ ПОПОЛАМ	297
СВИНЬЯ – ЭТО ПРЯМОЙ ОБМАН	299
НЕ ЕСТЬ НИКАКОЙ МЕРТВЕЧИНЫ	303
НЕ ВАРИ КОЗЛЕНКА В МОЛОКЕ	307
«И ЧЕКИ НЕ ДАВАЙ!»	309
И ТОГДА ИДТИ ЛЕГКО И БЛИЗКО К ТЕБЕ	311
ОТКРОЮТСЯ ЗАКРЫТЫЕ ВОРОТА	313
ПОЖАЛЕТЬ СИРОТУ?	315
ПЯТЬДЕСЯТ ЛЕТ ЗА ПОЛТОРА ГОДА	316
НИЩЕГО БЫТЬ НЕ ДОЛЖНО	320
ДАТЬ – МОЖНО. НО ТОЛЬКО ВЗАЙМЫ	323
ВХОД ДЛЯ СВОБОДНЫХ	325
БРОСАЕТ СВОИХ ДЕТЕЙ В БЕЗДНУ	327
ЗАХОЧЕШЬ ДАТЬ – НЕ СМОЖЕШЬ	328
ОТДАЛ – ПОЛУЧИЛ ВДВОЙНЕ	332
ТОГДА ПРОКОЛИ ЕМУ УХО	335
ЕЩЕ НЕМНОЖКО ВЫШЛИ ИЗ ЕГИПТА	337
СЕМЬ НЕДЕЛЬ НЕ СТРИГИСЬ	341
О ПУРИМЕ В ТОРЕ НЕ ГОВОРИТСЯ	342

ПРИЛОЖЕНИЕ — **345**

ОБ ИЗДАНИИ «ТАЙНЫ ВЕЧНОЙ КНИГИ»	346
СОДЕРЖАНИЕ ТОМОВ	347
МИХАЭЛЬ ЛАЙТМАН	348

СЕМЕН ВИНОКУР	348
ОБУЧАЮЩАЯ ПЛАТФОРМА МЕЖДУНАРОДНОЙ АКАДЕМИИ КАББАЛЫ	349
ИНТЕРНЕТ-МАГАЗИН КАББАЛИСТИЧЕСКОЙ КНИГИ	349
МЕЖДУНАРОДНАЯ АКАДЕМИЯ КАББАЛЫ	350

Предисловие

Когда мы снимали серию телепередач «Тайны Вечной Книги», мы все время ловили себя на мысли: «Лишь бы не прекращалось это чудо»...

Вот именно для того, чтобы сохранить это ощущение, мы и оставили все, как было.

Вот так, в виде свободной беседы все и происходило.

Мы получали ответы на сложнейшие вопросы.

Перед нами раскрывался волшебный мир Торы.

Точнее сказать, мы впускали ее в себя.

И открывалось нам, что это действительно инструкция, и действительно единственная в своем роде.

В книге все сохранено. И даже личные темы, которые вдруг возникали по ходу беседы, они тоже вошли в книгу.

Дорогие читатели, мы советуем вам, «отпустите весла» и начните сплавляться по этой великой реке жизни, которая называется «Каббалистический комментарий к главам Торы».

Читайте не торопясь, тогда вы почувствуете неповторимый вкус этой книги.

И захотите прочитать ее еще и еще раз.

У нас надежный проводник. Он чувствует эту реку, как свою, она для него – родная.

Каббалист Михаэль Лайтман раскрывает нам тайны Книги, в которой написано абсолютно все о каждом из нас.

О том, как нам жить.

Как быть счастливыми.

Двинемся же вслед за ним в это увлекательное путешествие!

Семен Винокур, автор и ведущий серии передач с Михаэлем Лайтманом «Тайны Вечной Книги»

Глава «И МОЛИЛСЯ Я»

«ДАЙ МНЕ ПЕРЕЙТИ ИОРДАН»

«Ваэтханан» («И молился я») – так называется вторая глава в книге «Дварим». Начинается она с молитвы Моше.

И МОЛИЛСЯ Я БОГУ В ТО ВРЕМЯ, ГОВОРЯ: «ГОСПОДЬ БОГ! ТЫ НАЧАЛ ПОКАЗЫВАТЬ РАБУ ТВОЕМУ ВЕЛИЧИЕ ТВОЕ И МОЩНУЮ РУКУ ТВОЮ… ДАЙ МНЕ ПЕРЕЙТИ, И УВИЖУ Я ЭТУ ХОРОШУЮ СТРАНУ, ЧТО ПО ТУ СТОРОНУ ИОРДАНА, ПРЕКРАСНУЮ ГОРУ ЭТУ И ЛИВАН!».[1]

Что же получается? Моше прошел весь путь к Эрец Исраэль, провел к ней народ жестоковыйный! Так дай ему увидеть эту страну! Неужели не заработал Моше перейти на ту сторону Иордана?!

Когда духовные свойства облачаются в людей, и люди говорят голосом этих свойств, все выглядит действительно драматично. На самом деле в каждом из нас есть Моше. Каждый проходит свои состояния.

В чем заключается молитва Моше? Он говорит: «Дай мне перейти, и я увижу эту хорошую страну…», – то есть просит свойства отдачи, свойства любви, возможности продолжать перестраивать себя в полное подобие Творцу.

Свойство Моше в человеке не может перейти этот Рубикон – реку Иордан. Моше поднялся на гору Нево, чтобы издали посмотреть на Землю Израиля и сделать исправление своим видением.

Он благословил всю эту землю: от Ливана до песков Синая, от горы, где стоит, на запад до моря, – то есть

---

[1] Тора, «Дварим», «Ваэтханан», 3:23-3:25.

передал свои свойства новому состоянию, следующей ступени. На этом свойства Моше заканчиваются – он умирает.

Гора Нево, на которую он поднялся, благословил и умер, находится недалеко от древнего города Петра. Но точное место никому не известно, Моше поднялся туда один.

Что значит внутри меня – «поднялся Моше на гору и посмотрел на страну»?

Свойство отдачи – самое высокое в человеке, выше которого нет и не было, находящееся в подобии Творцу, – в данный момент заканчивает свое действие. Вместо него поднимаются две силы – Йешуа и народ Израиля.

Весь народ, который вел Моше, умер, и теперь следующее поколение под предводительством Йешуа идет на завоевание Земли Израиля. Сейчас снова надо вступать в новые идеологические разборки, решать проблемы. И это уже – не дело Моше.

Начать войну с эгоистическим уровнем Земля Израиля – очень непростая задача. Надо исправить, изменить, отработать, убить в себе семь основных свойств, так называемых, семь народов, которые живут в этой стране. И только после завоевания, то есть исправления огромного отвратительного эгоистического слоя можно строить Храм – сосуд, который будет наполнен свойством отдачи.

Почему получилось так, что в Землю Израиля шли скотоводы, а вошли пахари?

Сейчас свойства, называемые скотоводами, действительно ведут себя совершенно по-другому. Они входят в иной смысл работы – работы с землей, работы с противниками: землю надо перепахать, противников убить, восстановить правильные законы, себя расселить в определенном порядке по всей этой земле. Размещение на новой духовной ступени – это особая и очень непростая работа.

Чем отличается Йешуа от Моше?

Йешуа – следующая ступень, переходная от Моше. Йешуа – завоеватель. Моше – это учитель.

ТАКТИКА И СТРАТЕГИЯ ТВОРЦА

В «Большом комментарии» говорится от имени Моше:
Я молился: «Царь Вселенной, в Своем милосердии Ты обещал отвечать на молитвы даже недостойных. Если царь захочет отменить повеление, ему могут помешать приближенные. Но ведь Ты в Своем всесилии можешь принять раскаяние грешника и отменить наказание, и никто не может помешать Тебе. Тогда почему Ты не отменишь моего наказания? Если Ты не позволишь мне войти в Эрец Исраэль, моя миссия останется незавершенной.[2]

Свойство Моше продолжает работать и развиваться, но именно в том поколении, которое он воспитал.

---

2 «Большой комментарий», «Дварим», «Ваэтханан».

ГЛАВА «И МОЛИЛСЯ Я»

И дальше он продолжает:
Позволь мне перейти Иордан, чтобы я увидел Землю, где душа может достичь наивысшего совершенства.
Я хочу посмотреть на гору Мория… и совершить там молитву. Позволь мне увидеть и сам Храм – святой Дом, в котором будут совершаться жертвоприношения ради искупления грехов народа.

Очень много таких событий описывается в Торе, показывая нам двойственность замысла Творца. С одной стороны, исправление происходит в соответствии с делами людей, а с другой стороны у Творца существует план, независимо от их действий, потому что одновременно Он думает об исправлении всего мира. Иначе говоря, есть план тактический и стратегический.

Тактически Моше, в общем-то прав, когда просит перейти Иордан. Если его ученики идут вперед, почему он сам не может продолжить начатое?

Но в стратегическом плане сейчас должна браться за дело следующая ступень. Это его ученик Йешуа, который не является таким мудрецом, как Моше. Но поскольку он предводитель, воитель, его действия являются совершенно другими. Поэтому вместо Моше приходят воины, коэны и левиты.

Хотя свойство Моше считает, что может и дальше продвигать народ, но на деле тут начинается совсем другая работа – Моше не перейти границу с Эрец Исраэль, не осуществить подъем на новую ступень.

ЖИЗНЬ ЦЕНОЙ ИСТРЕБЛЕНИЯ НАРОДА?

В «Большом комментарии» далее буквально: «Моше, – отвечал Творец, – клянусь, ты не поведешь народ за Иордан»... «Я не могу слушать тебя, ибо Я дал две клятвы: либо ты умрешь здесь, в пустыне, либо Я уничтожу народ Израиля. Хочешь ли ты заслужить жизнь ценой истребления всего еврейского народа?».

Следующая ступень, куда должен взойти народ, должна иметь свойство выше свойства Моше, – идет углубление в эгоизм.

Выше – это глубже, поэтому и означает «уничтожить народ Израиля». Народ должен еще больше углубляться в эгоизм, захватывать землю – то есть новые эгоистические желания, преображать и исправлять их. Свойства Моше недостаточно, чтоб подняться на новую ступень.

В нашем мире мы видим то же: чем человек светлее, чем он более возвышен, как бы не от мира сего, тем меньше может исправить. Таких называют «божьими одуванчиками».

Творец спрашивает: «Хочешь ли ты заслужить жизнь ценой истребления всего еврейского народа?». И Моше говорит:

Я отвечал: «Пусть лучше умрет тысяча Моше, нежели один еврей».

Потом я молил: «Я не прошу о чести войти туда в качестве вождя, позволь мне вступить в Землю обыкновенным человеком».

ГЛАВА «И МОЛИЛСЯ Я»

Бог ответил: «Царь не входит как частное лицо». «Если я не могу войти туда живым, пускай по крайней мере мои кости будут доставлены туда для захоронения», – просил я.
«И твои кости не пересекут Иордана», – непреклонно ответил Бог.

Неожиданный и резкий ответ, но он подходит к самому названию главы «И молился» – умолял, просил.
Моше не пересечет Иордан, потому что это другой уровень авиюта.
Интересно что, начиная от Адама, все праотцы покоятся в Земле Израиля. Давид, Шломо, Йосеф, – все похоронены тут. А Моше – нет, причем даже могила его не известна.
Моше – высшая точка постижения Творца – остается в скрытии.

Так будет до поры до времени или навсегда? Как вы думаете?
В духовном все точки, в том числе свойство Моше, мы проходим сами. А в физическом смысле, я думаю, мы вообще не будем обращать внимания на эти места, потому что в материальном мире ничего не значат ни могила Адама и праотцов в Хевроне, ни захоронения Йосефа, Давида и всех других. Нет никакого смысла перебирать их кости.

И опять возвращаемся к письменной Торе. Говорит Моше народу:

НО РАЗГНЕВАЛСЯ БОГ НА МЕНЯ ИЗ-ЗА ВАС, И НЕ СЛУШАЛ МЕНЯ. И СКАЗАЛ МНЕ БОГ: «ПОЛНО ТЕБЕ, НЕ ГОВОРИ МНЕ БОЛЬШЕ ОБ ЭТОМ! ВЗОЙДИ НА ВЕРШИНУ… И ВЗГЛЯНИ НА ЗАПАД, И НА СЕВЕР, И НА ЮГ, И НА ВОСТОК, И ПОСМОТРИ ГЛАЗАМИ СВОИМИ, ИБО НЕ ПЕРЕЙДЕШЬ ТЫ ЭТОТ ИОРДАН![3]

Гора, на вершину которой Моше взошел, называется Нево.

И ДАЙ ПОВЕЛЕНИЯ ЙЕНОШУА, И УКРЕПИ ЕГО, И УТВЕРДИ ЕГО, ИБО ОН ВСТАНЕТ ВО ГЛАВЕ НАРОДА ЭТОГО, И ОН ЗАВОЮЕТ ДЛЯ НИХ СТРАНУ, КОТОРУЮ ТЫ УВИДИШЬ». И ОСТАВАЛИСЬ МЫ В ДОЛИНЕ НАПРОТИВ БЕЙТ-ПЕОРА.[4]

НЕ ВКЛЮЧАЙ СВОЙ РАЗУМ

Далее Моше продолжает учить народ, как жить в Земле Израиля:

А ТЕПЕРЬ, ИЗРАИЛЬ, СЛУШАЙ УСТАНОВЛЕНИЯ И ЗАКОНЫ, КОТОРЫЕ Я УЧУ ВАС ИСПОЛНЯТЬ, ЧТОБЫ ЖИЛИ ВЫ, И ПРИШЛИ, И ОВЛАДЕЛИ СТРАНОЙ, КОТОРУЮ БОГ, ВСЕСИЛЬНЫЙ ОТЦОВ ВАШИХ, ДАЕТ ВАМ![5]

Моше объясняет, как овладеть тем огромным эгоизмом, который сейчас раскрывается перед человеком.

---

3   Тора, «Дварим», «Ваэтханан», 3:26-3:27.
4   Тора, «Дварим», «Ваэтханан», 3:28-3:29.
5   Тора, «Дварим», «Ваэтханан», 4:1.

Ведь именно свойством Моше они завоевывают эту землю, то есть человек идет вперед со свойством бины, обращается к малхут и начинает ее исправлять.

Несмотря на то, что Моше не входит в Эрец Исраэль, он может научить народ, как там существовать?

Моше обучал их сорок лет. Неважно, что он не входит с народом в Землю Израиля. Они идут туда с его свойством. Это самое главное! От кого еще они могут научиться? Только от Моше.

Значит, учитель может не проходить практически то, чему учит своих учеников?

Моше это не надо! На данном этапе именно народ должен осваивать новую землю – следующие ступени.

Проблема в том, что сейчас его свойство ничем не может им помочь. Они сами должны работать над своим раскрывающимся эгоизмом, который называется Земля Израиля.

Человек получил свою порцию высшей духовной силы, свойства отдачи (Моше), а теперь должен работать над своим эгоизмом, который начинает проявляться в нем, – это и есть переход из Иордана в Землю Израиля.

Сила, с которой сейчас он будет действовать, называется Йешуа, а не Моше.

Моше продолжает:

НЕ ПРИБАВЛЯЙТЕ К ТОМУ, ЧТО Я ПОВЕЛЕВАЮ ВАМ, И НЕ УБАВЛЯЙТЕ ОТ ЭТОГО, ЧТОБЫ СОБЛЮДАТЬ

ЗАПОВЕДИ БОГА, ВСЕСИЛЬНОГО ВАШЕГО, КОТОРЫЕ Я ПОВЕЛЕВАЮ ВАМ.[6]

Что значит «не прибавлять и не убавлять»?

Идти строго по расчету правильного выполнения того, что написано в Торе.

Говорится: «Чтобы у тебя была мера такая-то» – это точное соотношение правой и левой линии. Человек всегда должен знать, какая альтруистическая сила есть у него в руках, и только ею измерять свои действия.

«Не прибавляйте и не убавляйте» – значит, не позволяйте своему разуму вмешиваться в духовные законы, идите верой выше знания.

ОБЕРЕГАЙ ДУШУ СВОЮ

Моше:

СМОТРИ, УЧИЛ Я ВАС УСТАНОВЛЕНИЯМ И ЗАКОНАМ, КАК ПОВЕЛЕЛ МНЕ БОГ, ВСЕСИЛЬНЫЙ МОЙ, ЧТОБЫ ТАК ПОСТУПАТЬ ВАМ В СТРАНЕ, В КОТОРУЮ ВЫ ВХОДИТЕ, ЧТОБЫ ОВЛАДЕТЬ ЕЮ. ХРАНИТЕ ЖЕ И ИСПОЛНЯЙТЕ, ИБО ЭТО МУДРОСТЬ ВАША И РАЗУМ ВАШ НА ГЛАЗАХ ВСЕХ НАРОДОВ, КОТОРЫЕ, ЛИШЬ УСЛЫШАВ ОБО ВСЕХ ЭТИХ УСТАНОВЛЕНИЯХ, СКАЖУТ: «КАК МУДР И РАЗУМЕН НАРОД ЭТОТ ВЕЛИКИЙ!».[7]

«На глазах всех народов» – это повеление говорит, что если народ Израиля будет правильно соблюдать

---

[6] Тора, «Дварим», «Ваэтханан», 4:02.

[7] Тора, «Дварим», «Ваэтханан», 4:5-4:6.

заповеди, то есть выполнять все действия не ради себя, а ради отдачи, ради пользы других, и через них – ради Творца, то все народы мира, все свойства природы окажутся в гармонии между собой, и мир придет к состоянию всеобщего баланса.

И тогда человечество скажет: «Как мудр и разумен народ этот великий!». Именно из этих основ исходит указание показывать пример другим народам.

Моше продолжает:

ИБО КТО ТАКОЙ НАРОД ВЕЛИКИЙ, К КОТОРОМУ БОГИ БЫЛИ БЫ СТОЛЬ БЛИЗКИ, КАК БОГ, ВСЕСИЛЬНЫЙ НАШ, КАЖДЫЙ РАЗ, КОГДА МЫ ВЗЫВАЕМ К НЕМУ? И КТО ТАКОЙ НАРОД ВЕЛИКИЙ, У КОТОРОГО УСТАНОВЛЕНИЯ И ЗАКОНЫ СПРАВЕДЛИВЫ, КАК ВСЕ ЭТО УЧЕНИЕ, КОТОРОЕ Я ДАЮ ВАМ СЕГОДНЯ?

ТОЛЬКО БЕРЕГИСЬ И ВЕСЬМА ОБЕРЕГАЙ ДУШУ СВОЮ, ЧТОБЫ НЕ ЗАБЫЛ ТЫ ТОГО, ЧТО ВИДЕЛИ ГЛАЗА ТВОИ, И ЧТОБЫ НЕ УШЛО ЭТО ИЗ СЕРДЦА ТВОЕГО ВСЕ ДНИ ЖИЗНИ ТВОЕЙ, И ПОВЕДАЙ О НИХ СЫНАМ ТВОИМ И СЫНАМ СЫНОВ ТВОИХ.[8]

«Оберегай душу свою» – имеется в виду, что ты постоянно должен растить, охранять, развивать свойство отдачи. Это и есть душа человека.

Душа возникает над эгоистической связью между людьми, когда начинают они подниматься над эгоизмом и включаются в альтруистические свойства. Взаимное общее свойство отдачи называется душой.

---

8   Тора, «Дварим», «Ваэтханан», 4:7-4:9.

Душа находится не в человеке, а между ним и другими людьми, если относительно этих людей у него существует свойство отдачи и любви.

Это и имеется в виду, когда говорится: «Оберегай душу свою». Если взрастил в себе свойство отдачи, береги его.

Отдачи ради отдачи – свойство Моше, тут действует правило «не делай другому того, чего не желаешь себе». Еще есть свойство любви, когда ты отдаешь другому человеку из своего эгоизма, – это уже свойство Йешуа, свойство Храмов: «Возлюби ближнего как самого себя».

В этом и заключается различие? И когда мы говорили, что Моше остался, не перешел в Эрец Исраэль, это означает, что он передал действие дальше?

Да, Моше не мог действовать по-другому, потому что сейчас уже надо работать с самим эгоизмом. В течение 40 лет Моше поднимал народ над эгоизмом, из малхут в бину, а теперь надо продвигаться из бины в малхут – это уже не его задача. Моше – это свойство чистой бины.

ГЛАВНЫМ ЯВЛЯЕТСЯ СТРАХ?

И ЧТОБЫ НЕ УШЛО ЭТО ИЗ СЕРДЦА ТВОЕГО ВСЕ ДНИ ЖИЗНИ ТВОЕЙ, И ПОВЕДАЙ О НИХ СЫНАМ ТВОИМ И СЫНАМ СЫНОВ ТВОИХ. О ДНЕ, КОГДА СТОЯЛ ТЫ ПРЕД БОГОМ, ВСЕСИЛЬНЫМ ТВОИМ, У ХОРЕВА, КОГДА СКАЗАЛ МНЕ БОГ: «СОБЕРИ КО МНЕ НАРОД, И Я ВОЗВЕЩУ ИМ СЛОВА МОИ, ЧТОБЫ

ГЛАВА «И МОЛИЛСЯ Я»

НАУЧИЛИСЬ ОНИ БОЯТЬСЯ МЕНЯ ВСЕ ДНИ, КОТОРЫЕ ОНИ ЖИВУТ НА ЗЕМЛЕ, И СЫНОВ СВОИХ УЧИЛИ».[9]

Получается, что главным является страх, трепет перед Творцом?

Тут не идет речь о страхе перед Творцом или людьми. Страх, что я не сумею сделать для Него все, что надо. Этот трепет отличается от животного страха, присущего людям. Они боятся Творца, как боятся грома, молнии, диких зверей, сильного противника, грабителя.

Тора имеет в виду страх духовный. Человек делает расчет не относительно себя, а своего отношения к Творцу.

Тот, кто находится в духовном мире, не может допустить состояния, в котором у него нет страха перед Творцом. Причем, с точки зрения эгоизма, абсолютно не важно ни ему, ни Творцу наличие каких-то расчетов, просто он не может себе позволить без трепета относиться к великому идеалу.

Ведь Творец – это не человек, не какой-то образ, это идеал отдачи, любви, выхода из себя.

Вы говорите, что до перехода границы в духовное существует скрытие Творца. После перехода человек сам начинает скрываться. Так, Моше все время прячется под скалой. Люди воспринимают его как страх перед Творцом. Для чего нужно это скрытие?

Во-первых, страха перед Творцом быть не должно. Дело в том, что Творец не наказывает нас, Он нас ведет,

---

[9] Тора, «Дварим», «Ваэтханан», 4:9-4:10.

обучает, воспитывает. Это свойство абсолютной отдачи и любви, высшее свойство природы не стремится специально что-то сделать с каждым из нас, а с бесконечной любовью и нежностью постоянно указывает, как мы должны меняться.

Во-вторых, если мы понимаем это, то у нас существует очень четкая, прямая, чуткая связь с Творцом, и мы можем конкретно каждый раз корректировать себя, чтобы подходить к этому состоянию с большим осознанием высшей миссии – за совесть, а не за страх.

Может быть, этот трепет идет из страха не долюбить, не додать, не дать вообще?

Да, может быть и так. Духовные свойства невозможно передать словами. Только когда человек начинает получать их, он способен осознать, о чем говорит Тора, а иначе бесполезно объяснять.

«ГОЛОС ЕГО СЛЫШАЛИ ВЫ…»

И ПРИБЛИЗИЛИСЬ ВЫ, И СТАЛИ ПОД ГОРОЙ, А ГОРА ГОРИТ ОГНЕМ ДО СЕРДЦА НЕБЕС – МРАК, ОБЛАКО И МГЛА. И ГОВОРИЛ БОГ С ВАМИ ИЗ ОГНЯ: ГОЛОС ЕГО СЛЫШАЛИ ВЫ, НО ОБРАЗА НЕ ВИДЕЛИ, ТОЛЬКО ГОЛОС.[10]

Опять он рассказывает им это…

---

10 Тора, «Дварим», «Ваэтханан», 4:11.

Да, весь рассказ повторяется снова, но сейчас уже на другом уровне и другому поколению. И это уже абсолютно не то же самое.

«Голос Его слышали вы, но образа не видели, только голос». Образа Его видеть невозможно, потому что его просто не существует.

Творец – это свойство. Я не люблю слово «Бог», потому что оно затаскано, и неизвестно, что тут подразумевает человек. Чтобы не запутывать людей, я использую слово «Творец», которое означает все сотворившую силу.

Бог – это нечто абстрактное.

Творец – более определенное.

«Голос Его слышали вы...»

Что значит – человек слышит голос? Голосом называются те свойства, или свет, который распространяется от головной части в тело души.

Особые части, называемые: горло, небо, десны, зубы, язык, гортань, губы – являются пятью свойствами духовной системы, которые высший свет проводит вниз в духовное тело. Получение высшей энергии ощущается там как голос.

Нисхождение света приводится в действие свойствами бины. Слух – это бина, поэтому человек получает свет в мере своей возможности слышать.

Тогда, что такое: слова, предложения, звуки?

Человек абсорбирует духовный посыл в своих свойствах в той мере, насколько он подобен ему. Когда это оседает в его свойствах и преобразует их из эгоистических в альтруистические, то получается, что он идет вперед.

Надо нам серьезно взяться за изучение Торы. И тогда постепенно, по мере своего изменения, человек начнет видеть, о чем говорится и в «Большом комментарии», и во всех остальных каббалистических источниках.

ГОРА ВЗАИМНОЙ НЕНАВИСТИ

В главе «И молился я» Моше снова говорит о пройденном пути, рассказывает, с какими законами народ должен войти в Эрец Исраэль, при этом понимая, что сам он останется здесь, по эту сторону Иордана.

И ПРИБЛИЗИЛИСЬ ВЫ, И СТАЛИ ПОД ГОРОЙ, А ГОРА ГОРИТ ОГНЕМ ДО СЕРДЦА НЕБЕС – МРАК, ОБЛАКО И МГЛА. И ГОВОРИЛ БОГ С ВАМИ ИЗ ОГНЯ: ГОЛОС ЕГО СЛЫШАЛИ ВЫ, НО ОБРАЗА НЕ ВИДЕЛИ, ТОЛЬКО ГОЛОС. И ОБЪЯВИЛ ОН ВАМ СОЮЗ СВОЙ, КОТОРЫЙ ПОВЕЛЕЛ ВАМ ИСПОЛНЯТЬ, ДЕСЯТЬ ЗАПОВЕДЕЙ, И НАПИСАЛ ИХ НА ДВУХ КАМЕННЫХ СКРИЖАЛЯХ. А МНЕ ПОВЕЛЕЛ БОГ В ТО ВРЕМЯ ОБУЧИТЬ ВАС УСТАНОВЛЕНИЯМ И ЗАКОНАМ, ЧТОБЫ ВЫ ИСПОЛНЯЛИ ИХ В СТРАНЕ, В КОТОРУЮ ВЫ ПЕРЕХОДИТЕ, ЧТОБЫ ОВЛАДЕТЬ ЕЮ.[11]

Всего несколько строчек, в которых содержится очень много всего.

---

11   Тора, «Дварим», «Ваэтханан», 4:11-4:14.

ГЛАВА «И МОЛИЛСЯ Я»

Творец говорил с ними из огня – из состояния, противоположного человеку. Он повелел им преодолеть свой огромный эгоизм (гора), чтобы соединиться с Ним.

Из своего сердца они должны сделать Скрижали Завета, и на них по живому вырезать десять заповедей – десять свойств, в которых будут сливаться с Творцом. Тогда каменное сердце станет живым.

Законы эти являются обязательными. Только на таких условиях народ сможет войти в Землю Израиля, то есть свое животное состояние начать исправлять на человеческое.

Почему они стояли под горой, а не поднялись на нее?

Они не в состоянии подняться на гору.

Находиться под горой означается быть в состоянии огромной ненависти, которая разделяет их, хотя они еще и не полностью испытывают это! Они только видят, что им надо подняться на вершину горы.

Моше – их духовное представительство – поднимается на вершину. А сами они, находясь в своих маленьких желаниях, остаются под горой.

Гора, нависающая над народом, – это общая ненависть. Гора – на иврите ар, от слова ирурим – сомнения, всевозможные проблемы, разделяющие людей.

Народ не в состоянии представить себе, как можно преодолеть эти трудности и подняться на гору, и поэтому он как бы говорит Моше: «Ты поднимайся, а мы остаемся здесь, потому что боимся даже приблизиться к ней. Вся гора горит, гудит, как вулкан, который в любую минуту может взорваться! От нее пышет ненавистью. Если она взорвется, то мы просто будем рвать на части друг друга».

Сейчас они уже ощущают, на что идут?

Они только начинают ощущать. Это гора их взаимной ненависти друг к другу, которая постепенно раскрывается в мере того, насколько человек может исправить свой эгоизм. Так идет до конца исправления. Любовь всегда постигается над ненавистью.

Человеку раскрывается лишь та часть его эгоизма, которую он может исправить. А как иначе? Разве можно маленькому ребенку поручить серьезное задание, работу? Никак нельзя!

И все-таки Моше дано увидеть и почувствовать это?

Моше – это их свойство абсолютной отдачи, которое есть в каждом и ведет людей за собой. Эта точка в сердце тянет их вперед, несмотря на эгоизм, который упирается и не желает того. И человек, хотя и против своего желания, все равно устремляется вперед.

Точка в сердце сильнее, выше, светлее, она говорит человеку: если не пожелаешь идти со мной, если будешь презирать мое движение вперед, то станешь хуже животного. И человек, пусть даже из эгоизма, из ощущения собственной гордости, не может согласиться с этим состоянием и идет за точкой в сердце, хотя и вздыхает, и не хочет. Это наша жизнь.

ГЛАВА «И МОЛИЛСЯ Я»

НЕТ МЕНЯ, НЕТ НИЧЕГО ВОКРУГ

БЕРЕГИТЕ ЖЕ ОЧЕНЬ ДУШИ ВАШИ, ТАК КАК НИКАКОГО ОБРАЗА НЕ ВИДЕЛИ ВЫ В ТОТ ДЕНЬ, КОГДА ГОВОРИЛ С ВАМИ БОГ У ХОРЕВА ИЗ ОГНЯ, – ДАБЫ НЕ РАЗВРАТИЛИСЬ ВЫ И НЕ СДЕЛАЛИ СЕБЕ КУМИРОВ, ИЗОБРАЖЕНИЙ КАКОГО-ЛИБО КУМИРА В ОБРАЗЕ МУЖЧИНЫ ИЛИ ЖЕНЩИНЫ; ИЗОБРАЖЕНИЯ КАКОГО-ЛИБО ЖИВОТНОГО, ЧТО НА ЗЕМЛЕ, ИЗОБРАЖЕНИЯ КАКОЙ-ЛИБО ПТИЦЫ КРЫЛАТОЙ, ЧТО ЛЕТАЕТ В НЕБЕ; ИЗОБРАЖЕНИЯ ЧЕГО-ЛИБО, ПОЛЗАЮЩЕГО ПО ЗЕМЛЕ; ИЗОБРАЖЕНИЯ КАКОЙ-ЛИБО РЫБЫ, ЧТО В ВОДЕ, НИЖЕ ЗЕМЛИ.

ДАБЫ, ВЗГЛЯНУВ НА НЕБО И УВИДЕВ СОЛНЦЕ, И ЛУНУ, И ЗВЕЗДЫ, ВСЕ ВОИНСТВО НЕБЕСНОЕ, НЕ СОБЛАЗНИЛСЯ ТЫ ПОКЛОНЯТЬСЯ ИМ И СЛУЖИТЬ ТОМУ, ЧТО СОЗДАЛ БОГ, ВСЕСИЛЬНЫЙ ТВОЙ, ДЛЯ ВСЕХ прочих НАРОДОВ ПОД НЕБЕСАМИ.[12]

Не понятно, как можно не видеть никаких образов и изваяний, всего, что окружает человека?

Творца нет. Высшего мира нет. Все, что нас окружает, мы создаем в себе и из себя. Это очень трудно понять. Но наука каббала объясняет, каким образом мы постигаем существующее, как рисуем его в себе, в наших свойствах.

Не существует ни меня, ни моего тела, ничего вокруг меня. Есть только желание. Внутри него мы ощущаем все, что, якобы, окружает нас. На самом деле эти

---

12 Тора, «Дварим», «Ваэтханан», 4:15-4:19.

образы вырисовываются в моем желании! Ничего другого нет! Но они кажутся мне истинно существующими, потому что таковы мои свойства.

Теперь мне надо понять, во-первых, почему я ощущаю этот мир именно таким образом, хотя его не существует, и во-вторых, каким образом я приподнимаюсь над ним и создаю в себе из своих новых свойств новый мир.

Изменяя свои свойства, я строю его и начинаю существовать одновременно в высшем и в нашем мире, на самой низкой ступени моих свойств, в окружении моих идолов – им я поклоняюсь.

Наш мир – это материя, данная мне в ощущениях. А дальше что? Дальше есть другая материя, она тоже приходит в мои ощущения, которыми я управляю.

Поэтому я создаю новые миры по пять ступеней в каждом: Асия, Ецира, Брия, Ацилут, Адам Кадмон. И по 125-и ступеням поднимаюсь до мира Бесконечности, который включает в себя абсолютно все миры и все существующее.

При этом я полностью раскрываю свое желание, в котором раньше ощущал нечто в ограниченном объеме и называл это мирами. Кстати говоря, слово мир – олам происходит от слова скрытие – олама.

Сейчас я перехожу к миру Бесконечности, здесь нет ничего скрывающегося, все полностью раскрыто, потому что все миры включаются и растворяются в нем. Я ощущаю только лишь один белый свет, который называется Творцом, и вместе с Ним нахожусь на уровне абсолютного познания, ощущения бесконечности. Этого состояния мы должны достичь.

НЕ МОЛИТЬСЯ ИДОЛАМ?

Что означает запрет, обращенный к людям: не молиться идолам?

Не молитесь идолам – не воспринимайте свое нынешнее существование, как истинное, конечное состояние.

Тора обращается к человеку, который хочет постичь Творца, раскрыть для себя этот мир. Она не говорит с тем, кто существует только в данном ему от рождения объеме, и которому, кроме своих животных свойств, больше ничего не надо.

Тора написана давно, несколько тысяч лет назад. Она рассказывает о том, что человечество прошло, проходит и будет проходить. Недаром Тора предостерегает: «Дабы, взглянув на небо и увидев солнце и луну, и звезды все – воинство небесное, не соблазнился ты поклоняться им». Почему нельзя молиться идолам?

В мире существует только одна сила, которая управляет абсолютно всем. Нет добра, зла, противоположных свойств и воздействий – есть лишь проявление одной силы, одной мысли, одного плана и намерения, одной цели.

Если я ухожу в сторону хотя бы на миллиметр, то есть предполагаю, что на меня воздействует не только Творец, допуская, что я сам думаю и сам желаю, то это уже называется грехом. В таком неправильном отношении к миру и заключается наше прегрешение.

Человек может избежать прегрешения?

Человек должен создать такие условия, чтобы они удерживали его в состоянии, направленном на единство Творца. Если он придерживается этого правила, то ни в чем не ошибется, будет правильно продвигаться.

Творец развивает человека, постоянно вызывая в нем всевозможные сомнения, показывая, что, якобы, существует не только Он, а есть и другие источники воздействия.

Вопреки всем видимым помехам и образам, человек всегда должен определять за ними Творца. Лишь Творец стоит внутри, и только Он делает все. Есть одна сила, одно намерение и одна цель.

Как нам прийти к такому состоянию?

Если заниматься каббалой и находиться в правильной группе, которая все время поддерживает в человеке такое состояние, то нет проблем. Постепенно он выясняет, что именно это происходит вокруг него.

Параллельно идет его промывка через общество, которое выливает на него ушаты грязи. Человек испытывает огромные унижения, ведь иначе невозможно вывести его из себя. Однако он настраивает себя на бесконечную любовь к Творцу, как к источнику того, что с ним происходит. И таким образом аннулирует свой эгоизм – ту перегородку, которая отделяет его от Творца.

Вы считаете, что ушаты грязи способны отрезать свое «я»? Тебя бьют, унижают, а ты еще должен целовать эту палку?

Ты видишь в этом огромное спасение, потому что иначе не оторвешься от эгоизма. Все вокруг начинают обвинять, укорять тебя – и вдруг через них что-то раскрывается в тебе.

Именно такими путями высшая сила действует на человека. Творец заранее подготавливает ему удар для своего раскрытия. Иначе невозможно приблизиться к Нему.

В высшем мире все наоборот! Я должен хотеть, чтоб меня «прополоскали». Как готовишь рыбу, чтобы ее жарить? Сначала вскрываешь брюхо, вытаскиваешь внутренности, чистишь, промываешь ее внутри и снаружи и только потом кладешь на сковородку. Так и я хочу, чтобы сделали со мной.

Все можно вынести, понимая, какая высшая цель заключена в этом. И тогда он согласен на все и благодарит Творца за удары, понимая, что для него они не зло, а избавление.

ПОДНЯТЬСЯ НАД «КОСТРАМИ ИНКВИЗИЦИИ»

Более двадцати лет я нахожусь рядом с Вами. И вижу, что Ваша мысль, ее внутреннее направление сосредоточено на том, чтобы передать миру каббалистическую методику, распространить ее.

Если бы я этим не занимался, то не смог бы продвинуться ни на шаг.

Представляете, что случится, если вдруг мир, какой он есть, с его пониманием правды, вдруг начнет что-то раскрывать?

Значит, над этим я должен поднимать свое учение, свою методику и вместе с тем, что раскрывается, объяснять людям, что значит двигаться к цели.

Творец ничего не делает просто так. Я должен принимать условия, которые раскрываются. Допустим, перед всем миром будут унижать меня и всю нашу группу, каждого из тысяч учеников, будут изображать нас исчадием ада на земле. Ну, и что? Это меня не интересует.

Главное только одно: мы находимся в связи между собой, вместе идем вперед в соответствии с условиями, данными нам Творцом, и воспринимаем все зло как абсолютное добро.

Человек должен благословлять зло, как добро, потому что это является проявлением эгоизма, который он должен исправить. На каждой следующей ступени проявляется все больший эгоизм! Ты тут совершенно не причем, но подняться на новую ступень человек должен на эгоизме! Разница между ступенями – это эгоистический уровень, следующий порог, который надлежит преодолеть.

Все обвинения, которые человека получает – все, что угодно, и в любых вариациях – это очень хорошо! Мы понимаем, сколько сил сейчас нам надо набрать от Творца, чтобы быть связанными между собой и подниматься к цели во что бы то ни стало.

Представляешь, какое это счастье, когда тебе дают «костры инквизиции» и одновременно возможность подняться над ними?!

Не дают человеку препятствий больших, чем он может перенести. Мы дошли до проблем, и теперь они будут расти! Не могут не быть, ведь, как мы изучаем, весь духовный подъем строится только лишь над эгоистическими проявлениями. Нам дают какой-то период, когда мы осваиваем каббалу, учимся, объединяемся. Как только готовы – сразу ставят перед нами серьезную проблему.

Если появляется серьезная проблема, это значит, что мы готовы осваивать следующую ступень?

Конечно! И тут не имеем права упасть. Необходимо освоить новую ступень, ибо за нами стоит все человечество, и мы должны ощущать себя ответственными за его будущее. В наше время это судьба мира, всего мироздания, всех душ, которые донесли науку каббала до нас.

Никаких вариантов быть не может – это игра, которую с нами играет Творец! И теперь мы обязаны поднять все души человечества выше всех великих каббалистов.

ИСПОЛЬЗУЕМ СТАРЫЕ ЗАПИСИ

А ВАС ВЗЯЛ БОГ И ВЫВЕЛ ВАС ИЗ ГОРНИЛА ЖЕЛЕЗНОГО, ИЗ ЕГИПТА, ЧТОБЫ ВЫ БЫЛИ ЕГО НАРОДОМ, ЕГО УДЕЛОМ, КАК ЭТО И ЕСТЬ ТЕПЕРЬ.[13]

Это и есть вывод из Египта?

Конечно! Боится Моше, трясется перед фараоном. И Творец говорит ему: «Идем вместе, не волнуйся, потому что Я ожесточил его сердце». Понимаешь, какая тут идет игра? Напрямую, в открытую Он заявляет Моше:

---

13   Тора, «Дварим», «Ваэтханан», 4:20.

«Не бойся, иди! Я его подготовил, и сейчас он будет тебя пожирать, но пойдем мы вместе».

Ужасный страх пожирает Моше, но за ним стоит народ. Понимая это, Моше не говорит: «Отпусти меня», – а требует: «Отпусти народ мой!».

После выхода из Египта Моше продолжает рассказывать народу, что они прошли и что ждет их впереди. Зачем он снова возвращается к этому?

Потому что предыдущее поколение уже ушло из этой жизни. Моше обязан все повторить новому поколению, которое родилось в пустыне.

Повторение – это реализация духовной методики на следующей ступени, в данном случае – при входе в Землю Израиля.

Новое поколение не прошло состояний предыдущего. Значит, оно должно повторить их путь?

Новое поколение является тем же самым, что и предыдущее. Разница в том, что в нем умерли все эгоистические египетские желания, их заменили желания пустыни – находиться в свойстве отдачи.

Сейчас люди входят в свойство «любовь» – освоение Земли Израиля. Им не надо заново реализовывать предыдущие состояния. Они просто должны знать, что прошли и что в них есть.

Моше выявляет, проявляет в них все свойства, чтобы они могли ими воспользоваться. Они должны идти вперед и осваивать, завоевывать свои желания, которые будут не просто нейтральными, а станут работать на свойство отдачи. Тогда народ будет называться яшар

Эль (Исраэль) – прямо к Творцу. Сделать это по силам только Моше, а не Йешуа.

Йешуа будет управлять самим процессом

Сохранилась ли в нас эта запись?

В нас есть записи абсолютно всего, что мы прошли в истории. И сейчас мы должны постепенно вызвать в себе пройденный духовный путь и реализовать его.

Поэтому мы говорим, что сейчас распространение должно идти на народ Израиля, на тех, кто имеет к этому непосредственное отношение, и в первую очередь, на тех, кто чувствует необходимость, устремлен к духовному.

Думаете ли Вы о десяти потерянных коленах, которые неизвестно где находятся?

Нет, это не мое дело. Мое дело заниматься теми, кто желает идти вперед. Постепенно мы ведем распространение, рассеиваем семена духовного знания.

Самое главное – прийти к тому, чтобы те, кто желает освоить духовное пространство, могли в этой жизни достичь своей цели: войти в Землю Израиля, то есть в Высший мир, в истинное мироздание.

Про тех, кто хочет войти в истинное существование, Ваши ученики (евреи, не евреи – не важно), можно сказать, что они относятся к потерянным коленам?

Сейчас это не имеет значения. И меня совершенно не интересует.

Главное, чтоб в человеке было желание к духовному. К нам на конгресс приезжают люди со всего мира, тратят большие деньги, свое время только для того, чтобы несколько дней посидеть и пообщаться между собой.

Понимаешь, насколько это сильное, высокое желание?! Как надо уважать их и любить, и боготворить. Не саму эту оболочку, а желание Творца, которое находится в них, желание к Творцу, которое Он в них держит, оживляет.

Когда Вы говорите, что любите человека, то имеете в виду именно эту точку?

Только это! Больше ничего! Все остальное – это животное в человеке. На самом деле его не существует: сейчас оно живет, потом умрет, исчезнет и все.

Я люблю именно эту точку – устремление человека к духовному.

Есть у Вас такая молитва, чтобы это стремление продолжало жить в человеке, чтобы сумел удержаться за него зубами?

Это постоянное устремление, моя постоянная просьба, молитва за всех моих учеников. И я держу ее в себе, насколько это возможно с моей стороны. А остальное уже зависит от них. Свобода воли дана каждому, каждый должен ее реализовать.

Со своей стороны, мы будем надеяться, что так произойдет во всем мире и со всеми.

ГЛАВА «И МОЛИЛСЯ Я»

В ИЗГНАНИЕ ВЫЙТИ ОБЯЗАН

В главе «И взмолился» – Моше рассказывает о том, что народ прошел и как должен войти в землю, которая ждет его: «Я не войду туда – вы войдете». И дальше объясняет, какими они должны там быть.

КОГДА РОДЯТСЯ У ТЕБЯ ДЕТИ И ВНУКИ И, ДОЛГО ПРОЖИВ НА ЗЕМЛЕ, РАЗВРАТИТЕСЬ ВЫ И СДЕЛАЕТЕ ИЗВАЯНИЕ КАКОГО-ЛИБО ОБРАЗА, И СДЕЛАЕТЕ ЗЛОЕ В ГЛАЗАХ БОГА, ВСЕСИЛЬНОГО ТВОЕГО, ДОСАЖДАЯ ЕМУ, ТО ПРИЗЫВАЮ Я В СВИДЕТЕЛИ ВАМ СЕГОДНЯ НЕБО И ЗЕМЛЮ, ЧТО СОВЕРШЕННО ИСЧЕЗНЕТЕ ВЫ СКОРО ИЗ СТРАНЫ, В КОТОРУЮ ПЕРЕПРАВЛЯЕТЕСЬ ЧЕРЕЗ ИОРДАН, ЧТОБЫ ОВЛАДЕТЬ ЕЮ, НЕ ПРОДЛЯТСЯ ДНИ ВАШИ НА НЕЙ, ИБО УНИЧТОЖЕНЫ ВЫ БУДЕТЕ.[14]

Так и случилось, от народа ничего не осталось. Под народом тут имеется в виду группа людей, которая поначалу устремлялась к Творцу, но потом это желание исчезло.

Приходят следующие поколения, то есть новые свойства, в человеке все больше и больше раскрываются эгоистические пласты, и поэтому он не может удерживать себя в состоянии близкого взаимодействия со всеми остальными как один человек с одним сердцем.

Так происходит после вхождения в Эрец Исраэль?

---

14   Тора, «Дварим», «Ваэтханан», 4:25-4:26.

Так случилось главным образом после завоевания Земли Израиля! С точки зрения исправления, она наполнена очень большим эгоизмом.

Под Землей Израиля имеется в виду не географическое место, по которому передвигаешься с востока на запад или с севера на юг.

Речь идет о постоянном подъеме по своим эгоистическим желаниям. Эти пласты – самые жесткие! Третий и четвертый уровень эгоизма, против которых невозможно выстоять! Они тянут, разрывают человека во все стороны.

С одной стороны, тебя ублажают такими наслаждениями, раскрывают настолько заманчивую картину, что некуда деться от нее. И, с другой стороны, как только отдаляешься от них, на тебя сваливаются депрессия, чернота, тьма.

Тут надо настолько подниматься над своим эгоизмом в связи, во взаимном поручительстве, настолько все время молить Творца, чтобы дал тебе свет исправления, что постоянно находишься на грани невозможного.

Поэтому заранее Творец предупреждает Моше, что его дети, а тем более внуки, развратятся и пропадут они.

Написано: «когда родятся у тебя дети и внуки и, долго прожив на земле, развратитесь вы и сделаете изваяние какого-либо образа…». Что это означает?

Что они будут поклоняться идолам, то есть своим эгоистическим желаниям. Невозможно их избежать. «Будешь так делать, все равно придешь к этому!», – именно такое будущее предсказывает им Творец. Но, несмотря на это, человек должен сопротивляться.

Все каббалисты, начиная с Адама, Авраама и дальше, знают, что ждет все поколения, потому что видят до самого конца творения, до окончания шести тысяч лет. Только наш кусочек – последний отрезок исправления они не могут предсказать, потому что здесь находится свобода воли, от нее зависит, каким путем, добрым или злым, мы пойдем.

Творец предрекает, что совершенно исчезнет народ из страны, в которую переправится?

Народ Израиля обязан выйти в изгнание.

ЧЕМУ ВОЗРАДОВАЛСЯ РАББИ АКИВА

Рабби Акива управлял всем народом, который, находясь на высоком духовном уровне, вдруг упал с него, после чего началось разрушение Храма. Но великий каббалист радовался, что так происходит. Он говорил: «Вот теперь все пророчества сбылись…». Что это значит?

Раз одно пророчество сбылось, значит, то, что видишь дальше, тоже осуществится, то есть за разрушением Храма последует изгнание, после которого наступит последнее исправление (это уже наши дни).

Нам надо понимать, что каббалист не говорит о простых человеческих чувствах, его восприятие мира является совершенно иным.

Двенадцать лет я был при своем Учителе и видел, как он реагирует на разные жизненные проблемы, на смерть близких. Это абсолютно другое отношение к жизни, к миру, потому что в нем все было сосредоточено на Творце: Он стоит за всем, что происходит в мире.

Человек должен подняться выше своих обычных житейских чувств, принять и понять это в перспективе вечности, полного исправления эгоизма, когда речь идет не о животном теле, а только лишь о его духовной реализации. Отсюда получается, что мы не понимаем ни состояния Моше, ни к кому он обращается.

В Торе речь идет не о людях, это – части души, которые сейчас должны выполнить свое новое предназначение – исправление очередного уровня эгоистического желания, называемого Земля Израиля – Эрец Исраэль. Эрец (земля) происходит от слова рацон – желание, Исраэль – прямо к Творцу.

ПОМОЩЬ ПРОТИВ ТЕБЯ

При переходе через Иордан, перед тем, как войти в Землю Израиля, раскрывается, что эгоистические желания народа достигли состояния полной противоположности Творцу.

Перейдя границу с Эрец Исраэль, они сразу же попадут в желания, которые постоянно будут направлять их против Творца, против цели творения.

После исправления этих желаний они завоевывают Землю Израиля, то есть превращают эгоизм в желание, направленное к Творцу.

ГЛАВА «И МОЛИЛСЯ Я»

Все время мы получаем раскрытие эгоизма, который находится прямо против Творца и отталкивает нас от Него, подставляет. Он шепчет нам на ухо, исподтишка возбуждает в сердце и в разуме невероятные вещи: «Может быть, Его можно уничтожить или еще что-то с Ним сделать, чтобы Он не существовал». Такое состояние называется «помощь, которая против тебя».

Когда они находились в пустыне или в Египте, их маленькие желания не имели отношения к Творцу. Земля Израиля – это желание, внутри которого присутствует Творец. Поэтому человек обязан исправлять свои желания относительно Творца, ведь изначально все они раскрываются противоположными Ему. И это уже проблема.

В Земле Израиля ты обязан воевать с семью народами, живущими здесь, олицетворяющих семь желаний: хэсэд, гвура, тифэрэт, нэцах, ход, есод, малхут. Ты не имеешь права оставлять их на этой земле. Необходимо изгнать или убить эти желания, то есть уничтожить семь народов.

Только после этого можно приступить к освоению Эрец Исраэль, начиная с отрицательных желаний и постепенно преобразовывая их в нейтральные и даже в положительные. С помощью каждого из этих огромных, тяжелых, ужасных желаний мы начинаем работать на Творца.

Вы сказали интересную вещь. Выходит, что по пустыне ходили люди с маленькими как бы детскими желаниями, а по-настоящему эгоистическими они стали только после входа в Эрец Исраэль?

Да, в пустыне раскрывались маленькие пустынные желания, еще не достигшие уровня бины. Их толщина находится в нулевой, первой или второй стадии.

Эрец Исраэль характеризуется самыми тяжелыми эгоистическими желаниями, с третьим и четвертым уровнем авиюта.

Те, кто изучает каббалу, понимают, насколько огромно различие между Синайской пустыней и Землей Израиля.

КАББАЛИСТ В МОМЕНТ УДАРА

Так или иначе у каббалиста все завязано на Творца, включая беды, смерти, проблемы, которые окружают его. При этом существует ли в нем страх, состояние особенной скорби?

Ощущения каббалиста в миллиарды раз больше, чем у обычного человека, несмотря на то, что он знает, откуда это приходит и для чего. Так создано именно для того, чтобы он правильно относился к огромной проблеме, которая возникает перед ним.

У меня перед глазами стоит картина, в каком состоянии находился Рабаш после смерти его жены. Они прожили вместе более 60 лет и даже в старости очень любили друг друга.

Помню, часов в 10 вечера мне позвонил их внук и попросил обязательно приехать, потому что «Дедушке надо, чтоб ты был рядом». Я сразу же приехал.

Рабаш лежал на своей кровати, свернувшись в комочек, лицом к стене и ни на что не отзывался.

Он знал, что кончина его жены приближается, да и все понимали, что даже о нескольких месяцах речь не идет, потому что много лет она была парализована. Но все равно чувствовалось, что он переживает очень сильную встряску, удар, который должен принять на себя.

Речь не идет о нашем человеческом уровне, все шло с совершенно другими целями. В нем ощущалось напряжение, мысль, расчеты на дальнейшее исправление, на судьбу.

Выходит, что удар все-таки существует?

Я просто показываю картину, как это выглядело со стороны. А что внутри – дай Бог, чтобы когда-нибудь мы поняли, что переживает такой человек в таком состоянии.

В ОДНОМ МЕСТЕ, НО НЕ ВМЕСТЕ

И РАССЕЕТ ВАС БОГ СРЕДИ НАРОДОВ, И ОСТАНЕТЕСЬ ВЫ МАЛОЧИСЛЕННЫМИ СРЕДИ НАРОДОВ, К КОТОРЫМ УВЕДЕТ ВАС БОГ. И БУДЕТЕ ВЫ ТАМ СЛУЖИТЬ БОГАМ, СДЕЛАННЫМ ЛЮДСКИМИ РУКАМИ ИЗ ДЕРЕВА И КАМНЯ, КОТОРЫЕ НЕ ВИДЯТ, И НЕ СЛЫШАТ, И НЕ ЕДЯТ, И НЕ ОБОНЯЮТ.[15]

Это и есть сегодняшнее состояние народа Израиля.

---

15   Тора, «Дварим», **«Ваэтханан»**, 4:27-4:28.

Когда они вошли в Землю Израиля с Йешуа, никто не мог совладать с ними. Но когда умер Йешуа, началось разделение народа, колена разделились, – и начали их бить со всех сторон. Тогда наступило время судей. Когда вставал судья, то соединялся народ, и было хорошо. Когда разрушалось единство, наступали плохие времена.

После крушения Первого Храма началось мгновенное падение. Иначе быть не может. Как только достигаешь вершины, сразу же должен продолжать дальше. Следующее мгновение после вершины – это нисхождение вниз.

За крушением Первого Храма последовало 70 лет Вавилонского изгнания. Потом через 400 лет был разрушен Второй Храм, народ вышел в Римское изгнание и рассеялся среди народов мира.

Географически и исторически последнее изгнание уже закончилось, духовно – еще нет. Ведь сегодня, даже физически находясь на месте государства Израиль, мы не находимся в Земле Израиля – в желаниях, направленных на Творца, которые называются Эрец Исраэль.

До сих пор наши желания направлены на те же эгоистические цели, которые существуют во всех народах мира. Поэтому не считается, что мы вернулись из изгнания, что поднялись на уровень духовных желаний.

Написано: «И будете вы там служить богам, сделанным людскими руками из дерева и камня, которые не видят и не слышат». Культура, образование, воспитание – все, что мы переняли от других народов, и по сей день является нашей целью, приветствуется в наших глазах.

Получается, что мы до сих пор рассеяны, несмотря на то, что собраны в одном месте?

Физически мы собраны, духовно – рассеяны. Главное – не смотреть на физическое состояние, местоположение ни о чем не говорит. Бывает, что человек, живущий за границей, находится в намного более развитом духовном состоянии, чем тот, кто живет в Израиле.

Если написано, что переправитесь вы через Иордан и войдете в Эрец Исраэль, то говорится о ступенях духовного развития.

ЧТОБЫ ВОЗВРАТИТЬСЯ К ТВОРЦУ

Мы остановились на двух моментах, что ваши следующие поколения начнут поклоняться другим богам и что рассеетесь вы среди других народов.

И дальше следует третье:

И ОТТУДА СТАНЕТЕ ВЫ ИСКАТЬ БОГА, ВСЕСИЛЬНОГО ТВОЕГО, И НАЙДЕШЬ, ЕСЛИ БУДЕШЬ ИСКАТЬ ЕГО ВСЕМ СЕРДЦЕМ ТВОИМ И ВСЕЙ ДУШОЙ ТВОЕЙ. В НЕВЗГОДАХ ТВОИХ, КОГДА ПОСТИГНУТ ТЕБЯ ВСЕ ЭТИ ПРЕДСКАЗАНИЯ, В КОНЦЕ ДНЕЙ, ВОЗВРАТИШЬСЯ ТЫ К БОГУ, ВСЕСИЛЬНОМУ ТВОЕМУ, И БУДЕШЬ СЛУШАТЬСЯ ГОЛОСА ЕГО.[16]

Третий этап уже наступил или нет?

Как же он наступил? Разве мы находимся в связи с Творцом, в слиянии с Ним?!

---

16   Тора, «Дварим», «Ваэтханан», 4:29-4:30.

Сегодня мы только начинаем этот путь, и впереди еще много исправлений.

Ведь написано: «Всем сердцем твоим», – что означает всеми твоими неисправными желаниями. Когда ты исправляешь их вместе с намерениями, вместе с мыслями, тогда это называется «всей душой твоей».

Душа – это абсолютно исправленное желание человека, в котором он раскрывает Творца.

Что значит «…в конце дней, возвратишься ты к Богу, Всесильному твоему, и будешь слушаться голоса Его»?

В конце дней – в конце существования эгоизма, когда полностью находишься на вершине духовной лестницы. На всех 125 ступенях поднимаешься над своим эгоизмом, исправляя и правильно управляя им, и при этом в тебе находится Творец, слияние с Ним, ты постигаешь все мироздание всех миров одновременно и пребываешь в совершенстве и вечности.

Сегодня человечество находится в состоянии, которое называется «в конце дней». Оно может продолжаться еще долгие годы. Скажем, сейчас по еврейскому календарю 5777 год, значит, до самого окончания дней еще больше двухсот лет. Так что есть время.

Но мы можем ускорить наше духовное созревание, если будем привлекать на себя дополнительный высший свет. Начиная с нашего поколения и далее, это возможно и предпочтительно для нас и для Творца.

Высшая система, которая называется Творец, устроена таким образом, что мы можем влиять на нее и ускорять наше развитие, наше исправление. Для этого дана нам каббала.

То, что сделали каббалисты за всю историю человечества, направлено только на то, чтобы сегодня привести нас к состоянию, когда возможно реализовать заложенную программу и таким образом сократить время нашего духовного развития. Поэтому говорится: «Кто называется Израиль? Тот, кто сокращает время своего духовного исправления».

ДВЕСТИ ЛЕТ – ЗА ГОД?!

Это значит что, скажем, двести лет можно пройти за год?

И даже меньше. В Книге Зоар и других каббалистических источниках сказано, что нет никаких ограничений. Мы можем все сделать очень быстро. Нам дана каббала, методика и вся система духовного развития, способы ее реализации. Так что дело – только за нами.

Время для Вас – это не количество лет. Вы это связываете с духовными состояниями. А цифра – 6000 лет?

6000 лет – это может быть десять тысяч лет, а может сто тысяч или вообще сто. В каббале считается, что времени как бы не существует. Есть состояние под названием «6000 ступеней», которые мы должны пройти, чтобы соединить шестьсот тысяч душ в одну душу. Все это находится внутри парцуфа Зэир Анпин, или Творец, в мире Ацилут.

С одной стороны, если мы говорим о духовных состояниях, то они неизменны, и 6000 лет означают 6000 ступеней; 600 тысяч душ – 600 тысяч решимот, так называемых, которые надо реализовать между собой. В духовном мире все абсолютно четко распределено, расписано по формулам, графикам и так далее.

С другой стороны, если речь идет о количестве земных лет, о том, как духовное развитие отражается на нашей жизни, то здесь может возникнуть проблема.

Допустим, в 5773 году мы совершили полное исправление, тогда этот год будет называться 6000 лет. Как это получается?! Мы сократили время!

Мы можем сделать скачок во времени. С этим согласятся и современные физики. Те 223 года, которых недоставало до 6000 лет, мы в состоянии сократить до одного года, то есть скорость развития как бы увеличить практически до скорости света. Ведь мы приближаемся к концу исправления с помощью света. Если мы сможем настолько приблизить к себе свет, что с его скоростью проскочим годы.

Очень трудно точно объяснить, особенно в наше время, совпадение духовных конструкций с физическими, географическими, историческими и так далее, потому что в обычном человеке не укладываются эти временные и пространственные оси.

С этой проблемой столкнулись еще Эйнштейн, Хью Эверетт и другие великие ученые, которые затруднялись объяснить процесс ускорения времени. Поэтому люди этого вообще не понимают, а просто соглашаются, что в нашем обычном животном состоянии нет возможности ощущать и реализовать скачок во времени.

КАК ЖЕНИХ С НЕВЕСТОЙ

Думаю, мы доживем до последнего исправления и будем вместе присутствовать на празднике в честь окончательного исправления. Это очень серьезное событие. Каббалисты о нем пишут, и оно ощущается приближающимся как нечто очень великое.

Творец, как жених, приглашает к себе все творение, как невесту. Невеста должна исправить себя, облачиться в белые одежды и стать такой же красивой как жених. Красота – это свойство отдачи. Творение должно развить в себе любовь, соответствие с Творцом, подходить Ему по качествам. Это и называется полным исправлением, или шеститысячный год – конец истории.

НЕ С ОТЦАМИ НАШИМИ, НО С НАМИ

В главе «И молился я» взмолился Моше, просит он разрешения увидеть Землю Израиля. И получает ответ, что остается здесь, на этом берегу Иордана. Миссия Моше заканчивается именно тут.

И снова он взмолился, чтобы его люди вошли в Эрец Исраэль. И объясняет народу, как там жить.

ВОТ УЧЕНИЕ, КОТОРОЕ РАЗЪЯСНИЛ МОШЕ СЫНАМ ИЗРАИЛЯ, ВОТ СВИДЕТЕЛЬСТВА, И УСТАНОВЛЕНИЯ, И ЗАКОНЫ...[17]

И СОЗВАЛ МОШЕ ВЕСЬ ИЗРАИЛЬ, И СКАЗАЛ ИМ: СЛУШАЙ, ИЗРАИЛЬ, УСТАНОВЛЕНИЯ И ЗАКОНЫ,

---

17 Тора, «Дварим», «Ваэтханан», 4:44-4:45.

КОТОРЫЕ Я ГОВОРЮ ВАМ СЕГОДНЯ, А ВЫ ИЗУЧИТЕ ИХ И СТАРАЙТЕСЬ ИСПОЛНЯТЬ ИХ! БОГ, ВСЕСИЛЬНЫЙ НАШ, ЗАКЛЮЧИЛ С НАМИ СОЮЗ У ХОРЕВА. НЕ С ОТЦАМИ НАШИМИ ЗАКЛЮЧИЛ БОГ СОЮЗ ЭТОТ, НО С НАМИ, НАХОДЯЩИМИСЯ ЗДЕСЬ СЕГОДНЯ, – ВСЕ МЫ ЖИВЫ.[18]

Союз заключается с каждым поколением. Нигде не говорится, что «это было с ними тогда-то», например. Этот союз пронизывает все поколения, независимо от степени их эгоистичности.

Речь идет о программе творения, которую мы должны выполнить до конца существования жизни на Земле. Мы обязаны принести в этот мир равновесие, знание Творца, подъем человечества на следующую ступень, когда оно полностью раскроет Высшую силу и станет существовать одновременно в обоих мирах – и в нашем, и в Высшем.

ЛИЦОМ К ЛИЦУ ГОВОРИЛ БОГ С ВАМИ НА ГОРЕ, ИЗ ОГНЯ. Я СТОЯЛ МЕЖДУ БОГОМ И ВАМИ В ТО ВРЕМЯ, ЧТОБЫ ПЕРЕСКАЗАТЬ ВАМ СЛОВО БОГА, ПОТОМУ ЧТО БОЯЛИСЬ ВЫ ОГНЯ И НЕ ВОСХОДИЛИ НА ГОРУ, – А СЛОВО ЕГО:

«Я – БОГ, ВСЕСИЛЬНЫЙ ТВОЙ, КОТОРЫЙ ВЫВЕЛ ТЕБЯ ИЗ СТРАНЫ ЕГИПЕТСКОЙ, ИЗ ДОМА РАБСТВА. ДА НЕ БУДЕТ У ТЕБЯ БОГОВ ДРУГИХ, КРОМЕ МЕНЯ».[19]

Существует лишь одна высшая сила, которая всем управляет абсолютным добром.

---

18 Тора, «Дварим», «Ваэтханан», 5:1-5:3.
19 Тора, «Дварим», «Ваэтханан», 5:4-5:7.

Глава «И молился я»

Если человек подобен этой высшей силе, он ощущает добро и существует в нем. В мере его несоответствия ей, он чувствует недостатки – затмения (*ивр. ликуим*) этой доброты относительно себя. И должен понимать, что это так воздействуют на него не свыше, а человек сам заслоняет себя от Творца. Ведь Творец абсолютно добр и воздействует на всех абсолютным добром.

Человек сам себе ставит затмения, поэтому он сам должен исправлять себя. При этом не стремиться прорываться через темноту, а нейтрализовать ее своим внутренним исправлением, то есть изменять себя с эгоиста на альтруиста.

«Да не будет у тебя других богов, кроме Меня», то есть свойства отдачи и любви постоянно ставить выше всего.

Говорится, что Моше находится между Богом и народом, то есть человек ставит его между Творцом и собой?

Свойство Моше – свойство абсолютной отдачи и любви, через которое свыше, как через собирательную линзу, приходит на нас управление Творца.

Моше – это пример для всех. Поэтому он и наставляет их на каждое слово, на каждое действие. Те, кто выполняет эти условия, находятся в полном согласии с Творцом.

Сам народ не хотел подняться на гору, он не имел ни права, ни возможности сделать это. Только общенародное свойство, которое называется Моше, как чистая бина, может быть в союзе, в согласии, в связи с Творцом. Поэтому весь свет, то есть вся Тора, приходит через духовное свойство «Моше».

Интересно, что здесь указана причина, почему люди должны смотреть на Творца через Моше: «Потому что боялись вы огня и не восходили на гору». Значит, из страха я начинаю смотреть через Моше?

Конечно. Но речь не идет о начальном страхе. Разговор ведется о страхе, что они не смогут устоять перед теми условиями, которые им даются.

БЫЛО ПРОСТО, НО ОНИ УСЛОЖНИЛИ

Дальше Моше объясняет эти условия.
НЕ ДЕЛАЙ СЕБЕ ИЗВАЯНИЯ КАКОГО-ЛИБО ОБРАЗА ТОГО, ЧТО В НЕБЕ ВВЕРХУ, И ТОГО, ЧТО НА ЗЕМЛЕ ВНИЗУ, И ТОГО, ЧТО В ВОДЕ НИЖЕ ЗЕМЛИ.[20]

Все, что мы можем себе представить, – это свойство природы, которое исходит от Творца и проявляется относительно нас в неживом, растительном, животном и человеческом виде. В природе нет ничего, что имеет свою самостоятельную ценность, силу, волю, происхождение.

Все управляется единой силой, Творцом, и только относительно тебя!

Здесь говорится и о постижении реальности, которая проявляется относительно человека чисто субъективно. В соответствии с тем, насколько человек исправляет себя, меняется реальность.

---

20 Тора, «Дварим», «Ваэтханан», 5:8.

ГЛАВА «И МОЛИЛСЯ Я»

Человек может исправить себя до такого состояния, что будет смотреть сквозь наш мир и видеть совершенно не то, что обычные люди. Он поймет силы, которые управляют окружающими нас объектами: почему и как они на него воздействуют именно таким образом.

Сквозь эти силы он видит одну единую волю. Вся его жизнь на земле и его связь с окружающими предназначены только для того, чтобы через них связаться с единственной высшей силой, которая всем управляет.

В каком намерении должен находиться человек, живущий в этом мире и занимающийся каббалой, когда он видит какие-то объекты?

Человек должен жить по очень простому принципу «нет никого, кроме Него», кроме единой силы – Творца.

Я смотрю на все, что окружает меня, и на то, что есть внутри меня и не имеет внешнего образа, и представляю себе, что все это является наводкой Творца, что именно это Он желает во мне возбудить, именно это Он хочет, чтоб я ощутил! И теперь все зависит только от моего отношения. Поэтому для меня все объекты этого мира очень важны, ведь они исходят от Творца.

Выполняя такие упражнения, даже чисто психологически, я могу прорваться через все, что путает меня?

Именно таким образом и прорываюсь. Когда я все соотношу с единой силой, тогда и начинаю видеть Творца.

Я начинаю ощущать Творца из моих усилий определить Его за множеством воздействий на меня, за всеми объектами, силами, мнениями, мыслями и желаниями.

Что-то хочу – почему Он желает, чтобы я хотел этого? О чем-то думаю – почему Он желает, чтобы я думал так? Я – никто. Я – как механизм, чисто металлическая коробка, в которой возникают мысли и чувства – сердце и разум. Я постоянно инспектирую сам себя: почему это во мне возникло; чего желает от меня единая, единственная, абсолютная сила, которая управляет мной; почему она желает, чтобы каждое мгновение я ощущал свое состояние именно так?

Исходя из этого, я вхожу в полный контакт с Творцом, но согласно своему маленькому уровню. Если и дальше я буду постоянно прорываться вперед таким образом, что «нет никого кроме Него», то все больше и больше смогу определять, чего Творец желает от меня. Станет понятно, что Он замышляет относительно меня, какой реакции ждет от меня.

Так шаг за шагом я буду приближать себя к Нему. Сказано в каббале: «Нет ничего в природе, чего человек при постоянном своем усилии не мог бы достичь».

В силах человека прийти к состоянию, когда он сможет ощущать, видеть, понимать Творца и общаться с Ним, как с близким. И все это – только благодаря намерению, наводке, что «нет никого, кроме Него» за всем, что меня окружает.

Вся задача – никогда не расставаться с этой мыслью и постоянно быть настроенным на то, что во всех обстоятельствах все исходит только от Него.

Конечно, будут приходить новые скрытия и раскрытия?

Да, мы имеем дело с упражнениями, с их помощью Творец дает мне возможность в конечном итоге увидеть Его за всеми помехами.

Это непросто. Для того, чтобы помочь себе, надо находиться среди людей, которые настроены так же. Тогда наше общее усилие будет формировать особое поле, и мы сможем воздействовать друг на друга.

Если бы мы создали группу, насчитывающую миллионы людей, которые таким образом настраиваются и желают раскрытия Творца, то промыли бы этот мир и сделали его ясным и понятным. Все стало бы сквозным.

Говорится: «Я создал все просто, а они все усложнили».

ЛЮБОВЬ ИЛИ НЕНАВИСТЬ – ТРЕТЬЕГО НЕ ДАНО

НЕ ПОКЛОНЯЙСЯ ИМ И НЕ СЛУЖИ ИМ (этим богам), ИБО Я – БОГ, ВСЕСИЛЬНЫЙ ТВОЙ, БОГ-РЕВНИТЕЛЬ, КАРАЮЩИЙ ЗА ВИНУ ОТЦОВ ДЕТЕЙ ДО ТРЕТЬЕГО И ДО ЧЕТВЕРТОГО ПОКОЛЕНИЯ, ТЕХ, КТО НЕНАВИДИТ МЕНЯ, И ТВОРЯЩИЙ МИЛОСТЬ НА ТЫСЯЧИ ПОКОЛЕНИЙ ЛЮБЯЩИМ МЕНЯ И СОБЛЮДАЮЩИМ ЗАПОВЕДИ МОИ.[21]

---

21 Тора, «Дварим», «Ваэтханан», 5:9-5:10.

Тут имеется в виду четырехступенчатая духовная система, которая обозначается четырьмя буквами: юд, кей, вав, кей. Духовное развитие и исправление в целом происходит только в ней. Отсюда идет выражение: Бог-ревнитель, карающий за вину отцов детей до третьего, четвертого поколения.

Называется Бог-ревнитель, потому что Он желает, чтобы все созданное Им человек относил лишь к Нему. Таким образом мы начинаем прилипать к Творцу всей своей сутью.

И это необходимо самому человеку, а не Творцу, хотя в Торе выражено так, будто Бог требует все для Себя: «Потому что ты оставил Меня», «Я тебя сейчас буду наказывать за это».

Например, написано: «И ненавидит Меня этим самым». Что является ненавистью?

Если мы забываем о Творце, то находимся как бы в состоянии ненависти к Нему. В Торе отношение к Творцу трактуется или как любовь, или как ненависть.

Кстати, таков и еврейский характер – или отрицает Бога, или неистово верит.

И на русский тоже немножко похож – или бьет в морду, или целует. Очень близкие нации.

ГЛАВА «И МОЛИЛСЯ Я»

НЕ ПРОИЗНОСИ ИМЕНИ ЕГО ПОПУСТУ

НЕ ПРОИЗНОСИ ИМЕНИ БОГА, ВСЕСИЛЬНОГО ТВОЕГО, ПОПУСТУ, ИБО НЕ ПРОСТИТ БОГ ТОГО, КТО ПРОИЗНЕСЕТ ИМЯ ЕГО ПОПУСТУ.[22]

Очень часто это трактуется просто: не повторяй все время слово «Бог», не пиши его имя полностью (Б-г) и так далее.

Это все совершенно не важно! «Не произноси имени Бога попусту» означает: нельзя произносить того, что не постигаешь, не должно быть никаких сомнений в том, что еще не постиг. Поэтому, говорят каббалисты, понимай и работай только на том уровне, который находится внутри твоих исправленных свойств. Лишь в мере их подобия Творцу можно что-то понять, осознать, ощутить, увидеть.

Нельзя работать на уровнях выше твоего постижения, то есть исправления, нет у человека права на это, чтобы не запутаться самому и не навредить себе и человечеству. Пример тому – как мы ведет себя сейчас на земном уровне, пытаясь проникнуть в тайны природы и что-то в ней изменить.

Тора говорит, человек не в состоянии подняться ни на какой духовный уровень прежде, чем исправит себя настолько, что не допустит никаких неисправных действий.

Лишь одно неисправное действие произошло специально, и называется оно прегрешение Адама. За один раз за всех нас он нарушил все, что мог.

---

22 Тора, «Дварим», «Ваэтханан», 5:11.

С тех пор можно только подниматься и исправляться, потому что вся система пропиталась его разрушением. Исходя из мира абсолютного равновесия, она одновременно включает в себя абсолютное неравновесие, к чему привело прегрешение Адама. Поэтому состоит из двух частей, между ними нам и предстоит подниматься наверх.

Никогда и ничего человек не сможет нарушить, потому что все его возможные нарушения: в желаниях, в мыслях, в действиях – уже существуют в этой системе. До тех пор, пока полностью одно за другим не исправит свои желания с эгоистических на отдачу и любовь, он не сможет никуда подняться и что-то сделать. Поэтому волноваться тут не за что, система абсолютно безопасна.

Вас обвиняют в распространении каббалы всему миру – тем, кто никогда не занимался религией. Каббалу, говорят они, можно изучать только небольшому количеству людей, тихо сидящих где-то в сторонке.

Нет, неправильно! Так было когда-то. Миллионы лет развития природы и тысячи лет существования каббалы необходимы, чтобы донести до нашего времени методику духовного развития.

Мы – первое поколение, которое действительно начинает исправление, поэтому изучение каббалы никому не может навредить.

В средствах массовой информации появляются негативные отзывы о нас. На самом деле эти журналисты – нормальные люди, но ими играют, специально приглашают дискредитировать нашу группу.

Тут людям надо понимать точно, кто мы, чем занимаемся, и одновременно обратить внимание на тех, с кем они имеют дело, кто их накручивает, с какой целью.

Конечно, с помощью средств массовой информации могут все переиначить, поставить с ног на голову и обратно. Но мы сегодня настолько известны, что их нападки воспринимаются как жалкий лепет. Думаю, они сами уже это осознают.

ДЕНЬ СУББОТНИЙ – ДЛЯ КОГО ОН?

СОБЛЮДАЙ ДЕНЬ СУББОТНИЙ, ЧТОБЫ ОСВЯТИТЬ ЕГО, КАК ПОВЕЛЕЛ ТЕБЕ БОГ, ВСЕСИЛЬНЫЙ ТВОЙ. ШЕСТЬ ДНЕЙ РАБОТАЙ И ДЕЛАЙ ВСЮ РАБОТУ СВОЮ, А ДЕНЬ СЕДЬМОЙ, СУББОТА – БОГУ, ВСЕСИЛЬНОМУ ТВОЕМУ: НЕ СОВЕРШАЙ НИКАКОЙ РАБОТЫ, НИ ТЫ, НИ СЫН ТВОЙ, НИ ДОЧЬ ТВОЯ, НИ РАБ ТВОЙ, НИ РАБЫНЯ ТВОЯ...[23]

День субботний относится только к евреям?

День субботний имеет отношение только к евреям, то есть к тем, кто приближается к исправлению.

Все законы идут от того времени, когда Авраам и его группа начали проникать в свойство высшей природы и настраивать себя на выход из эгоистического кризиса, в котором находился Вавилон.

Именно вся каббала, весь иудаизм – не местный, так называемый, земной, а настоящий, духовный – построены

---

23 Тора, «Дварим», «Ваэтханан», 5:12-5:14.

на том, что внизу существует наша животная часть, погруженная в эгоизм, а мы поднимаемся над ним. Чтобы достичь такого состояния, необходимо достроить себя, подняться выше эгоизма и существовать на уровне, называемом «все прегрешения покроет любовь».

Как только Авраам и те из Вавилона, кто собрался вокруг него, начали приподниматься над эгоизмом, то ощутили в этом соединении свойства духовной природы: отдачу, любовь, взаимность, слияние. И обнаружили совершенно другие законы. Описание этих духовных свойств и является темой всех каббалистических книг.

Группа Авраама существовала в соответствии с духовными законами, между людьми возникли именно эти свойства, эта система взаимосвязи.

В соответствии с увиденным на духовном уровне, они пытались трансформировать связи между мужчиной, женщиной, детьми, между товарищами, отношение человека к животным и к растительной жизни, к самой земле. Окружающее стали соотносить с духовным уровнем, на котором существовали. Поэтому в основе всех законов поведения лежит состояние высшей коммутации людей друг с другом.

Как только мы пытаемся жить по определенным законам, то начинаем входить в них. Есть законы личные, в них я ежесекундно флуктуирую в своих постоянно меняющихся свойствах. Есть законы, в которых мы существуем в нашем обществе и течем вместе с ним.

Мы замечаем, что есть состояния, которые проходим все вместе: одно сменяется другим, третьим, четвертым, пятым, шестым и седьмым. Потом повторяется

ГЛАВА «И МОЛИЛСЯ Я»

снова первое состояние, второе, третье, четвертое, пятое, шестое, седьмое. А затем – опять все сначала.

Эти состояния никак не соотносятся с Солнцем, Луной, Землей – ни с чем иным, что есть в нашей природе. Это чисто духовные состояния, возникающие только между людьми.

В духовном мире есть силы, которые управляют Солнцем, Луной, Землей и определяют взаимоотношения между ними. Луна вращается вокруг Земли месяц, Земля вокруг Солнца – год, и так далее. Таким образом духовные состояния и законы материальной жизни начали восприниматься, как составные части одной единой системы.

Так и получилось, что в земной жизни люди стали выполнять день первый, второй, третий, четвертый, пятый, шестой, седьмой. Отсюда пошло шесть дней недели, то есть духовной недели, когда они живут в соответствии со свойствами – хэсэд, гвура, тифэрэт, нэцах, ход, есод. А потом шаббат, когда они ничего не делают, потому что это свойство подобно полному исправлению.

Кроме субботы и шести дней, они начали выполнять и другие законы – новолуние, седьмой год (шмита) и так далее. То есть речь тут идет о совершенно новых взаимодействиях. Находясь на духовном уровне, они автоматически перенесли те же законы и в материальную жизнь.

Скажем, разбойник, как изнутри, так и снаружи является разбойником. Если человек добрый, то он добрый и внутри, и снаружи. Так и группа Авраама, на духовном и на животном уровне начала одновременно жить в тех же законах. Оба мира стали для них одним общим целым.

Когда во времена крушения Второго Храма народ упал с духовного уровня, то у него остался только земной. И сегодня мы выполняем те же законы, хотя они не имеют никакого отношения к духовному.

Последовательность выполнения сохраняется все время?

Да, сначала достичь лишма, как пишет Бааль Сулам в «Предисловии к Учению Десяти Сфирот», и затем уже изучать все остальные заповеди.

НЕ КАЖДОМУ ДАНО ОЩУТИТЬ ТЬМУ

В главе «И молился я» рассказывается, что Моше напоминает народу весь пройденный путь и законы, с которыми предстоит войти в Эрец Исраэль и жить там. Практически, повторяются те же законы, но предназначенные уже для другого поколения.

Каждая глава пишется на новой ступени, то есть речь ведется о постепенном возвышении до уровня «Земля Израиля».

И хотя законы повторяются, но всякий раз они воспринимаются совершенно по-другому.

Мы уже говорили о субботе как святом дне, а теперь снова возвращаемся к нему:

И ПОМНИ, ЧТО РАБОМ БЫЛ ТЫ В СТРАНЕ ЕГИПЕТСКОЙ, И ВЫВЕЛ ТЕБЯ БОГ, ВСЕСИЛЬНЫЙ ТВОЙ, ОТТУДА РУКОЮ МОЩНОЮ И МЫШЦЕЮ

ПРОСТЕРТОЮ; ПОЭТОМУ ПОВЕЛЕЛ ТЕБЕ БОГ, ВСЕСИЛЬНЫЙ ТВОЙ, ОТМЕЧАТЬ ДЕНЬ СУББОТНИЙ.[24]

Постоянно идет воспоминание: «Он вывел тебя из страны египетской».

Все определяется относительно изгнания сынов Израиля. Именно тогда первый раз из бессознательного состояния они поднялись в ощущение того, где на самом деле находятся относительно Творца – желания, в котором устремляются к Творцу.

Такое состояние называется Земля Израиля – Эрец Исраэль. Эрец – это желание (от слова рацон) и Исраэль – Яшар Эль (прямо к Творцу). Желание, устремленное к раскрытию Творца, к ощущению Творца, к живой связи с Ним, в которой мы явно чувствовали бы Его, как, допустим, друг друга. Хотя на самом деле это ощущение намного ярче и сильнее.

Желание к Творцу исходит из противоположного ему состояния: полной отстраненности, непонимания, незнания, нежелания духовного продвижения, потому оно и называется египетским изгнанием или египетской тьмой.

Ощущение противоположности невозможно никак связать с состоянием простого человека в этом мире, потому что он не чувствует, что от чего-то отдален и ему надо приближаться к чему-то и что-то раскрывать.

Другими словами, есть свет, который притягивает к себе…

Да, есть свет, который вызывает в нас понимание, ощущение, озарение, постижение, любовь, тепло.

---

24 Тора, «Дварим», «Ваэтханан», 5:15.

Состояние, противоположное свету, называется египетская тьма, когда мы ощущаем тьму, непонимание, отторжение, ничтожность.

Египет – это состояние, в котором тоже светит Творец, но светит обратным светом. Тьма – это тоже воздействие Творца на человека, и надо очень много работать, чтобы достичь понимания, что ты противоположен Ему.

Объясню на примере. Моя мать была гинекологом, она занималась медицинскими исследованиями у себя в клинике и в лаборатории. После работы она рассказывала отцу о своих состояниях, она горела этой тьмой, не понимая, как найти смысл, методику воздействия, тот аппарат, по которому происходят преобразования в теле человека.

Мне было тогда лет 12-13 и на меня это никак не действовало. Ну, делает она чего-то там, работы пишет. Но я видел, как человек чем-то захвачен в то время, как остальные совершенно этим не интересуются, ничего не знают и спокойно продолжают жить.

Ощущение тьмы можно сравнить также с состоянием художников, поэтов, всех других людей, которые ищут, чем заполнить внутреннюю пустоту. Эта пустота образована светом, который издали светит, но еще не наполняет, а лишь готовит для себя место, ту емкость, чтобы в ней проявиться.

Таким образом, чтобы ощутить тьму, надо много-много работать.

НЕТ – И НЕ НАДО

Прежнему поколению, которое вышло из Египта, можно было сказать: «Вспомните, как вывел вас Творец из Египта».
Сейчас перед Моше стоит новое поколение. И он предлагает им вспомнить о Египте». Как оно может вспомнить, если не находилось там?

Нет такого, что новое поколение не находилось где-то. Нет такого, что тело умирает – и на этом все! В Торе говорится о состояниях. Имеются в виду люди, которые прошли все свои состояния от Авраама и даже в чем-то от Адама, прошли Египет, вышли из него с огромным желанием, с огромной черной пустотой, с египетской тьмой, и проходят сейчас пустыню.

Иначе говоря, над египетской тьмой они строят в себе пустыню, то есть ощущают египетскую тьму, как пустыню.

Это уже исправление. Им не важно: ничего не растет – и не надо, ничего не дает – и не надо. Они готовы на все, только бы приподняться над египетской тьмой, которая вызывает в них очень отрицательное отношение к себе и к Творцу. Поэтому они хотят хоть в чем-то привести себя в состояние тождественное, подобное Творцу.

Состояние пустыни для них очень желательное. Ничего нет, вокруг меня совершенно ничего не существует – пустыня, пусто! Но все равно я рад этому, оно несравнимо с состоянием, в котором я находился раньше, когда наслаждался эгоистическими обретениями, и мне было хорошо и привольно жить под властью фараона.

Сейчас мной руководит Творец. И хотя в Его руководстве я не вижу цели, никакого наполнения своего эгоизма, но я встречаю это как благо. Каждый день я иду по горячему песку, без воды, кругом змеи, скорпионы, нападения диких зверей. И все равно рад, потому что в пустыне надо мной властвует Творец. Именно Он идет передо мной, указывает мне дорогу или огненным столбом или облаком. В этом для меня заключается все.

Сквозь мое отторжение от эгоистических наполнений я ощущаю, что своим возвышением над эгоизмом, пусть в пустыне, но я уже следую за Ним.

Это и есть особенности поколения, которое вот-вот должно войти в Эрец Исраэль?

Да, отличительные черты поколение, которое родилось в пустыне и должно войти в Землю Израиля. Иначе говоря, это состояние, к нему я должен подняться над своим прошлым вавилонским эгоизмом, который развивался в поколениях праотцов, затем – в поколении Египта, далее – горы Синай и пустыни.

Все это абсолютно тот же самый я, то есть речь идет о состояниях внутри моего эгоистического желания, которое я строю сам. Пройдя их в себе, я приближаюсь к Земле Израиля.

ЧТИ ОТЦА СВОЕГО И МАТЬ СВОЮ

ЧТИ ОТЦА СВОЕГО И МАТЬ СВОЮ, КАК ПОВЕЛЕЛ ТЕБЕ БОГ, ВСЕСИЛЬНЫЙ ТВОЙ, ДАБЫ ПРОДЛИЛИСЬ ДНИ ТВОИ И ДАБЫ ХОРОШО БЫЛО ТЕБЕ НА ЗЕМЛЕ, КОТОРУЮ БОГ, ВСЕСИЛЬНЫЙ ТВОЙ, ДАЕТ ТЕБЕ.[25]

Отец и мать – это два вида света, две силы, которые управляют мной, растят и заботятся обо мне, ведут меня вперед.

Мать – это свет бины, хасадим. Отец – свет хохма, свет мудрости, свет силы. Оба они, влияя на человека, исправляют его эгоизм.

Чтить отца и мать означает уважать, любить их, тянуться к ним, пытаться максимально подставить себя под их воздействие.

Две силы – аба вэ-има (отец и мать) исходят из одной системы и, согласно каббалистическому закону, действуют только вместе. И даже если один из них немножко прикрывается другим, то это необходимо, чтобы вызвать в человеке определенные ощущения.

Больше света хасадим – меньше света хасадим, больше света хохма – меньше света хохма. Таким образом, работая совместно и попеременно, своим воздействием они вызывают в нас различные внутренние движения.

Отец и мать – это высшая система управления, через которых Творец управляет нами. Написано, «чти отца и мать», то есть относись к ним очень чутко, понимая, что все состояния рождены именно этой системой. И

---

[25] Тора, «Дварим», «Ваэтханан», 5:16.

даже то, как я воспринимаю их, тоже исходит оттуда. Ничего моего во мне нет.

Система аба вэ-има сначала рождает во мне определенные свойства и затем их наполняет. С помощью сердца и разума, которые они формируют во мне, всякий раз я по-разному ощущаю и трактую их воздействие на себя.

Самое главное, не удаляться от того, что систему ощущения и опознания, разума и сердца, я получил именно от них. Это с одной стороны. С другой стороны, я начинаю исследовать то, что приходит ко мне, – и это тоже от них. Повторяю, во мне нет ничего моего!

Получается, что происходит полное стирание моего «я»?

Абсолютно полное! А в чем заключается моя работа? Понимая и ощущая, что мое «я» является эгоистическим, я стираю его и строю в себе новое состояние «отец и мать», как систему опознания, ощущения, как систему реакции на это знание. То есть внутри себя создаю высшую систему управления и это уже называется мое новое «я».

Подъем на уровень «отец и мать» – двух высших сил – позволяет мне начать ощущать Творца, который управляет мной через них.

НЕ УБИВАЙ

Дальше идут, на первый взгляд, известные нам правила и законы.

ГЛАВА «И МОЛИЛСЯ Я»

НЕ УБИВАЙ;[26]

Человек должен понимать, что существующее в нем и, якобы, вокруг него (потому что вокруг нас ничего нет), – все является его личным внутренним состоянием. Человек не имеет права относиться к чему-либо, будто оно не нужно и его можно аннулировать, стереть, уничтожить.

Никакого зла и вреда нет. Все зависит только от того, как человек использует их. Все, даже самые ненавистнические, самые злые свойства, которые будут возникать в нем или приходить как бы извне, необходимо принимать как исходящие от Творца.

Ничего в мире нет такого, что можно уничтожить или стереть бесследно. Все создано для того, чтобы люди изменили методику работы, реализации этих желаний и свойств.

НЕ ПРЕЛЮБОДЕЙСТВУЙ

...НЕ ПРЕЛЮБОДЕЙСТВУЙ;[27]

Никакие виды наслаждений не используй ради себя, а только лишь для того, чтобы реализацией своего желания услаждать других через себя.

Человек – это желание насладиться. Если он не наслаждается, значит, не использует мир! Миром называется все, что мы ощущаем в нашем желании получать и что создано для нашего наслаждения.

---

26 Тора, «Дварим», «Ваэтханан», 5:17.
27 Тора, «Дварим», «Ваэтханан», 5:17.

Отличие начального состояния от конечного заключается в том, что в начальном состоянии я желаю наслаждаться за счет других. Поэтому мое наслаждение очень маленькое, мизерное, направлено только на то, чтобы удержать меня в этом мире.

По мере роста я исправляю свое желание, то есть начинаю наслаждаться ради Творца, находясь в полном отрыве от своего эгоизма.

Когда я начинаю услаждать Его, во мне включается свойство отдачи, свойство любви к ближнему, как к себе. И тогда наслаждение ощущается совершенно иначе. Вся наша система исправления построена на этом.

НЕ КРАДИ

…НЕ КРАДИ;[28]

Не кради – будь осторожен, не желай получать ради себя наполнения и наслаждения, которые раскрываются в свойстве отдачи. Это называется воровством.

Запрещено переносить из части Творца в свои эгоистические желания. Неважно, что абсолютно сразу же, мгновенно улетучиваются, исчезают эти наслаждения, если начинаешь работать с ними не ради Творца, а ради себя. Все равно это – воровство.

С другой стороны, в Торе всегда говорится о том, что запрещено – значит, невозможно. То есть, ты не можешь этим воспользоваться, не можешь украсть, не можешь прелюбодействовать – тебя к этому не допустят. Закон духовного мира выше тебя.

---

28   Тора, «Дварим», «Ваэтханан», 5:17.

Все в Торе говорится для того, чтобы человек настроил себя на выполнение законов Высшего мира.

О ЛОЖНОМ СВИДЕТЕЛЬСТВЕ

...И НЕ ОТЗЫВАЙСЯ О БЛИЖНЕМ СВОЕМ ЛОЖНЫМ СВИДЕТЕЛЬСТВОМ;[29]

Человек постоянно работает над собой, проверяя, правильно ли направлены его мысли, желания, намерения на отдачу, не обманывает ли он сам себя.

Это очень сложная работа, каждый раз она ведется на более высоком, более глубоком методическом уровне распознавания. И всегда, когда ты поднимаешься, то все, что сделал в прошлом, даже самые лучшие намерения, уже кажутся тебе эгоистическими.

Таким образом человек продвигается в духовном: то, что было плюсом на нижней ступеньке, оказывается минусом на следующей.

Постоянно человека одолевают сомнения?

До полного исправления человек испытывает сомнения. Это вообще потрясающий процесс! Причем, каждый раз ты убеждаешься в том, что сомнения были верными.

Ты действительно воровал, только не ощущал этого в себе. Ты плакал, ты страдал. Тебе казалось, что на самом деле, от всего сердца ты любишь людей. Многие люди в мире бьют себя в грудь и не сомневаются в благородстве своих намерений. Но если они приходят

---

[29] Тора, «Дварим», «Ваэтханан», 5:17.

к нам, то буквально через несколько занятий вдруг ощущают, что все их прежние слова, заверения – это пустота, ложь, обман, и стараются идти вперед уже в истинных измерениях.

Кто является моим ближним?

Мой ближний – это я сам, мои внутренние состояния.

И ложное свидетельство – то же самое. Я свидетельствую на себя, о себе и Творце. Ведь Творец – это то, что я ощущаю в себе, то, что я строю в себе.

ЖЕНА БЛИЖНЕГО СВОЕГО

И НЕ ЖЕЛАЙ ЖЕНЫ БЛИЖНЕГО СВОЕГО;[30]

Это очень просто. Те состояния, в которых я иду вперед, всегда должны быть настроены только на отдачу и не направлены на себя. Все желания, которые у нас возникают, должны иметь намерение только ради отдачи.

Ближним называются все состояния, в которых я нахожусь. Ведь духовный путь очень интересный. С одной стороны, я один и внутри меня весь мир, как сказано, человек – это маленький мир».

С другой стороны, я нахожусь в состоянии, когда все мои внутренние желания кажутся мне персонажами, существующими снаружи. Скажем, своих товарищей я воспринимаю, как существующих вне меня, а затем постепенно начинаю видеть, что они находятся внутри меня.

---

30   Тора, «Дварим», «Ваэтханан», 5:18.

Например, мои собеседники сейчас; ребята, которые нас снимают, те, кто смотрит нашу программу – все вы существуете во мне. Поэтому «вы» в таком случае называетесь «моими ближними». Все ваши желания называются «ваша жена», «ваша женская часть» – желание получать. Они должны быть отработаны мною на уровне отдачи: я облачаюсь в вас, то есть работаю над этими желаниями ради вас.

Это и означает – не желать «жены ближнего»?

Я не желаю жены ближнего, а только в нем самом работаю на уровне «возлюби ближнего, как себя». Это уже более серьезная система.

Все десять заповедей располагаются на уровне десяти сфирот. «Не возлюби жены ближнего своего» – самая серьезная заповедь, потому что касается самого низкого внутреннего эгоистического свойства. Она не имеет никакого отношения к эгоизму в нашем мире и к отношениям между полами, к животным состояниям между людьми.

На чистом духовном уровне нам объясняют, каким образом можно максимально направить наш эгоизм с намерением ради отдачи на общую нашу связь между собой на высшем уровне, где нет никакого гендерного разделения. Мужчины и женщины в духовном – это желания, намерения, а не телесные свойства.

КАК ПРАВИЛЬНО ЗАКРУТИТЬ ШЕСТЕРЕНКУ

...И НЕ ЖЕЛАЙ ДОМА БЛИЖНЕГО СВОЕГО, ПОЛЯ ЕГО, И РАБА ЕГО, И РАБЫНИ ЕГО, БЫКА ЕГО, И ОСЛА ЕГО...[31]

Человек настолько связан с другими, отождествляя себя с ними, что чувствует не только их самих, но и сливается с их мировоззрением, ощущает мир также, как сами они. Таким образом он работает на отдачу с их желаниями и свойствами, как со своими.

Дом, поле, бык его, осел его и так далее – это все желания других?

Да, их желания на очень внутренних, более глубоких уровнях. Облачаясь в каждого, якобы существующего вне себя, человек должен работать вместо них на правильное ощущение мироздания через каждого товарища.

Ведь мы являемся шестеренками в огромной системе. Когда я кручусь, как шестеренка, то должен понимать, каким образом закручиваю ее далеко от себя, как, облачаясь в нее, вызываю в ней правильную работу. Так я поступаю с каждой частичкой всего общего огромного организма.

Это и называется «не возлюби жены ближнего и того, что есть у ближнего», то есть работай через каждого на отдачу и любовь.

На самом деле осуществить это очень легко, когда начинаешь ощущать все своим.

---

31 Тора, «Дварим», «Ваэтханан», 5:18.

«НАПИШИ ТОРУ НА СЕРДЦЕ СВОЕМ»

Продолжаем читать Тору:
СЛОВА ЭТИ ПРОИЗНЕС БОГ ВСЕМУ СОБРАНИЮ ВАШЕМУ С ГОРЫ, ИЗ ОГНЯ, ОБЛАКА И МГЛЫ, ГОЛОСОМ ГРОМКИМ, И БОЛЕЕ НЕ ПРОДОЛЖАЛ; И НАПИСАЛ ОН ИХ НА ДВУХ КАМЕННЫХ СКРИЖАЛЯХ, И ДАЛ ИХ МНЕ.[32]

Так было сказано в момент, когда все объединились на земном уровне и подняли свои самые внутренние желания, и соединили точки в сердце в одну единую, которая называется «Моше». Эту точку они подняли на вершину над своей ненавистью – над горой Синай и там ощутили все, что было передано в десяти заповедях Торы.

СЛОВА ЭТИ ПРОИЗНЕС БОГ ВСЕМУ СОБРАНИЮ ВАШЕМУ С ГОРЫ, ИЗ ОГНЯ, ОБЛАКА И МГЛЫ, ГОЛОСОМ ГРОМКИМ...

Имеются в виду свойства, которые необходимы, чтобы распознать, что хочет передать тебе Творец в твоем еще не исправленном эгоистическом состоянии, когда только лишь в маленькой точке вы можете соединиться между собой.

...И НАПИСАЛ ОН ИХ НА ДВУХ КАМЕННЫХ СКРИЖАЛЯХ, И ДАЛ ИХ МНЕ...[33]

Что такое «две каменные скрижали»?

---

32   Тора, «Дварим», «Ваэтханан», 5:19.
33   Тора, «Дварим», «Ваэтханан», 5:19.

Две каменные скрижали – это сосуд, который состоит из пяти сфирот прямого света и пяти сфирот отраженного света. Эти десять сфирот включают в себя абсолютно все исправление.

Каменные, потому что у человека каменное сердце (лев а-эвен). И поэтому сказано: «Напиши Тору на сердце своем».

Каждый день человек должен чувствовать себя так, будто стоит на горе Синай, получает Тору, и записывает ее на своем сердце.

ЛЕСТНИЦА ВНУТРИ ТЕБЯ

В главе «И молился я» продолжаем говорить о законах, которые Моше напоминает народу перед входом в Эрец Исраэль. Все время идет повторение, но каждый раз на новом уровне.

Каждому уровню соответствует новый вид законов. Скажем, мы постоянно говорим о едином принципе «Возлюби ближнего как самого себя», который всякий раз содержит в себе все большую емкость, глубину эгоизма и соответственно – высоту духовного подъема.

Можно сравнить с тем, как ты общаешься с детьми: говоришь им, может быть, одно и то же, а понимают они по-разному, и каждый раз ты относишься к ним иначе. Все зависит от внутреннего желания человека, его потребностей, возможностей абсорбировать в себе твой посыл.

Моше говорит:

ГЛАВА «И МОЛИЛСЯ Я»

И БЫЛО, КАК УСЛЫШАЛИ ВЫ ГОЛОС ИЗ МРАКА, А ГОРА ОХВАЧЕНА ОГНЕМ, ПОДОШЛИ КО МНЕ ВСЕ ГЛАВЫ КОЛЕН ВАШИХ И СТАРЕЙШИНЫ ВАШИ И СКАЗАЛИ: «ВОТ, ПОКАЗАЛ НАМ БОГ, ВСЕСИЛЬНЫЙ НАШ, СЛАВУ СВОЮ И ВЕЛИЧИЕ СВОЕ, И ГОЛОС ЕГО СЛЫШАЛИ МЫ ИЗ ОГНЯ.

СЕГОДНЯ ВИДЕЛИ МЫ, ЧТО ГОВОРИТ ВСЕСИЛЬНЫЙ С ЧЕЛОВЕКОМ, И ТОТ ОСТАЕТСЯ В ЖИВЫХ. НО ТЕПЕРЬ, ЗАЧЕМ НАМ УМИРАТЬ? ВЕДЬ ПОЖРЕТ НАС ЭТОТ ОГОНЬ ВЕЛИКИЙ; ЕСЛИ МЫ И ДАЛЬШЕ БУДЕМ СЛУШАТЬ ГОЛОС БОГА, ВСЕСИЛЬНОГО НАШЕГО, ТО УМРЕМ.

ИБО КАКОЙ ЧЕЛОВЕК, УСЛЫШАВ ГОЛОС ВСЕСИЛЬНОГО БОГА ЖИВОГО, ГОВОРЯЩЕГО ИЗ ОГНЯ, КАК МЫ, И ОСТАНЕТСЯ В ЖИВЫХ? ПОДОЙДИ ТЫ И СЛУШАЙ ВСЕ, ЧТО СКАЖЕТ БОГ, ВСЕСИЛЬНЫЙ НАШ, И ТЫ ПЕРЕСКАЖЕШЬ НАМ ВСЕ, ЧТО ГОВОРИТЬ БУДЕТ ТЕБЕ БОГ, ВСЕСИЛЬНЫЙ НАШ, И МЫ БУДЕМ СЛУШАТЬ И ИСПОЛНЯТЬ!».[34]

В человеке происходит очень правильное, прекрасное осознание, что, хотя духовные свойства показали, насколько они великие, но сейчас начинает проявляться определенный подход к ним.

С одной стороны, свыше есть контакт Творца с человеком через свойство, называемое «точка в сердце», которое может быть связано с высшей силой, со свойством отдачи и любви. С другой стороны, к этому контакту необходимо подходить постепенно, последовательно, пошагово, чтобы не обжечься.

---

34 Тора, «Дварим», «Ваэтханан», 5:20-5:24

В определенном состоянии человек или группа людей начинают понимать, что движение вперед к цели длительное и занимает всю жизнь.

Для чего мы живем?! Во время учебы в институте студент думает: «Через три года, ну, через пять лет закончу обучение и можно погулять». Но после окончания института человек идет работать и понимает, что институт для него являлся всего лишь трамплином к дальнейшей жизни.

В духовном продвижении все происходит иначе. Здесь ты существуешь в той же точке, в которой родился, только эту точку начинаешь понимать и осознавать по-другому.

Твое движение вперед заключается в том, что, приподнимаясь над своим состоянием, внутри него раскрываешь, что уже находишься в Высшем мире, а не на земле. Иначе говоря, меняя свое отношение к тому, что с тобой происходит, ты раскрываешь Творца, свойство отдачи и любви. И при этом никуда не надо двигаться!

Лестница духовного подъема находится внутри тебя как постепенное постижение, все более глубокое осознание, что и сейчас ты находишься в райском состоянии.

ГЛАВА «И МОЛИЛСЯ Я»

ПОЧУВСТВУЙ, ЧТО НАХОДИШЬСЯ В РАЮ

Все, происходящее с человеком, – это ступени его внутреннего постижения в себе, когда он начинает осознавать, что тьма, в которой он был, сейчас улетучивается, испаряется из него, и наступает внутреннее просветление.

Человек раскрывает, что на самом деле он находился и находится в Высшем мире, в мире бесконечности. Сейчас он начинает это понимать и воспринимать, потому что его отношение к миру, его свойства возвращаются к тому состоянию, в котором он уже был.

Что происходит с его отношением к нашей реальности?! Человек видит войны, видит тех, кто натравливает людей друг на друга, кто желает убивать и так далее? Да, он воспринимает все это, как происходящее на самом деле, потому что у него есть общее с этими людьми ощущение существования.

Но одновременно с этим есть ощущение его собственного существования, когда он смотрит на других и понимает, что они незрячие. Они не знают, что находятся на самом деле в совершенстве, а только лишь видят свое эгоистическое убожество и не более того.

Но если люди изменят свое эго, то через свое новое свойство – альтруизм, любовь, сразу же почувствуют, что находятся в раю.

Поэтому мне не надо никуда двигаться, необходимо только внутренне исправлять себя, перестраивая с ненависти на любовь. Это и есть духовное движение.

Духовное развитие – это подъем по лестнице из 125 ступеней, подъем по пяти мирам. Вся Тора говорит только о трансформациях, которые, реализуя методику каббалистического исправления, я ощущаю, как происходящие во мне. Все находится внутри человека.

Не верится, что вокруг нас рай, вечность, совершенство, Высший мир, мир бесконечности!

Бааль Сулам очень хорошо описал это в статье «Скрытие и раскрытие Творца». Он говорит: «Все, что в нашем мире кажется плохим и ужасным, ты увидишь прекрасным, если изменишь свои внутренние свойства. Против 30 ужасных видений и ощущений ты почувствуешь 30 прекрасных состояний! Все счастливы, здоровы, довольны».

Я НЕНАВИЖУ ТВОРЦА?

ВОТ, ПОКАЗАЛ НАМ БОГ, ВСЕСИЛЬНЫЙ НАШ, СЛАВУ СВОЮ И ВЕЛИЧИЕ СВОЕ, И ГОЛОС ЕГО СЛЫШАЛИ МЫ ИЗ ОГНЯ.[35]

Написано, что Бог Всесильный показал славу Свою, Он говорил с человеком, – понимает ли это народ?

Скажем, начинает осознавать.

Народ – это свойство в человеке. Человек – это весь мир и Тора обращается только к нему. Я не знаю, кто тут существует кроме меня, я вижу лишь отображение своих свойств вне себя. На самом деле все находится внутри меня.

Четыре свойства: неживой, растительный, животный, человеческий – формируют уровни желания,

---

[35] Тора, «Дварим», «Ваэтханан», 5:20.

называемые юд-кей-вав-кей – имя Творца. Создав просто желание, Он его проградуировал Своим влиянием, поэтому желание состоит из четырех уровней.

На уровне нашего мира в нашем сегодняшнем состоянии мы ощущаем их, как неживую, растительную, животную, человеческую природу. И видим это вне себя.

Практически я должен принять себя просто как экспертную точку, а все, что окружает меня, является демонстрацией моего отношения к Творцу. То есть мера моей ненависти к неживому, растительному, животному и, в основном, к человеческим проявлениям показывает мне мое отношение к Творцу.

Скажем, я ненавижу людей – значит, ненавижу Творца. Презираю животных – значит, презираю Творца. Ни в коем случае не принимаю во внимание растительный мир – так я отношусь к Творцу. Готов топтать всю неживую природу, она мне кажется абсолютно неважной – готов топтать Творца.

Реакция на окружающий мир характеризует отношение человека к Творцу. Все, что он видит вне себя, – это его внутренние свойства относительно Творца. Таким образом, ничего, кроме человека и Творца, нет.

Поэтому «возлюби ближнего как себя» – это самая главная задача для реализации на человеческом уровне желаний. Если я соблюдаю этот закон, то поневоле исправляю и свое отношение к животному, растительному, неживому уровню.

Люди сказали Моше, что Творец проявился перед ними. Означает ли это, что мои желания увидели и поняли Его величие? И осознали, что не соответствуют Ему?

Люди увидели проявление доброты и любви со стороны Творца. Но в них самих нет доброты и любви, чтоб таким же образом относиться к Нему. Точка в сердце готова на это, но она – всего лишь точка.

Человек должен завоевать свои желания, то есть свое сердце, чтобы весь мир, который находится вне его, ощутить, как поле любви. И тогда в этом поле любви он раскроет Творца.

Народ понял, что не соответствует Творцу и обращается к Моше:

«ПОДОЙДИ ТЫ И СЛУШАЙ ВСЕ, ЧТО СКАЖЕТ БОГ, ВСЕСИЛЬНЫЙ НАШ, И ТЫ ПЕРЕСКАЖЕШЬ НАМ ВСЕ, ЧТО ГОВОРИТЬ БУДЕТ ТЕБЕ БОГ, ВСЕСИЛЬНЫЙ НАШ, А МЫ БУДЕМ СЛУШАТЬ И ИСПОЛНЯТЬ!».[36]

Они хотят, чтобы Моше находился в контакте с Творцом, и через эту точку они тоже будут меняться. Их желание: «Ты говори с Творцом, и через тебя Он будет влиять на нас».

Народ видит в Моше как бы переходник, трубочку для передачи высшего света, с помощью которого люди будут меняться, постепенно исправляться и следовать за ним.

Такое понимание народа уже является революционным и великим?

Это начало всего духовного исправления! Они согласны на него и понимают разницу между простыми желаниями и точкой в сердце, то есть свойством Творца. Вопреки эгоизму эта точка готова их вытащить из

---

36   Тора, «Дварим», «Ваэтханан», 5:24.

него, потому она и называется Моше – машиах (от слова лимшох – вытаскивать).

БОГ СКАЗАЛ: «ЭТО ХОРОШО»

Дальше Моше говорит:
И УСЛЫШАЛ БОГ ЗВУК РЕЧЕЙ ВАШИХ, КОГДА ВЫ ГОВОРИЛИ СО МНОЙ, И СКАЗАЛ МНЕ БОГ: «СЛЫШАЛ Я ЗВУК РЕЧЕЙ НАРОДА ЭТОГО, КОТОРЫЙ ГОВОРИЛ С ТОБОЙ. ХОРОШО ВСЕ, ЧТО ГОВОРИЛИ ОНИ.
О, ЕСЛИ БЫ ЭТО СЕРДЦЕ ИХ СКЛОННО БЫЛО БОЯТЬСЯ МЕНЯ И СОБЛЮДАТЬ ВСЕ ЗАПОВЕДИ МОИ ВО ВСЕ ДНИ, ДАБЫ ХОРОШО БЫЛО ИМ И СЫНАМ ИХ ВОВЕКИ.
ИДИ, СКАЖИ ИМ: ВОЗВРАТИТЕСЬ В ШАТРЫ СВОИ!
А ТЫ ЗДЕСЬ ОСТАНЬСЯ СО МНОЮ, И Я ОБЪЯСНЮ ТЕБЕ ВСЕ ЗАПОВЕДИ И УСТАНОВЛЕНИЯ, И ЗАКОНЫ, КОТОРЫМ ТЕБЕ УЧИТЬ ИХ, ЧТОБЫ ОНИ ИСПОЛНЯЛИ ИХ В СТРАНЕ, КОТОРУЮ Я ИМ ДАЮ ДЛЯ ВЛАДЕНИЯ ЕЮ».[37]

Речь идет о правильном распределении желаний по их уровням. Ведь далее Моше начинает строить народ, разделять его на группы: десятки, сотни, тысячи, то есть происходит распределение желаний и постепенное их исправление в соответствии с глубиной эгоизма.

---

37 Тора, «Дварим», «Ваэтханан», 5:25-5:28.

Под желаниями в человеке понимается народ, как бы отдельные личности. Это то, что человек видит вне себя.

Все те семь миллиардов вокруг – это я сам, мои внутренние желания, но воспринимаемые мною, как находящиеся снаружи. Если бы я не видел их вне себя, то не ощущал бы их так, как сейчас. Когда мне кажется, что они существуют вне меня, то я начинаю ощущать себя противостоящим им.

Ведь кто такой я? Я неисправная точка в сердце. Моя цель – достичь любви к каждому из семи миллиардов вопреки эгоизму, который нас разделяет.

Вы неисправленная точка в сердце или Вы эгоистическое сердце? Что такое Вы?

Мое эгоистическое сердце находится передо мной в образе окружающего мира. А я неисправная точка в сердце.

Только после того, как буду готов вместить в себя весь окружающий мир, я смогу сказать, что я исправился.

Это звучит фантастически, но надо принять во внимание, что мы не должны исправляться сами. У нас нет никаких сил, нет предрасположенности к этому. Мы должны позволить высшему свету исправить нас. От нас требуется только усилие подставить себя под его воздействие. В этом и заключается вся методика.

Когда человек начинает это осознавать, жизнь становится легкой. Поэтому и сказано: «Тем, кто боятся Меня (первое свойство ира – трепет), Тора кажется очень легкой».

ГЛАВА «И МОЛИЛСЯ Я»

НЕ УПУСТИ СВОЮ ВОЗМОЖНОСТЬ

О, ЕСЛИ БЫ ЭТО СЕРДЦЕ ИХ СКЛОННО БЫЛО БОЯТЬСЯ МЕНЯ И СОБЛЮДАТЬ ВСЕ ЗАПОВЕДИ МОИ ВО ВСЕ ДНИ, ДАБЫ ХОРОШО БЫЛО ИМ И СЫНАМ ИХ.[38]

Это и есть первое свойство – страх, трепет перед тем, что можно исправить себя, но ежесекундно я упускаю возможность соединиться, слиться с высшей силой, подняться до ее уровня. И в таком случае достичь уровня Моше.

Так и сказано в Торе, что каждый обязан стать Моше, то есть полностью исправить себя. Знать, что это обязанность, уже хорошо.

Много раз Моше произносит: «И я с Ним говорил, и Он сказал мне, и я передаю вам». Можно сказать, что Моше слышит Творца?

Ощущать Творца в себе на уровне бины – это называется слышать, ощущать Его в себе на уровне хохма означает видеть. Моше поднимается тут до уровня бины или хохма.

Далее:

СТАРАЙТЕСЬ ЖЕ ПОСТУПАТЬ ТАК, КАК ПОВЕЛЕЛ ВАМ БОГ, ВСЕСИЛЬНЫЙ ВАШ, НЕ УКЛОНЯЙТЕСЬ НИ ВПРАВО, НИ ВЛЕВО.[39]

---

38 Тора, «Дварим», «Ваэтханан», 5:26.
39 Тора, «Дварим», «Ваэтханан», 5:29.

Идите только по средней линии.

Написано: «Ни вправо, ни влево». Это означает, что любые свойства, какими бы они ни были, ты обязан принимать так, чтобы приподниматься над собой в любви к ним. Следует использовать их только для того, чтобы демонстрировать отдачу и любовь.

Уклоняясь влево, ты входишь в состояние неисправных желаний, которые не можешь оставлять неисправными.

Уклоняясь вправо, ты входишь в состояние, когда плаваешь как бы в высшем свете, в свойстве отдачи и любви.

Указание не уклоняться ни вправо, ни влево является требованием уравновесить эти две стороны средней линией, идти золотой тропинкой к любви.

И Моше продолжает:

ПО ВСЕМ ПУТЯМ, КОТОРЫЕ УКАЗАЛ ВАМ БОГ, ВСЕСИЛЬНЫЙ ВАШ, ИДИТЕ, ДАБЫ ВЫ БЫЛИ ЖИВЫ, И ХОРОШО БЫЛО ВАМ, И ПРОДЛИЛИСЬ ДНИ ВАШИ В СТРАНЕ, КОТОРОЙ ВЫ ОВЛАДЕЕТЕ.[40]

«Страна, которой вы овладеете», то есть желание (рацон – от слова эрец, страна), направленное на отдачу и любовь ко всем окружающим и через них к Творцу.

Как мы уже говорили, все окружающие – это мои внутренние свойства, которые мне кажутся внешними, противоположными. И таким образом получается, что когда я отношусь к ним с любовью, то отношусь к ним, как Творец. При этом и возникает в нас слияние с Творцом.

---

40 Тора, «Дварим», «Ваэтханан», 5:30.

ГЛАВА «И МОЛИЛСЯ Я»

КТО КОМАНДУЕТ СЕРДЦЕМ?

Дальше очень интересное продолжение. В главе «И молился я» начинает произноситься молитва «Шма, Исраэль» – «Слушай, Израиль».

СЛУШАЙ, ИЗРАИЛЬ, БОГ – ВСЕСИЛЬНЫЙ НАШ, БОГ ОДИН![41]

На самом деле все очень просто. Допустим, меня зовут Михаил. Я должен сказать: «Слушай, Михаил, твой Бог, то есть та высшая сила, которая управляет тобой, она – одна единственная. И поскольку она единственная, значит, и то, что ты говоришь сейчас, это тоже в тебе говорит она. И то, что ты желаешь в данный момент, это тоже она желает в тебе. И то, что ты думаешь о себе и о ней, об этой силе, и о ком бы то ни было, это тоже только она.

Но где же ты? Ты – та экспертная точка, которая говорит, что все в тебе, кроме этой точки, – это Творец».

Тогда в чем заключается твоя работа? В том, чтобы экспертная точка была полностью связана с Творцом, и ты стал равным Ему.

ЛЮБИ БОГА, ВСЕСИЛЬНОГО ТВОЕГО ВСЕМ СЕРДЦЕМ СВОИМ, И ВСЕЙ ДУШОЮ СВОЕЙ, И ВСЕМ СУЩЕСТВОМ СВОИМ.[42]

Все свои желания на всех уровнях, какими бы они ни были, как бы я ни градуировал их по свойствам и

---

41   Тора, «Дварим», «Ваэтханан», 6:4.
42   Тора, «Дварим», «Ваэтханан», 6:5.

направлениям, я обязан реализовывать только для того, чтобы проявить любовь к ближнему.

И от любви к ближнему дойти до любви к Творцу. Творец тут предстает, как совокупность всех моих отношений к другим. Поэтому говорится: «Люби Бога, Всесильного твоего».

И БУДУТ СЛОВА ЭТИ, КОТОРЫЕ Я ЗАПОВЕДУЮ ТЕБЕ СЕГОДНЯ, В СЕРДЦЕ ТВОЕМ.[43]

Во всех моих желаниях, называемых «сердце», будут явно ощущаться свойства отдачи и любви. Командовать сердцем будут именно они.

И ПОВТОРЯЙ ИХ СЫНАМ СВОИМ, И ПРОИЗНОСИ ИХ, СИДЯ В ДОМЕ СВОЕМ, И ИДЯ ДОРОГОЮ, И ЛОЖАСЬ, И ВСТАВАЯ.

Помни о Творце «и ложась, и вставая», то есть и в плохих, и в хороших состояниях. Лежать – находиться в бессилии, вставать и ходить – продвигаться по духовным ступеням. Во всех своих состояниях, настоящих и будущих, называемых сыновьями, ты должен постоянно оживлять Творца в себе, ведь нет никого, кроме Него, и Он – это свойство любви.

«И произноси их, сидя в доме своем и идя дорогою...». Что это означает?

То есть и в таком состоянии, когда находишься в собственном сердце и когда чувствуешь, что выходишь из него.

Домом называется сердце человека.

---

43 Тора, «Дварим», «Ваэтханан», 6:5.

«Идя дорогою» – то есть постоянно меняя свои желания, все время исправляя их, поднимаясь над ними. Неважно, какие желания в тебе возникают, ты над ними не хозяин.

Всегда в тебе должна быть только лишь одна идея, одна цель, одна основа твоего существования: все, что происходит, исходит из Творца, и ко всему ты относишься именно так.

Ты находишься с Ним в абсолютном соединении, что бы ни происходило, даже если пребываешь в катастрофическом состоянии! Ведь именно оно необходимо для того, чтобы найти абсолютную связь с Творцом.

ПОВЯЖИ УЗЕЛКИ НА ПАМЯТЬ

И ПОВЯЖИ ИХ КАК ЗНАК НА РУКУ СВОЮ, И БУДУТ ОНИ ЗНАКАМИ МЕЖДУ ГЛАЗАМИ ТВОИМИ.[44]

Это значит, что на левую руку, которая соединяется с сердцем, надо повязать, как узелок на память, тфилин, а на голову – другой тфилин (между глазами твоими), чтобы слова эти были и в сердце, и в разуме.

Все, что относится к сердцу, – это уровень бины. Глаза – уровень хохма. С помощью двух светов – хасадим и хохма – Творец будет постоянно управлять твоими желаниями и мыслями так, что они будут направлены только на любовь.

---

44   Тора, «Дварим», «Ваэтханан», 6:8.

Если я повязываю узелок на руку и узелок между глазами, то значит, соединяю свет бины и хохмы?

Это не просто узелок. В нем в высшем виде существует связь между желаниями и светом, между творением и Творцом. И я желаю, чтобы именно такое соединение сейчас распространилось в моем сердце и разуме.

И НАПИШИ ИХ НА КОСЯКАХ ДОМА СВОЕГО И НА ВОРОТАХ СВОИХ.[45]

Ворота и косяки – это одновременно вход и выход из себя. Ты выходишь в новые желания, еще не освоенные и не исправленные тобой, и входишь обратно, то есть помещаешь их внутрь себя. В том и в другом случае необходимо постоянно контролировать и проверять себя, находишься ли ты в наполнении только светом отдачи и любви.

Выходя в новые желания и возвращаясь с ними, ты всегда должен быть с Творцом, то есть со светом исправления, который действует на всех четырех уровнях желания – йуд-кей-вав-кей. Поэтому и в мезузе, и в тфилине есть четыре так называемых текста – четыре свойства.

Теперь понятно, почему «Шма Исраэль» («Слушай, Израиль») стала главной молитвой Израиля.

Она стала главной, потому что кроме нее, ничего нет. Все остальные дополняют ее, являясь как бы ее разложением на различные частные случаи.

---

45   Тора, «Дварим», «Ваэтханан», 6:9.

ГЛАВА «И МОЛИЛСЯ Я»

Как все заповеди сводятся к «возлюби ближнего как самого себя», так и молитва «Шма Исраэль» представляет собой саму эту заповедь.
ХЕТТОВ, И ГИРГАШЕЕВ, И ЭМОРЕЕВ, И КНААНЕЕВ, И ПРИЗЕЕВ, И ХИВЕЕВ, И ЙЕВУСЕЕВ, СЕМЬ НАРОДОВ, КОТОРЫЕ МНОГОЧИСЛЕННЕЕ И СИЛЬНЕЕ ТЕБЯ.[46]

ЧТО ЗНАЧИТ – ПОМНИТЬ?

Глава «И молился я» рассказывает, как Моше повторяет народу, с чем он шел и с чем входит в Эрец Исраэль.
Повторений в Торе нет. Много раз говорится «помните ли вы…», но это никогда не обращение к прошлому, а всегда направление к новому действию на новом уровне.

Мы имеем 125 ступеней восхождения, и на каждой из них надо исправить 613 желаний: 248 – желания верхней части парцуфа (души) и 365 – желания нижней части души. На каждой ступени 613 желаний повторяются во все большем эгоизме. Всякий раз их надо исправлять на отдачу и любовь в большей связи между ними, поэтому они как бы оставляют свой отпечаток.

Но на самом деле каждый раз это совершенно новое понимание мира, более глубокое, более связанное с духовными пространствами человека. Эгоизм растет, поэтому больше привлекается к всеобщей связи, которая и раскрывается нам.

---

46   Тора, «Дварим», «Ваэтханан», 7:01.

Причем самое главное наслаждение человек получает от общей картины взаимосвязи. Совершенство и гармония являются тем, что наполняет его душу.

Прекрасно помню, что, когда преподаватели в школе и потом в институте повторяли одно и то же, мне казалось: «Ну, сколько можно говорить то же самое?» А в каббале – совершенно иное восприятие. Мы проходим те же законы, те же ситуации, а ощущение постоянно новых впечатлений, новых открытий. Вроде бы уже все расписано в книге и все равно – раз! – другая строчка, и все видится иначе.

Да. Это невероятно! Потому что законы, которые действуют в неживом материале, затем проявляются в растительном, в животном и в человеке. Разница только в том, что в неживом они не раскрыты, затем в растительном чуть приоткрываются, в животном – еще немного, в человеке – уже раскрываются. Мы видим перед собой совершенно разные уровни, возможности, разные образы жизни и так далее.

Все это говорит о глубине соединения между собой маленьких частичек, минусов и плюсов. Так внутри атома соединяются электроны, нейтроны, позитроны, комбинации соединений и взаимной зависимости раскрывают программу их соединения, и появляется наша земная развитая жизнь.

То же самое происходит и в духовном мире.

ГЛАВА «И МОЛИЛСЯ Я»

НИЧЕГО МЫ НЕ ДЕЛАЕМ САМИ!

Продолжаем читать молитву «Шма Исраэль»:
И БУДЕТ, КОГДА ПРИВЕДЕТ ТЕБЯ БОГ, ВСЕСИЛЬНЫЙ ТВОЙ, В СТРАНУ, КОТОРУЮ ОН ПОКЛЯЛСЯ ОТЦАМ ТВОИМ, АВРААМУ, ИЦХАКУ И ЯАКОВУ, ДАТЬ ТЕБЕ, – ГОРОДА БОЛЬШИЕ И ХОРОШИЕ, КОТОРЫХ ТЫ НЕ СТРОИЛ, И ДОМА, ПОЛНЫЕ ВСЯКОГО ДОБРА, КОТОРЫЕ НЕ ТЫ НАПОЛНЯЛ, И КОЛОДЦЫ ВЫСЕЧЕННЫЕ, КОТОРЫЕ НЕ ТЫ ВЫСЕКАЛ, ВИНОГРАДНИКИ И МАСЛИЧНЫЕ ДЕРЕВЬЯ, КОТОРЫЕ НЕ ТЫ ПОСАДИЛ, И БУДЕШЬ ЕСТЬ И НАСЫЩАТЬСЯ, – ТО БЕРЕГИСЬ, НЕ ЗАБУДЬ БОГА, КОТОРЫЙ ВЫВЕЛ ТЕБЯ ИЗ СТРАНЫ ЕГИПЕТСКОЙ, ИЗ ДОМА РАБСТВА. БОГА, ВСЕСИЛЬНОГО ТВОЕГО, БОЙСЯ, И ЕМУ СЛУЖИ, И ЕГО ИМЕНЕМ КЛЯНИСЬ.[47]

Если рассуждать с точки зрения обычного человека, то действительно думается, почему написано, что, во-первых, я не должен о Нем забывать; во-вторых, разве я получил эту землю бесплатно – я пролил столько крови, столько страдал?

Неужели мы не заработали Землю Израиля за 400 лет рабства в Египте?! И потом – 40 лет скитаясь в пустыне?! И завоевывали эту землю кровью, освобождая ее от народов, живших там.

Дело в том, что духовная работа совершенно не такая, как нам кажется. Все, что описывается в Торе, происходит внутри нас в мере того, как мы тянемся к объединению между собой. Раскрывая все большую

---

47   Тора, «Дварим», «Ваэтханан», 6:10-6:13.

и большую взаимосвязь, мы приближаемся к Земле Израиля.

Земля Израиля является тем нашим общим желанием, которое мы обрели первый раз как эгоистическое желание в Египте, когда нас связывало желание просто жить, существовать ради эгоизма – ради фараона.

Когда мы его наполняли, делая этот Египет, якобы, богатым, наш эгоизм раздулся настолько, что стало понятно: он уничтожает нас в себе. И тогда через 10 казней, которые Творец навел на нас, пожелали выйти из Египта.

Вся наша работа заключалась в том, что мы кричали, просили высшую силу любви и объединения вытащить нас из эгоистического разъединения и взаимной ненависти.

И более того, в сорокалетнем путешествии по пустыне, когда мы еще не умели соединяться в эгоизме, мы шли, приподнимаясь над ним.

Полностью приподнявшись, что означает отрыв от Египта, мы начинаем входить в него же, но уже с тем, чтобы преобразовывать эгоизм в свойство отдачи и любви. И когда это огромнейшее желание по имени фараон (или Египет) преобразовывается в свойство отдачи и любви, оно становится Землей Израиля.

Конечно, все названия мест в Торе не имеют никакого отношения к географии – они находятся внутри нас, внутри эгоистического желания, на которое все человечество работает до сего дня.

Сейчас мы начинаем осознавать, что это огромное желание убивает нас, что мы закладываем в него всю свою жизнь! Ничего в нас и у нас не остается, и в итоге мы умираем. Так для чего живем? Чтобы бросить себя

ГЛАВА «И МОЛИЛСЯ Я»

и своих детей в жерла этого ненасытного уродливого создания – эгоизма?

Поэтому мы решаем приподняться над ним, так и говорится: «И вскричали сыны Израиля от тяжелой работы». Через свой крик мы получаем силы объединения, которые находятся выше эгоизма, и начинаем все больше и больше вытаскивать себя из него – это и есть наша работа в течение сорока лет пустыни.

Образовав над эгоизмом новое сильное поколение родившихся в пустыне, мы входим в этот эгоизм, то есть приступаем к покорению земли, которая будет называться Землей Израиля. Мы спускаемся в эгоизм и начинаем преображать, исправлять его. Это и называется войти в Землю Израиля.

Каждый раз на подъеме и спуске нам объясняют законы, которые хотя читаются одинаково, но реализуются на совершенно ином материале. Поэтому мы и видим их по-другому.

Сказано дальше: и приведет тебя Бог, Всесильный твой, в страну, где будут города большие и хорошие, которых ты не строил, и дома, полные всякого добра, которые не ты наполнял, и виноградник, который ты не сажал. Почему все время идет усиление, что ты этого не делал?

Совершенно ничего мы не делаем сами! Кроме того, что убеждаемся в отсутствии в нас каких бы то ни было возможностей. Мы должны просить Творца. Он даст нам силы, с их помощью мы и войдем в готовую совершенную альтруистическую систему.

Поэтому написано: «Берегись, не забудь Бога, который вывел тебя из страны египетской». И Он же ведет нас вперед в Землю Израиля, в освоение эгоизма, который вдруг показывает нам, что он и не эгоизм вовсе, и никогда не был им, а только так проявлялся относительно наших испорченных свойств. Сейчас мы видим, что это совершеннейшая система – мир бесконечности – и мы находится в ней.

Повторяю, мы вообще ничего не делаем. Мы только исправляем свои собственные свойства, чтобы увидеть то совершенство, которое всегда существовало. Мы и сейчас находимся в мире бесконечности, в раю, в совершенстве и в вечности! А то, что кажется нам уродливым, – это отображение наших свойств, которые позволяют нам видеть всего лишь маленький фрагмент, полный ужасных страданий и смерти. А на самом деле мы находимся в абсолюте!

МАСКИ-ШОУ: ГДЕ НАЙТИ ТВОРЦА?

Дальше говорится:

НЕ СЛЕДУЙТЕ ЗА БОГАМИ ИНЫМИ ИЗ БОГОВ НАРОДОВ, КОТОРЫЕ ВОКРУГ ВАС.

ИБО ВСЕСИЛЬНЫЙ Бог-РЕВНИТЕЛЬ – БОГ, ВСЕСИЛЬНЫЙ ТВОЙ, В ТВОЕЙ СРЕДЕ; ДАБЫ НЕ ВОЗГОРЕЛСЯ ГНЕВ БОГА, ВСЕСИЛЬНОГО ТВОЕГО, НА ТЕБЯ, И НЕ УНИЧТОЖИЛ ОН ТЕБЯ С ЛИЦА ЗЕМЛИ.[48]

Что значит, не следовать за богами иными?

---

[48] Тора, «Дварим», «Ваэтханан», 6:14-6:15.

Дело в том, что если ты следуешь за эгоизмом, то идешь за фараоном, который олицетворяет собой все и который сказал: «Кто такой Творец, зачем я буду слушать Его?» Творец выставляет его перед нами, чтобы мы поняли, что свойство отдачи и любви выше эгоизма.

Поскольку фараон – изнанка Творца, то так они и работают – один против другого. Точнее говоря, Творец работает, строя из себя свое обратное состояние, относительно которого мы и находимся.

И что мы выбираем? Естественно, фараона, потому что Творец дал нам природные наклонности предпочесть фараона, имея свободу выбора для этого.

Тут возникает вопрос, когда у нас появляется свобода выбора? Здесь мы должны подумать. Ведь если я все время устремляюсь к фараону, то когда же я нахожусь в свободном выборе относительно Творца? Что значит свобода? Что значит выбор? В каких состояниях я решаю сам?

В каком смысле я выбираю? Если один из них больше другого, я всегда выбираю того, кто больше. Если они равны – я не знаю, что выбрать.

Выбор реализуется тогда, когда мне еще неизвестно, кто из них больше, кто меньше. То есть самого выбора нет, есть работа: хорошо изучить, проанализировать, кого стоит выбрать, кто на самом деле больше. Это первое.

И второе. Когда мы пытаемся это сделать, то приходим к состоянию, из которого нет выхода. Тогда возникает единственная возможность – кричать к Творцу. И в ответ Творец сделает выбор, а не мы.

Выходит, что выбора все-таки нет?

Выбор есть – кричать к Творцу. Наш единственный выбор - правильно, как нас учит каббала, обратиться к единственно существующей, управляющей и все наполняющей высшей силе и просить ее какого-то минимального раскрытия, чтобы оно помогло нам правильно продвинуться хотя бы на один шаг вперед.

УКРАЛИ МЕШКИ И НЕСЕМ ИХ С СОБОЙ

КОГДА СПРОСИТ ТЕБЯ СЫН ТВОЙ В БУДУЩЕМ, ГОВОРЯ: «ЧТО ЭТО ЗА СВИДЕТЕЛЬСТВА, И УСТАНОВЛЕНИЯ, И ЗАКОНЫ, КОТОРЫЕ ПОВЕЛЕЛ БОГ, ВСЕСИЛЬНЫЙ НАШ, ВАМ?», – ТО СКАЖИ СЫНУ ТВОЕМУ: «РАБАМИ БЫЛИ МЫ У ФАРАОНА В ЕГИПТЕ, И ВЫВЕЛ НАС БОГ ИЗ ЕГИПТА РУКОЮ МОЩНОЮ. И ЯВИЛ БОГ ЗНАМЕНИЯ И ЧУДЕСА ВЕЛИКИЕ И ГИБЕЛЬНЫЕ В ЕГИПТЕ НАД ФАРАОНОМ И НАД ВСЕМ ДОМОМ ЕГО У НАС НА ГЛАЗАХ.[49]

Вы все время произносите слово «фараон». Он же остался где-то там, в Египте?

Нет. Это тот же эгоизм, который продолжает идти вместе с нами. Он не отрывается до самого конца существования в нас ощущения этого мира.

Для чего все время надо вспоминать, что были мы рабами в Египте и вывел нас оттуда Творец «рукою мощной»?

---

[49] Тора, «Дварим», «Ваэтханан», 6:20-6:22.

На каждом этапе мы выходим из Египта. Оторвавшись, мы обязаны продолжать работу над ним, перетащить и превратить в Землю Израиля.

Ведь на самом деле существует лишь одно желание! И мы должны исправлять его, поднимаясь по 125-ти ступеням. Поэтому все время оно обновляется в нас, возникая во все большем своем изуродованном виде, а мы преобразуем его в прекрасное состояние.

Мы вышли из рабства, но вытащив с собой все его желание, оставили Египет безжизненным. Это желание мы несем с собой. Мы не можем от него избавиться. Каждый раз мы перепроверяем его на всех состояниях в пустыне, окунаясь в них. Об этом рассказывается таким образом, будто мы ошиблись, согрешили, а потом исправили.

Снова и снова мы грешим, то есть раскрываем еще и еще один мешок, который украли из Египта, и опять исправляем его.

Иначе говоря, все эти келим, которые вынесли из Египта, мы несем с собой и постоянно работаем с ними?

Да, естественно. Неоткуда больше брать желания. Поэтому, когда Авраам спрашивал: «А как же мы достигнем конца творения?», – Творец отвечал ему: «Благодаря тому, что Я помещу вас в Египет. Оттуда вы заберете большие желания и, постепенно исправляя их, достигнете самых высот».

И ОН ВОЮЕТ ВМЕСТО НАС

И В ПРАВЕДНОСТЬ ЗАЧТЕТСЯ НАМ, ЕСЛИ СТРОГО БУДЕМ МЫ ИСПОЛНЯТЬ ВСЕ ЭТИ ЗАПОВЕДИ ПРЕД БОГОМ, ВСЕСИЛЬНЫМ НАШИМ, КАК ОН ПОВЕЛЕЛ НАМ».[50]

Все наши желания мы должны исправлять на правильное применение – с эгоистического на альтруистическое, на взаимную связь между нами, чтобы просить Творца дать нам возможность быть соединенными, как один человек в одном сердце, и во взаимной любви дать Ему возможность проявиться между нами.

Что такое «строгое выполнение заповедей»?

Выполнение заповедей должно быть направлено только на отдачу другим, только на внешние цели, не ради себя. Ты проверяешь все свои желания до самого дна, которое в тебе раскрывается и не идешь ни на какие сделки.

Творец дал нам, на первый взгляд, простую заповедь: возлюби ближнего, как себя. И мы должны следовать этой заповеди в каждом желании и в каждом обстоятельстве, которое Он раскрывает перед нами.

Каждое эгоистическое кли, вынесенное из Египта, мы должны переварить, переработать на взаимное соединение, в котором раскрывается любовь, а в любви раскрывается Творец.

---

50   Тора, «Дварим», «Ваэтханан», 6:25.

ГЛАВА «И МОЛИЛСЯ Я»

КОГДА ПРИВЕДЕТ ТЕБЯ БОГ, ВСЕСИЛЬНЫЙ ТВОЙ, В СТРАНУ, В КОТОРУЮ ВСТУПАЕШЬ, ЧТОБЫ ОВЛАДЕТЬ ЕЮ, ТО ИЗГОНИТ ОН МНОГИЕ НАРОДЫ ПЕРЕД ТОБОЙ: ХЕТТОВ, И ГИРГАШЕЕВ, И ЭМОРЕЕВ, И КНААНЕЕВ, И ПРИЗЕЕВ, И ХИВЕЕВ, И ЙЕВУСЕЕВ, СЕМЬ НАРОДОВ, КОТОРЫЕ МНОГОЧИСЛЕННЕЕ И СИЛЬНЕЕ ТЕБЯ.[51]

Семь народов – так называются в Торе очень сильные эгоистические желания, их семь, поскольку наше желание состоит из семи частей – хэсэд, гвура, тифэрэт, нэцах, ход, есод, малхут.

Желание достичь отдачи и любви – очень слабое в человеке. Его можно сравнить с маленьким Моше, стоящим против огромного фараона.

У нас нет свойства отдачи, любви, свойства связи, между всеми нами властвует эгоизм. И нет никакой силы совладеть с ним.

Ничего другого у нас нет, кроме как просить Творца победить эти народы. Это наша задача. Он воюет вместо нас. Ничего больше нам не надо, потому что сил у нас изначально нет и никогда не будет. Наши силы проявляются только в том, что мы связаны с Ним.

Иначе говоря, мы являемся связующим звеном между всем человечеством и Творцом. Поэтому с обеих сторон получаем отрицательные побуждения, которые обязывают нас выстроить правильный уровень отношений и с Творцом, и с народами мира – со всеми нашими эгоистическими желаниями.

---

51   Тора, «Дварим», «Ваэтханан», 7:01.

Наша сила в том, что мы можем связаться с Творцом, заручиться его поддержкой и таким образом победить свой эгоизм.

Это и есть любовь, которая покроет все прегрешения?

Да, да, да.

НИКАКИХ ПОЛОВИНЧАТЫХ РЕШЕНИЙ

...НЕ ЗАКЛЮЧАЙ С НИМИ СОЮЗ И НЕ ПОЗВОЛЯЙ ИМ ЖИТЬ у тебя. И НЕ РОДНИСЬ С НИМИ: ДОЧЕРИ ТВОЕЙ НЕ ОТДАВАЙ ЗА СЫНА ЕГО, И ДОЧЕРИ ЕГО НЕ БЕРИ ЗА СЫНА ТВОЕГО. ИБО ОТВРАТИТ ЭТО СЫНА ТВОЕГО ОТ МЕНЯ, И ОНИ БУДУТ СЛУЖИТЬ ИНЫМ БОГАМ, И ВОЗГОРИТСЯ ГНЕВ БОГА НА ВАС, И УНИЧТОЖИТ ОН ТЕБЯ СКОРО.[52]

Человек не может допустить никаких поблажек эгоизму, никаких связей с ним, никаких половинчатых решений. Он должен полностью уничтожить его, возвыситься над ним, прекратить применять эгоизм в его естественном виде и использовать его только после первого сокращения – с экраном, с обратным светом – на отдачу и любовь.

Что такое «не брать дочери другого народа за сына твоего»?

---

52   Тора, «Дварим», «Ваэтханан», 7:02-7:04.

ГЛАВА «И МОЛИЛСЯ Я»

Ничего не оставлять от эгоистического порождения, потому что в итоге это проявится в тебе как твое испорченное свойство. В нем уже невозможно связаться с Творцом, воевать за чистоту своего исправления и подниматься духовно.

Говорится: «ибо отвратит это сына твоего от меня, и они будут служить иным богам…».
Если женишь своего сына на дочери чужого народа, то, естественно, будешь считать, что и дальше можно каким-то образом соприкасаться с эгоизмом и находиться с ним в совместном состоянии.

«Забудь обо Мне тогда. Я тебе не помогаю», то есть Творца в этом не будет.

НО ВОТ КАК ПОСТУПАЙТЕ С НИМИ: ЖЕРТВЕННИКИ ИХ РАЗБЕЙТЕ, И СТОЛБЫ ИХ СОКРУШИТЕ, И СВЯЩЕННЫЕ ДЕРЕВЬЯ ИХ СРУБИТЕ, И ИЗВАЯНИЯ ИХ СОЖГИТЕ ОГНЕМ.

ИБО НАРОД СВЯТОЙ ТЫ У БОГА, ВСЕСИЛЬНОГО ТВОЕГО: ТЕБЯ…[53]

Надо уничтожить все, что относится к намерению ради себя, что является эгоистическим ритуалом эгоизма.

Когда в Торе говорится: «сжечь», «убить» и так далее, то речь идет о четырех видах умерщвления эгоизма, которыми его надо преследовать до полного исчезновения.

Причем тут имеется в виду не само желание, а намерение. Желание остается в его исконном виде.

---

53 Тора, «Дварим», «Ваэтханан», 7:05-7:06.

Уничтожается намерение ради себя, и вместо него появляется намерение ради других и Творца.

«Жертвенники их разбейте» – что это значит?

Жертвенник – это мои действия ради того, чтобы наполниться эгоистически. Каким образом я могу избавиться от него, отойти от этого свойства, этого способа наполнения эгоизма? Только лишь разбив методику его наполнения, что и называется «сокрушением жертвенника».

Надо все уничтожить: разбросать камни, разбить очаг – переделать его нельзя. И начинать с нуля.

НЕ ПОТОМУ, ЧТО МНОГОЧИСЛЕННЕЕ ВЫ ПРОЧИХ НАРОДОВ, ВОЗЖЕЛАЛ ВАС БОГ И ИЗБРАЛ ВАС, ВЕДЬ ВЫ МАЛОЧИСЛЕННЕЕ ВСЕХ НАРОДОВ; НО ИЗ ЛЮБВИ БОГА К ВАМ И РАДИ СОБЛЮДЕНИЯ ИМ КЛЯТВЫ, КОТОРУЮ ОН ДАЛ ОТЦАМ ВАШИМ, ВЫВЕЛ БОГ ВАС РУКОЮ МОЩНОЮ И ОСВОБОДИЛ ТЕБЯ ИЗ ДОМА РАБСТВА, ИЗ-ПОД ВЛАСТИ ФАРАОНА, ЦАРЯ ЕГИПЕТСКОГО. ЗНАЙ ЖЕ, ЧТО БОГ, ВСЕСИЛЬНЫЙ ТВОЙ, – ОН ВСЕСИЛЬНЫЙ, ВСЕСИЛЬНЫЙ ВЕРНЫЙ, ХРАНЯЩИЙ СОЮЗ И МИЛОСТЬ…[54]

Интересно, что почти все главы заканчиваются гимном Творцу, выведшему народ из Египта.

Да. Нельзя забывать, что Он вывел тебя из эгоистического состояния, и только с Его силой можно двигаться дальше. И поэтому на каждой ступеньке ты должен быть только лишь в сопряжении с Ним.

---

54 Тора, «Дварим», «Ваэтханан», 7:07-7:09.

Человек обязан держать Его внутри себя, находиться в четкой, определенной связи с Ним. Управлять этой связью возможно лишь в мере своего соединения с другими людьми в своей группе, в своем народе, так называемом.

Народ Израиля – это группа, которая объединяется единым направлением: проявить между собой в своем объединении свойство взаимной отдачи и любви, в котором раскрывается высшая сила – Творец.

Это является нашей целью. Об этом надо постоянно помнить. И тогда мы правильно будем двигаться вперед и реализуем сказанное в Торе.

Глава «ВСЛЕДСТВИЕ»

НЕТ НАКАЗАНИЯ СВЫШЕ

Глава «Экев» – «Вследствие» – ведет речь о причинно-следственных связях в системе, внутри которой мы находимся. На первый взгляд, кажется, что существует простая прямая связь: если вы будете делать, как Я (Творец) скажу, будет вам хорошо; если не будете соглашаться со Мной, то будет вам плохо.

Надо понимать, что такое плохо. Плохо – это не наказание, нет наказания свыше. Мы существуем в системе, которая находится в абсолютном равновесии. Если мы выводим ее из равновесия, то возникают противодействующие силы, которые возвращают нас к первоначальному состоянию. Проявления этих обратных сил и кажутся нам наказанием.

Тора – это инструкция, которая объясняет, как существовать в абсолютно гармоничном мире.

Несмотря на то, что находимся в равновесной системе, мы постоянно меняемся, в нас растут желания, эгоизм, знание, постижение и прочее. Если пытаться правильно связать себя с окружающим миром, с обществом, то в каждый момент мы будем чувствовать все большее и большее благо, исходящее из абсолютной гармонии.

Если не сможем правильно соединить себя с окружающей природой, средой, человечеством, то почувствуем воздействие сил, которые насильно будут возвращать нас в состояние, более соответствующее этой системе. Тогда мы воспринимаем их как отрицательное воздействие, как наказание.

ГЛАВА «ВСЛЕДСТВИЕ»

Все в нашем мире действует таким образом. Я изучал это и в кибернетике – моей первой специальности.

Возьмем простой пример. Ракета направлена на определенную цель, но всякий раз по ходу движения она чуть-чуть отклоняется. Тогда в действие вступают силы, которые следят за ее курсом и производят необходимую корректировку. Благодаря такому следящему режиму, ракета достигает цели.

Все, что написано в Торе о падениях и наказаниях, – на самом деле предопределено. Мера воздействия со стороны этих сил зависит от того, насколько мы уходим в сторону от цели нашего движения. Но отклонения должны быть всегда, потому что именно плюс и минус обязывают нас учиться.

Через воздействие противодействующих сил мы ощущаем, что не находимся в состоянии идеального равновесия. Возвращение в него воспринимается нами как идеал.

Но больше одного мгновения находиться в идеальном равновесии человек не может, потому что в этом состоянии он не влияет ни на что внешнее, а внешнее не влияет на него. Человек находится как будто в подвешенном состоянии, в невесомости или в воде – нет ни верха, ни низа, ни окружения, ничто не давит ни снаружи, ни изнутри.

Такое состояние бесцельно, не эффективно. Поэтому всегда в нас возникают все большие и большие внутренние помехи. Эти новые противоположные силы мы должны уравновесить с внешней средой, то есть почувствовать отклонение в курсе и вернуться к балансу.

Все наше развитие идет к состоянию, чтобы в своей повышенной чувствительности мы начали ощущать малейшее отклонение.

Ощущение связи с внешней управляющей силой – Творцом – должно быть настолько тонким и четким, что даже самое маленькое нарушение равновесия между нами вызовет в человеке очень острое ощущение, боль, тревогу: «Я не хочу этого состояния, я хочу быть все время в равновесии с Ним, в сближении, в отдаче, в любви». Тут возникает состояние, когда мы действительно входим в резонанс с Творцом.

Но после этого равновесного состояния снова отклоняемся? Ведь движение идет постоянно?

Да, так продолжается до окончательного исправления, когда мы полностью достигаем гармонии, то есть слияния, соединения с внешней управляющей сферой, когда становимся с ней единым целым.

В чем заключается окончательное исправление? Находясь внутри внешней сферы, мы проходим все состояния, которые в нас возбуждаются, от максимально противоположного ей до самого минимального различия между нами и ею. В итоге изнутри мы формируем себя подобно этой внешней сфере.

В результате ощущаем, что внутри нас находится Творец – Его свойства, Его цель, Его силы, Его замысел. Мы и эта внешняя сфера представляем собой одно единое целое, что и называется состоянием конечного исправления.

Закон одновременно и окружает нас, и находится внутри нас?

ГЛАВА «ВСЛЕДСТВИЕ»

И нет никакого отличия между нами и Творцом.

О том, что будет далее, в Торе не говорится. Об этом будем знать уже после полного исправления. На том уровне нас ждут великие каббалисты, которые прошли весь путь. Они ждут, чтобы мы примкнули к ним и двинулись дальше, на еще более высокие ступени, лежащие за полным исправлением.

ЛЕЖАТЬ НА ДИВАНЕ И СМОТРЕТЬ ТЕЛЕВИЗОР

В главе «Вследствие» снова и снова Моше говорит: «Вы перейдете в Эрец Исраэль через Иордан, я повторяю то, что вы должны знать. Если соответствуете этим законам, то будет хорошо, не соответствуете – будет плохо».

Так начинается глава:

/12/ И БУДЕТ, ЗА ТО, ЧТО СЛУШАТЬ БУДЕТЕ ВЫ ЗАКОНЫ ЭТИ, И ХРАНИТЬ ИХ, И ИСПОЛНЯТЬ ИХ, ТО ХРАНИТЬ БУДЕТ (вас) БОГ...

Все-таки идет разговор с эгоизмом – никуда не деться.

Естественно, ведь речь идет о человеке. Но, с другой стороны, это совсем не так, как нам кажется, потому что здесь нет никаких физических или эгоистических нарушений, наказаний, вознаграждений. В Торе все говорится только относительно духовного развития человека.

Нам надо понимать, что, с одной стороны, вся система развития толкает нас к духовному подъему. Но у меня может быть состояние, что я не хочу ничего делать кроме, как лежать на диване, читать газету, смотреть телевизор, — словом, сидеть дома в тапочках и никуда не стремиться. Не вижу, кому от этого может быть плохо.

С другой стороны, человек, который начинает заниматься своим духовным возвышением, уже не может спокойно лежать на диване. Он ощущает, что обязан духовно подниматься, хотя никто его к этому не принуждает. Обязан работать против своего эгоизма, хотя не чувствует при этом никаких нарушений, физических побоев, наказаний.

Человек страдает от моральных побоев, он не может больше оставаться в животном состоянии. Вот в этом заключается предупреждение.

Тора говорит, если желаешь быть человеком, то должен выполнять ее закон. И не дай тебе Бог оступиться, сделать иначе, — тогда получишь наказание. Но это все — относительно моего желания стать другим.

Тора не обращается ко мне, как к животному: ты будешь наказан физически. Речь идет о том, что если ошибешься в своем духовном возвышении, то не достигнешь, чего желаешь. В этом и заключается наказание. Тем более, в данном случае, когда речь идет о народе Израиля, который уже «встал с дивана» и движется в Эрец Исраэль.

ГЛАВА «ВСЛЕДСТВИЕ»

И ПЛЮС, И МИНУС – НА ПОЛЬЗУ ТЕБЕ

Говорится далее:

/12/ И БУДЕТ, ЗА ТО, ЧТО СЛУШАТЬ БУДЕТЕ ВЫ ЗАКОНЫ ЭТИ, И ХРАНИТЬ ИХ, И ИСПОЛНЯТЬ ИХ, ТО ХРАНИТЬ БУДЕТ БОГ, ВСЕСИЛЬНЫЙ ТВОЙ, ДЛЯ ТЕБЯ СОЮЗ И МИЛОСТЬ, О КОТОРЫХ ОН ПОКЛЯЛСЯ ОТЦАМ ТВОИМ. /13/ И ВОЗЛЮБИТ ОН ТЕБЯ, И БЛАГОСЛОВИТ ТЕБЯ, И РАЗМНОЖИТ ТЕБЯ, И БЛАГОСЛОВИТ ПЛОД ЧРЕВА ТВОЕГО И ПЛОД ЗЕМЛИ ТВОЕЙ, ХЛЕБ ТВОЙ, ВИНО ТВОЕ, И ОЛИВКОВОЕ МАСЛО ТВОЕ...

Все будет так, если будешь соответствовать этим законам и двигаться к равновесию.

/14/ БЛАГОСЛОВЕН БУДЕШЬ ТЫ БОЛЕЕ ВСЕХ НАРОДОВ; НЕ БУДЕТ У ТЕБЯ НИ БЕСПЛОДНОГО, НИ БЕСПЛОДНОЙ, также И У СКОТА ТВОЕГО. /15/ И ОТДАЛИТ БОГ ОТ ТЕБЯ ВСЯКУЮ БОЛЕЗНЬ, И НИКАКИХ НЕДУГОВ ЕГИПЕТСКИХ, КОТОРЫЕ ТЫ ЗНАЕШЬ, НЕ НАВЕДЕТ НА ТЕБЯ, А НАВЕДЕТ ИХ НА ВСЕХ НЕНАВИСТНИКОВ ТВОИХ.

Как можно объяснить, что такое – «никакие недуги египетские»?

Все, что тебе кажется плохим, – на самом деле это побои для эгоизма, а не для тебя. Сейчас я нахожусь в своем эгоизме, соединяясь с ним, работаю на него. Потом начинаю от него отрываться, и побои, которые я, якобы, получаю, проходят через эгоизм, а не через меня. Тогда я радуюсь, что мой эгоизм получает удары.

Ведь это помогает мне отдалиться от него еще больше и пройти дальше.

В Торе нет наказаний, – всегда говорится относительно эгоистических свойств, нуждающихся в исправлении. Поэтому помехи ощущаются мною не как наказание, а как эгоистические свойства во мне, которые показывают, что эгоизм причиняет мне вред. Насколько я ощущаю в нем боль, страдание, проблемы, настолько ненавижу его. И это помогает мне оторваться от него.

Под воздействием побоев человек еще дальше отодвигается от эгоизма, пока не входит в состояние Земля Израиля.

Говорится здесь: «...И никаких недугов египетских, которые ты знаешь, не наведет на тебя, а наведет их на всех ненавистников твоих», – то есть на эгоизм. А ты все дальше и дальше будешь уходить из Египта в Эрец Исраэль.

Получается, что фараон получает удары, а израильтяне – нет?

Да, и вознаграждение – в твою пользу, и наказание – в твою пользу. Выходит, что не возникает никаких проблем. Если ты соблюдаешь все законы, то и плюс, и минус входят в результат.

Самое важное определить, с кем человек сопереживает: со своим эгоизмом – со своим «я» – или с точкой в сердце, которая ведет его к духовному. Надо держаться только за точку в сердце, которая желает быть выше эгоизма и правильно оценивать состояния. Больше ничего – лишь точка в сердце.

Даже если человек срывается и вдруг позволяет себе какие-то неправильные поступки, пусть он это делает, но под контролем: «Сейчас я позволяю себе полчаса разгуляться». Неважно, в чем это проявляется, главное – знать, что он осознанно вычеркивает эти полчаса из жизни, то есть не пропадает сам по себе. Такое состояние необходимо выработать в себе.

Возникло в тебе какое-то желание, – отдай ему полчаса, чтобы следующие 23 с половиной часа оно над тобой не довлело. Кстати, разве психологи не то же самое советуют? Освободись от навязчивого желания. Это так же, как ты обязан поесть – организм требует!

КАК НЕ ПОПАСТЬ В МЫШЕЛОВКУ

Продолжаем:

/16/ И ИСТРЕБИШЬ ТЫ ВСЕ НАРОДЫ, КОТОРЫЕ БОГ, ВСЕСИЛЬНЫЙ ТВОЙ, ДАЕТ ТЕБЕ; ДА НЕ СЖАЛИТСЯ НАД НИМИ ОКО ТВОЕ, И НЕ СЛУЖИ БОГАМ ИХ, ИБО ЭТО ЗАПАДНЯ ДЛЯ ТЕБЯ.

Имеется в виду, что должны быть отменены любые теории, методики, цели, которые не преследуют точную, острую цель – слияние с Творцом в подобии свойств с Ним.

Необходимо отдаляться в первую очередь от тех из них, которые очень близки к каббале, чтобы не увлечься и не запутаться, не попасть в западню. Ведь человек еще не знает всей методики, не находится в конце пути, чтобы посмотреть на все с пьедестала, которого достиг, и правильно оценить. Поэтому следует двигаться очень четко, только по истинным каббалистическим источникам, не отклоняясь ни вправо, ни влево!

Кстати говоря, в каббале есть очень много ненужной литературы, которую писали люди, еще не постигшие или лишь чуть-чуть приблизившиеся к началу постижения Высшего мира.

Говорится «западня», потому что очень похожа на истинную каббалу?

Да! Приманка в западне – это всегда что-то лакомое, вкусное, что заманивает тебя, очень хочется этого. Но в итоге, когда мышеловка захлопнется, уже трудно выйти оттуда. Живешь в ней, и тебе начинает казаться, что идешь по хорошему пути.

К сожалению, у меня есть много учеников, которые шли по верному пути, но по каким-то причинам сошли с него и попали в другие течения. И тяжело выбраться из них, тяжело! Наверное, то же самое они думают и про нас, будто мы находимся в стороне, а они в основном течении. Будущее покажет, кто прав.

Что такое служение другим богам? Это служение материальным эгоистическим целям?

Не только материальным. Служение любым эгоистическим целям, которые включают в себя все, что может быть в нашем мире.

Бывает, что человека искушают, когда он приходит в каббалу. Но совсем не обязательно. Мне кажется, в наше время это приобрело совершенно иной характер. Раньше это могли быть проблемы на работе или, наоборот, вдруг открывались хорошие перспективы, предоставлялась высокооплачиваемая должность, но не на месте, а далеко от учителя. Сейчас этого практически нет.

ГЛАВА «ВСЛЕДСТВИЕ»

Что такое мышеловка во внутренней работе человека? Народ движется к Эрец Исраэль, вот-вот уже должен войти туда. Но получает предостережение: «Не служи их богам!».

Имеется в виду состояние до Земли Израиля. Но даже и после входа туда все равно продолжается огромная борьба, чтобы сокрушить всех идолов.

В Эрец Исраэль человек работает с тем же эгоизмом, который оставил в Египте, начиная переделывать его на альтруизм.

Дело в том, что эгоистическое желание находится внизу. Мы из него выходим. Сорок лет находимся над ним, и потом, после освоения всех надэгоистических свойств, начинаем постепенно поднимать их, чтобы переработать на альтруистические. И это называется «вход в Землю Израиля».

В правильном, перестроенном виде Египет называется Землей Израиля.

ОБЪЯСНИТЬ НЕЛЬЗЯ – ЗАБУДУТ

/17/ ЕСЛИ СКАЖЕШЬ В СЕРДЦЕ СВОЕМ: «МНОГОЧИСЛЕННЕЕ МЕНЯ НАРОДЫ ЭТИ, КАК СМОГУ Я ИЗГНАТЬ ИХ?», – /18/ НЕ БОЙСЯ ИХ, ПОМНИ ТО, ЧТО СДЕЛАЛ БОГ, ВСЕСИЛЬНЫЙ ТВОЙ, С ФАРАОНОМ И СО ВСЕМИ ЕГИПТЯНАМИ…

Что означает: «Если скажешь в сердце своем, что они многочисленнее?»

Если вдруг кажется, что эти свойства сильнее тебя, и ты не сможешь совладать с ними, то это верное состояние. Так происходит на каждом этапе.

Будет казаться, что перед тобой стена, и ты никак не можешь ее преодолеть. Столько лет трудился – и все равно ничего не знаешь, не понимаешь и не видишь. Ты слабосилен, у тебя нет ни воли, ни малейших возможностей – никаких внутренних свойств, основ, чтобы действительно преодолеть и сломать эту преграду внутри себя.

Ты настолько слаб, что у тебя подкашиваются ноги, ты падаешь, – и впереди уже ничего нет. Именно это состояние приводит человека к тому, что на последнем дыхании даже без слов он обращается к Творцу.

Такое состояние – это работа на разрыв сердца?

Иначе не произойдет переворот. Именно до такого состояния надо дойти. Причем, все это – постепенное, накапливающееся, аккумулирующееся внутри нас действие. Мы начинаем проникаться духовными целями, которые совершенно отдалены от нашей жизни, зовут в свойство отдачи и любви, в свойство – вне нас. Человек не понимает, зачем и почему в нем возникло такое стремление, но начинает в нем жить, начинает его оценивать, считать лучшим.

Как оценить, что эти свойства и основы – лучшие? Более выгодные? Более высокие? В чем они высокие?

Постепенно человек создает в себе совершенно иной понятийный аппарат и, в итоге, приходит к такому состоянию, что живет только ими и только ради них готов отдать всего себя.

ГЛАВА «ВСЛЕДСТВИЕ»

Если рассказать об этом другому человеку, он удивится: «А ради чего? Я не чувствую в этом необходимости». И он прав, он не видит тут ничего особенного.

Так мы и идем к цели, которая настолько идеальна, высока, духовна, что действительно полностью оторвана от нашего мира. И все наши сегодняшние свойства, понятия, оценки, ценности не имеют к ней никакого отношения. Ведь в моих нынешних свойствах я никак не могу измерить духовное. У меня нет к этому никакого подхода, никаких критериев.

Кто-нибудь из обычных людей понимает, что такое духовное?

Нет, вообще никто. Поэтому и сказано: понимает только тот, кто входит в духовный мир. И объяснить это людям тоже нельзя. И то, что я говорю, они сейчас же забудут.

В КАЖДОМ ПОКОЛЕНИИ – СВОЙ МОШЕ

Более двадцати лет я знаком с Вами. Свою жизнь Вы посвящаете тому, чтобы передать людям учение о каббале. И сейчас говорите, что никто его не понимает. Тогда зачем же его распространять?

Это ничего не значит. В каждом поколении есть свой Моше, который вынужден вести народ, который страдает и переживает за него. Это его миссия, и ничего тут не сделаешь. Что бы ни происходило с ним, день ото дня он обязан идти вперед, вести за собой и распространять.

Я считаю своей заслугой то, что мир узнает, кто такие Бааль Сулам и Рабаш, что такое правильная каббала. И сегодня люди уже имеют возможность доступа к трудам каббалистов на многих языках, на различных информационных ресурсах.

Это помогает тому, чтобы в человеке вспыхнула точка в сердце?

Точка в сердце зависит не от меня. Я делаю все, что могу, чтобы в нашем мире сформировать основу для проявления точки в сердце в каждом человеке.

Потом человек войдет в интернет, на какие-то сайты, в блоги, увидит, чем люди интересуются, как они занимаются. На всех языках есть литература, клипы, книги, фильмы, записи, всевозможные беседы. В итоге это станет основой для следующего поколения.

Все предыдущие каббалисты были скрыты. Имели пару учеников, и те тоже скрывались. Поэтому самая главная моя задача – распространить то, что сделано Бааль Суламом и его старшим сыном, моим Учителем Рабашем. Думаю, что мы этого достигли, благодаря совместным усилиям моих учеников.

Вы считаете, что в результате этих действий мир во многом меняется?

Благодаря этому, мир меняется в худшую сторону. Мы знаем это и по Египту, в том числе. Мир начинает ощущать темноту, быстрее движется к цели. Этим мы вызываем большую акселерацию всего развития.

ГЛАВА «ВСЛЕДСТВИЕ»

Надеюсь, что еще при своей жизни я увижу положительные изменения в мире. У меня есть такая надежда. Если случилось так, что Европу завоевывает ислам, то, может быть, она еще и пробудится к истинному движению. Посмотрим.

Наша задача находится внутри Израиля: соединить народ Израиля здесь и, если можно, то объединить во всех странах мира, чтобы через него прошел свет на все человечество.

Прежде, чем отправить народ в Эрец Исраэль, Моше говорит: «Выполняйте законы – и будете хранимы Богом». Поэтому – глава и называется «Вследствие».

Во-первых, мы видим, что все законы повторяются. Нам, при чтении перечня того, что надо выполнять, кажется, что постоянно происходит возврат к тем же самым предупреждениям.

Но, во-вторых, это совершенно не то же самое. Человек, который проходит эти ступени, каждый раз ощущает их совершенно по-новому. Они нисколько не похожи одна на другую, не подобны и не напоминают ему ничего из того, что было раньше.

Вроде бы, все повторяется, те же слова, но на другом месте! Иначе говоря – на другом уровне.

ЗВЕРИ ПОЛЕВЫЕ ВОССТАНУТ В ТЕБЕ

Моше говорит, что когда вы войдете:
/22/ И ИЗГОНИТ БОГ, ВСЕСИЛЬНЫЙ ТВОЙ, НАРОДЫ ЭТИ ПРЕД ТОБОЙ ПОСТЕПЕННО; НЕ СМОЖЕШЬ ТЫ ИСТРЕБИТЬ ИХ СРАЗУ, ЧТОБЫ НЕ УМНОЖИЛИСЬ ПРОТИВ ТЕБЯ ЗВЕРИ ПОЛЕВЫЕ. /23/ И ОТДАСТ ИХ БОГ, ВСЕСИЛЬНЫЙ ТВОЙ, ТЕБЕ, И ПРИВЕДЕТ ИХ В ВЕЛИКОЕ СМЯТЕНИЕ, ПОКА НЕ БУДУТ ОНИ ИСТРЕБЛЕНЫ.

Интересно, почему Он изгонит народы те постепенно?

Все, что делается для исправления желания, идет постепенно: от самых легких желаний к более тяжелым.

Народы – это то, что находится внутри человека, все его желания на человеческом уровне. А есть еще и звери полевые, мошки, саранча и всякие другие желания животного уровня. От земли тоже может исходить разное: извержения – «пока не извергнет вас земля», потопы и прочее.

Все, что угодно, может случиться на любом уровне – неживом, растительном, животном и человеческом. Ведь это находится внутри человека, и все желания четырех уровней надо исправлять. Поэтому Моше и говорит «постепенно», то есть от самого маленького до самого большого.

Но, в принципе, если ты можешь исправить большое, высокое желание, то все, что под ним, что включено в его категорию, тоже исправляется.

Значит, сначала можно исправить самое большое желание?

Это зависит от уровня, на котором находится человек. Но вообще изначально все исправляется с самого легкого желания.

«Не сможешь ты истребить их сразу, чтобы не умножились против тебя звери полевые». Как это можно объяснить?

Возникает очень много всевозможных препятствий на духовном пути.

Если человек пойдет на исправление желаний, которые еще неподвластны ему, то не сможешь упросить, чтобы из эгоистических они превратились в альтруистические. У человека не будет внутреннего давления исправлять их, потому что за ними таятся слишком большие наслаждения, от которых ему трудно отказаться. Или необходимо приложить слишком большие силы, преодолеть огромные трудности, чтобы исправить их на отдачу другим.

Или, видя, какое наполнение передает другим, человек не будет чувствовать, что другие – это то же самое, что и он сам, даже больше него.

Поэтому все надо делать постепенно.

Дело в том, что если не сможешь исправить желание на человеческом уровне, то у тебя возникнут проблемы на животном уровне, с так называемыми желаниями «звери полевые». Дикие желания атакуют человека, и ничего невозможно с ними сделать. Поэтому никогда не надо бездумно рваться вперед.

Тора говорит о постепенном исправлении, когда человек понимает, что делает, четко выясняя свои возможности и способности.

Так и в жизни случается: часто человек берет на себя какие-то обеты: «никогда более я…», а через пару дней уже понимает, что нет в нем силы выполнить это обещание.

Когда идешь на выполнение каких-то исправлений, должен понимать, от чего отказываешься в себе и что будешь чувствовать, если все это достается другим. Все прекрасное, совершенное наполнение, которое получал в свой эгоизм, ты отдаешь другим. И сейчас уже они наслаждаются и испытывают духовную радость, ничего не отдавая взамен.

Ты уходишь в отшельничество, а они наслаждаются. При этом находятся на той же ступени, что и ты. И вот тут может проявиться зависть, ревность и прочее. Это все необходимо, чтобы закончить данную ступень исправления.

Тебя разрывает от зависти к тому, что ты сделал, и как сейчас они завидуют тебе, – все это оборачивается в новую эгоистическую ступень! Именно тут и начинается исправление. Ты можешь вернуть все обратно и получить двойное наслаждение: от того, что взял у них, и от того, что наполняешься сам. Так звери полевые восстают в тебе.

ГЛАВА «ВСЛЕДСТВИЕ»

ВСЕГДА БЫТЬ В МАЛОМ СОСТОЯНИИ

Все время говорится, что нельзя перепрыгивать духовные ступени. Например, Надав и Авиу – сыновья Аарона – погибают из-за этого. Это желание всегда карается?

Да, человек, практически, не должен вызывать следующую ступень. Он может просить «свет, возвращающий к источнику» только тогда, когда у него уже есть причина для этого. А до того – нет, ни в коем случае.

Всегда надо стремиться к неактивному, минимальному состоянию (катнут). Большое состояние приходит именно тогда, когда человек должен преодолеть что-то специально. Так и сказано, всегда пребывать в малом состоянии.

Стремление к следующей ступени означает стремиться пребывать в ней в пассивном состоянии. Лишь это доказывает, что ты находишься в нем не ради себя.

Пояснение тут очень простое. Когда перед тобой раскрывается возможность наполнять других, ты это делаешь. Но большое состояние (гадлут) приходит не потому, что ты его возбуждаешь, а потому что тебе показывают возможность наполнять и исправлять других.

Имеется в виду преподавать и распространять каббалу?

Все, что угодно, в том числе преподавать, распространять методику каббалы, то есть исправлять мир, присоединять к этому действию следующие чужие желания и свойства.

СЛЕДУЕМ ЗА ГОЛОВОЙ

/24/ И ОТДАСТ ОН ЦАРЕЙ ИХ В РУКИ ТВОИ, И СОТРЕШЬ ТЫ ИМЯ ИХ ИЗ ПОДНЕБЕСНОЙ, НИКТО НЕ УСТОИТ ПЕРЕД ТОБОЙ, ПОКА НЕ ИСТРЕБИШЬ ТЫ ИХ.

Что значит: «Отдаст Он царей их в руки твои»?

Цари – самые главные желания. В человеке есть 620 желаний, так называемых свойств. Каждая группа желаний имеет свои десять сфирот – свои свойства. Исправлять надо главные из них.

Все исправление происходит не в теле – не в самих желаниях, а в намерении. Намерением называется головная часть определенной группы свойств. Поэтому исправлению, прежде всего, подлежит именно головная часть, а желания покорно следуют за намерениями, которые создает человек.

Намерение получить для себя олицетворяет злых, нечистых царей мира.

Часто люди задают такой вопрос: «Перечисли 620 желаний. Какие это желания?»

Не знаю, как это перечислить. Допустим, я скажу: нэцах в ход или в тифэрэт, и от нее третья часть от бины. Что из этого поймет человек, который не находится в духовном? Ничего!

Как фиксируется это желание в человеке? В каком-то определенном наслаждении? Мы не можем определить это состояние словами нашего мира.

Так, например, психологи определяют примерно 800 видов страха и депрессий. Параллельно существует столько же гомеопатических средств для успокоения этих состояний. Не всегда возможно четко обозначить в терминах вид депрессий и страхов, зачастую лишь указываются средства, чтобы нейтрализовать их.

То же самое и в каббале. Человек чувствует духовные желания, но может выразить их только языком сфирот, воспринять который способен только тот, кто уже находится на этом уровне.

ПОПАЛ В ЗАПАДНЮ. КАК ВЫБРАТЬСЯ?

/25/ ИЗВАЯНИЯ БОГОВ ИХ СОЖГИТЕ ОГНЕМ; НЕ ВОЗЖЕЛАЙ СЕРЕБРА И ЗОЛОТА, ЧТО НА НИХ, ЧТОБЫ ВЗЯТЬ СЕБЕ, А ТО ПОПАДЕШЬ В ЗАПАДНЮ ЭТУ, А ЭТО МЕРЗОСТЬ ДЛЯ БОГА, ВСЕСИЛЬНОГО ТВОЕГО.

Что означает: «Не возжелать серебра и золота их»?

Серебро и золото – это свойство отдачи и свойство отдачи ради получения. В чистых отдающих келим есть малое состояние, свет хасадим, и большое – свет хохма. Те же самые состояния существуют и в нечистых желаниях (келим).

Дальше он немножко поясняет, что можно попасть в западню, если возжелать серебро и золото их?

Как только начинаешь работать со свойствами отдачи, есть опасность попасть в очень приятное состояние: тебя приветствуют, вознаграждают, восхваляют, – и ты будешь продаваться за это.

Человек ощущает, что находится, якобы, в свойстве отдачи, а на самом деле – нет. Это и есть западня. Так и в нашем мире, человек, став политиком, получил какой-то пост и сразу же перестал думать о других, а только о своей выгоде и пользе.

Допустим, перед выборами кричат: «Я – за благо женщин, детей, за равноправие», – обещают особые льготы, принятие правильных законов и прочее. Потом смотришь на их работу в парламенте, – наоборот, голосуют против своих обещаний. Почему? А как иначе они будут завоевывать себе голоса в следующий раз?

В правительстве политик обязан работать против того, что обещал людям, чтобы у него оставалась возможность снова вернуться к тем же проблемам. Это и есть ловушка.

СНАРУЖИ – «БОЖИЙ ОДУВАНЧИК»

/26/ НЕ ВНОСИ МЕРЗОСТЬ В ДОМ СВОЙ, ЧТОБЫ НЕ БЫТЬ ТЕБЕ ИСТРЕБЛЕННЫМ ПОДОБНО ЕЙ: ПРЕЗИРАЙ ЭТО И ГНУШАЙСЯ ЭТИМ, ИБО ЭТО ДОЛЖНО БЫТЬ ИСТРЕБЛЕНО.

Вносить в свой дом – то есть в свои желания, в свое сердце.

Очень бойся, чтобы твои ошибки, нечистые желания никоим образом не стали для тебя привычными. Поэтому все время пытайся контролировать и держать себя над ними.

Ведь чем отличается чистый человек от нечистого. Только намерениями! Он убивает, проклинает, вешает, истребляет, сжигает, насилует, – все, что ты можешь представить себе, самые ужасные действия. Но делает это только во имя блага других.

Здесь имеется в виду, что все происходит внутри человека, над его желаниями. Естественно, что внешне человек не может вредить другим, не может убивать их, грабить, насиловать.

Есть много действий, которые не наносят прямой вред людям, но с которыми мы, якобы, не можем согласиться. Человек выполняет их, как с чистой стороны, так и с нечистой. И невозможно нам разобраться в этом.

Каббала потому и называется тайной наукой. Ведь она говорит о том, что не видно, – о намерениях человека.

Сидит перед нами человек, внешне очень обычный, а в нем разворачиваются войны, насилия, убийства...

Да, но не обязательно. Даже внешне он может быть очень резким в чем-то. Проблема в том, что его внутреннее состояние скрыто от других.

В свое время Ваш Учитель Рабаш сказал Вам: «Я был всем». А что особенного он прошел в жизни? Учился в ешиве, строил мосты, дороги...

Да, на первый взгляд «божий одуванчик». Дело в том, что каббалисты абсолютно все проходят в себе.

Далее очень впечетляющая цитата:

/1/ ВСЕ ЗАПОВЕДИ, КОТОРЫЕ Я ДАЮ ВАМ СЕГОДНЯ, СТАРАЙТЕСЬ ИСПОЛНЯТЬ, ДАБЫ ЖИВЫ ВЫ БЫЛИ, И РАЗМНОЖИЛИСЬ, И ПРИШЛИ, И ОВЛАДЕЛИ СТРАНОЙ, О КОТОРОЙ ПОКЛЯЛСЯ БОГ ОТЦАМ ВАШИМ.

«Дабы живы вы были» означает, что вы должны освоить эту землю и правильно существовать в ней. Речь идет о желании. Слово «земля» – эрец на иврите происходит от слова рацон – «желание».

В мере правильного использования своих желаний ты получаешь возможность существовать в них. Этим обретаешь землю, то есть площадь, объем, который постепенно становится твоим духовным миром. Это и называется «размножились».

На самом деле у человека ничего нет, кроме точки в сердце. Насколько он может ее расширить, настолько больше выстроить из нее сфиру, раздвинуть ее исправлением своих желаний на отдачу. Эта сфира и есть душа, в ней человек существует.

В принципе, духовного мира нет. Человек создает его из тех желаний и намерений, которые есть у него сейчас, то есть из нашего мира строит духовный.

Какая разница между двумя мирами? Присутствие Высшей силы – свойства отдачи и любви. Другими словами, наличие намерения.

Но намерение ведь тоже дается свыше. Вы постоянно говорите о важности намерения, с которым ученики приступают к учебе.

Какие усилия должен приложить человек, чтобы получить правильное намерение?

ГЛАВА «ВСЛЕДСТВИЕ»

Просить. Только просить. Когда в нашем мире человека серьезно «прижимает», то естественно, он молит о помощи. Мы же говорим, как приблизиться к просьбе, к молитве, еще не сформированной внутри нас, как ускорить наше созревание, чтобы начать просить на самом деле. Это проблема.

Наука каббала объясняет, как ее разрешить. Надо собираться вместе, пытаться воспринимать мысли и желания товарищей, совместными усилиями воздействовать друг на друга и всем вместе на каждого, то есть ускорить наше приближение к новому желанию.

Когда новое желание сформируется в нас, тогда и будет получен ответ свыше.

Свыше – то есть – от следующей ступени, которая существует уже сейчас, и к которой мы подключаемся формированием своих правильных намерений, действий, желаний. Таким образом мы раскрываем свои все более высокие состояния.

Это и есть «пришли и овладели страной». Так мы поднимаемся по ступеням духовной лестницы. Вместе, между собой, начинаем осваивать следующие ступени.

ДЕВАТЬСЯ НЕКУДА.
ЗАШЛИ В ТУПИК

Цитата заканчивается словами: «...о которой поклялся Бог отцам вашим».

Духовная система – фиксированная, она неизменна, и естественно, что мы включены в нее постоянно. Темп, скорость продвижения к Высшим мирам зависит лишь от нашей свободы воли.

В любом случае мы должны пройти все 125 ступеней. Когда мы проходим их с желанием к подъему, тогда путь кажется нам приятным и быстрым. Если мы не готовы к их освоению, путь кажется нам тяжелым, отталкивающим, возникает внутренняя борьба и, в результате, – растяжка во времени.

Но в любом случае, если Бог поклялся отцам, то это значит, что мы пройдем путь и дойдем до цели. В этом нет никаких сомнений. Машина все время крутится, мотор завелся почти 6000 лет назад.

До конца шестого тысячелетия осталось немногим более 200 лет. Но не обязательно ждать. Мы можем пройти весь оставшийся путь буквально за считанные месяцы.

До нашего времени не существовало возможности сократить путь, потому что не было всеобщего кризиса, не было перемешивания народа Израиля с другими народами, не было общего отчаяния от осознания тупика, в который входит человечество.

В современном мире нарастает ощущение бессилия: якобы, ничего нельзя изменить в себе или в окружающем мире. Перед человеком начинают раскрываться только две возможности: или падать в темную бездну войн, проблем, смерти или взять на себя методику объединения и постоянным все возрастающим объединением идти до компрессии нас в первые основные десять сфирот.

Вы говорите только о еврейском народе или обо всех народах в мире?

Сейчас уже обо всех. Кризис начинает проявляться перед всеми как тупиковая ветвь развития человечества, которая никуда не ведет и лишь указывает, что следующую ветвь можно искать только в подъеме над собой.

В эгоизме человек больше не сможет найти никаких новых путей развития. Капитализм, социализм, маоизм, – все любые другие течения практически одновременно заканчиваются в этот исторический период. Деваться нам некуда. В дальнейшем все будет указывать лишь на то, что в нашей природе мы зашли в тупик. Все усилия должны быть обращены наверх!

Вы считаете, что скачок к конечному тупику в наших ощущениях может произойти буквально в считанные месяцы?

Это зависит от нашего осознания, желания, стремления, а в конечном итоге – от просьбы к свету поднять нас на следующую ступень.

КТО РЕШАЕТ? ИЛИ СНОВА О СВОБОДЕ ВОЛИ

Глава «Вследствие» объясняет, как входить в страну Израиля, что может случиться вследствие выполнения или невыполнения народом законов, данных Творцом.

Необходимо знать всю систему. Ведь система – одна. Ты выполняешь ее законы, – и – тогда через нее принимаешь в себя высший исправляющий свет, изобилие, наполнение, раскрытие.

Если ты неправильно возбуждаешь воздействие на себя той же самой системы, то получаешь тьму, всевозможные отрицательные ощущения, которые все равно приведут тебя к цели, но альтернативным путем. При этом ты делаешь «штрафной» круг, и он – очень неприятный.

В этом и заключается длительность подготовки?

Да. В каждой точке нашего духовного пути, начиная от эгоизма, называемого Египет, и до полной отдачи и любви – Земли Израиля, есть возможность двинуться прямо или, сделав круг, вернуться в исходное место.

Зигзаг нужен практически только для того, чтобы ты осознал свой неправильный путь, ибо тобой двигал эгоизм, и чтобы в конечном итоге ты все-таки совершил духовный подъем.

Так или иначе, все равно действует закон «Нет никого, кроме Него». С одной стороны, ты делаешь эту петлю, а с другой, выходит, что это не твои действия, потому что они – вынужденные, и решаешь тут не ты?

Нет, свобода воли дана нам свыше. Иначе пропадает все творение. Без свободы воли мы становимся букашками, полностью управляемыми свыше. Тогда выходит, что нет никакой цели, никакого смысла ни в создании творения, ни в самом Творце. Ведь Творец выявляется относительно творений.

Весь путь, который мы проходим, необходим, чтоб собрать все усилия свободы воли в одно целое. И тогда, включая каждого со своим усилием и результаты нашего совместного анализа, выбора, апробации, мы придем к конечному результату – из точки в себе сделаем систему, называемую человек.

Иначе нет никакого смысла в творении, если абсолютно все зациклено на Творце и не существует никакой свободы воли.

Неизбежность того, что мы придем к конечному состоянию, не отрицает нашу свободу выбора на каждом шагу.

И все-таки здесь написано:

/2/ И ПОМНИ ВЕСЬ ТОТ ПУТЬ, КОТОРЫМ ВЕЛ ТЕБЯ БОГ, ВСЕСИЛЬНЫЙ ТВОЙ, ВОТ УЖЕ СОРОК ЛЕТ В ПУСТЫНЕ, ЧТОБЫ СМИРИТЬ ТЕБЯ, И ИСПЫТАТЬ ТЕБЯ, И УЗНАТЬ, ЧТО В СЕРДЦЕ ТВОЕМ, – БУДЕШЬ ЛИ ТЫ ХРАНИТЬ ЗАПОВЕДИ ЕГО ИЛИ НЕТ.

Самое главное, чтобы человек это знал, чтобы он прошел свой путь. А Творцу, естественно, заранее известно, что будет с человеком независимо от того, ошибется он или нет. Свобода воли существует только для нас: «Как поступить? Так или иначе?». Для Творца это не вопрос.

Даже более того, совершенно ясно, что человек оступится. Как сказано: «Нет праведника, который сделал что-то доброе, не оступившись перед этим» – «Эйн цадик ба арец шэ аса тов вэ ло ихта».

Оступиться, осознать, исправить и поступить правильно – это и есть то накопление богатого ощущения, осознания, инструмента, с помощью которого человек раскрывает Творца во всем Его величии, от начала замысла творения до его реализации.

ГДЕ-ТО СБОКУ, НЕ У ДЕЛ

Тут написано: «Чтоб смирить тебя и испытать тебя». Как это объяснить?
Смирить свое я – это приподняться над эгоизмом. Испытать – означает, что человек находится в состоянии вера выше знания.

То есть тебя проверяют: дают лакомые кусочки и смотрят, купишься на них или нет?
Не только лакомые кусочки. Бывают ситуации, что человек не может определиться, в какую сторону двигаться, здесь-то он и может предпочесть веру выше знания.

Если понятно, что это направлено против эгоизма, тогда нет проблем. Я знаю, что у меня нет сил или, наоборот, есть – мне абсолютно ясно, что я должен ненавидеть или любить.

Когда обстоятельства не ясны, призваны «испытать тебя», тут ты находишься в подвешенном состоянии, и это самое тяжелое. Тебе не понятно, как двигаться. Дело не в том, что у тебя нет сил и очень хочется вернуться обратно от того, что тебе предъявляют.

Речь идет об очень туманных состояниях, будто находишься между небом и землей. Они самые плохие, потому что растягивают время и убивают жизнь человека. «Бойся равнодушных», что называется.

За или против – это хорошие состояния. Ошибайся, не ошибайся – все равно иди. Но когда ни туда, ни сюда, и человек находится в нейтральном состоянии – это плохо, уходит вся жизнь.

Как человек может выйти из таких состояний? Сам он в состоянии с ними справиться?

Никак! Только с помощью окружения, которое дает человеку ориентир, показывает, как надо действовать, когда он начинает страдать, ревновать, завидовать. Это и выводит его из состояния пассивности.

Не обязательно вытаскивать его физически?

Нет. Вытаскивать физически не так эффективно. Высший пилотаж – это состояние, когда через маленький намек откуда-то издали человек ощущает, что там происходит что-то великое. А сам он находится где-то сбоку и не у дел.

Написано, «и узнать, что в сердце твоем, – будешь ли ты хранить заповеди Его или нет». Что значит – «узнать, что в сердце твоем»?

Человек должен просканировать себя на каждом отрезке пути, все десять внутренних сфирот во всех желаниях. Все они измеряются по отношению к малхут – эгоистическому желанию и к кетэр – альтруистическому намерению. Таким образом он должен проверять себя в каждый данный момент.

Это и есть наказ – «узнай, что в сердце твоем». Согласно ли оно полностью с Творцом на том уровне, который раскрывается тебе, и где сам знаешь, кто ты такой. Так постоянно и кочуешь между малхут и кетэр.

ПРИЗРАЧНОЕ НАПОЛНЕНИЕ

/3/ И СМИРЯЛ ОН ТЕБЯ, И ИСПЫТЫВАЛ ТЕБЯ ГОЛОДОМ, И КОРМИЛ ТЕБЯ МАНОМ, КОТОРОГО НЕ ЗНАЛ ТЫ И НЕ ЗНАЛИ ОТЦЫ ТВОИ, ДАБЫ ПОКАЗАТЬ ТЕБЕ, ЧТО НЕ ОДНИМ ЛИШЬ ХЛЕБОМ ЖИВЕТ ЧЕЛОВЕК, НО ВСЕМ, ЧТО ИСХОДИТ ИЗ УСТ БОГА, ЖИВЕТ ЧЕЛОВЕК.

Фраза «не хлебом единым жив человек» стала крылатой. Сказано, что испытывал Он тебя голодом, кормил маном...

Все испытания предназначены только для того, чтобы свои эгоистические желания человек заполнил альтруистическим намерением – свойством бины (отдачи), когда он сам для себя ничего не желает.

Он стремится к наполнению других таким образом, чтобы оно стало эквивалентно тому наслаждению, которое раньше он получал от наполнения себя.

МАН – это и есть наполнение, оставаясь пустым в своих эгоистических желаниях, человек наполняется только в альтруистических намерениях. Ведь МАН – это призрачное наполнение, это ничто.

Похоже на то, как мать, которая еще не успела позавтракать, но глядя, как ее маленький ребенок ест, наполняется от этого, успокаивается. Все ее системы наслаждаются от того, что малыш ест приготовленную ею кашу и получает от этого удовольствие.

Твое наполнение происходит не в твоих желаниях, а в желаниях другого человека. Например, ты любишь своего ребенка и поэтому отождествляешь себя с ним: насколько наполняется он, настолько наслаждаешься ты.

То же самое – с другими людьми. Если относишься к ним с той же любовью, то, давая им, наполняешься сам.

Что в это время происходит с твоими свойствами и желаниями? Они остаются пустыми. Они будут перетекать в свойства отдачи другим, то есть постепенно присоединяться к намерению отдачи.

Твое прошлое желание с эгоистическим намерением никогда не будет наполняться, ведь ты полностью существуешь только вне себя. Это и есть переход границы с Высшим миром.

Написано: «и кормил тебя маном, которого не знал ты, и не знали отцы твои…». Что это значит?

Не знали, то есть у них не было такого желания. Отцы не находились в состоянии пустыни, потому что у них было все.

Отцы – кетэр, хохма, бина, – Авраам, Ицхак, Яаков. Это уровни маленьких светлых желаний, они называются «святые отцы», потому что свойство бины (отдачи) было естественным для желаний, которые в тот момент раскрывались.

Всю историю мы делим на отцов и детей. Отцы (авот) – это ХАБАД (хохма, бина, даат, или кетэр, хохма, бина), то есть головная часть парцуфа. Потом идет вторая часть – дети (баним): ХАГАТ (хэсэд, гвура, тифэрэт). И самая нижняя часть парцуфа – это уже мы, сыновья сыновей.

Но тогда почему, если отцы были в состоянии, когда нет движения, Авраам все же спрашивал: «И как я эту землю завоюю?» То есть боль-то была?

Он спрашивал заранее, естественно. Потому что головная часть ощущает и делает закладку на все будущие исправления до полного исправления.

Сказано было: «Ты пройдешь через рабство, твой народ будет большим и освоит эту землю». И тут Авраам успокоился.

НЕ ХЛЕБОМ ЕДИНЫМ

Как объяснить фразу, которая стала крылатой: «Не одним лишь хлебом живет человек, но всем, что исходит из уст Бога, живет человек».

Хлеб – это свойство бины, то есть свойство полной отдачи. Но в нем есть много всяких разновидностей.

Например, на Песах хлеб не едим. Ведь наш обычный хлеб, который был в соединении с водой более восемнадцати минут (то есть девять сфирот прямого света, девять сфирот отраженного света), уже считается связанным с малхут. Употреблять его нельзя, потому что связь с малхут не позволит выйти из Египта.

Выход из Египта возможен только в полном отрыве от малхут, что символизируется пресным хлебом – мацой. Это одна из разновидностей свойства отдачи.

Потом проявляются другие свойства. Допустим, после Песаха следует праздник получения Торы (Шавуот). Тут все едят молочное, потому что молоко – это свойство отдачи.

ГЛАВА «ВСЛЕДСТВИЕ»

Головная часть парцуфа (души) просчитывает все действия. За ней идут сыновья – все свойства, которые народ проходил под руководством Моше. Мы же находимся в конце развития и считаемся сыновьями сыновей.

Фраза «не одним лишь хлебом живет человек, но всем, что исходит из уст Бога, живет человек», – означает, что есть свойства, которые называются чистой биной, и олицетворяет их хлеб.

Есть свет хасадим, свет отдачи. Когда внутри света хасадим распространяется свет хохма, это называется полная отдача – получение ради отдачи.

Не просто отдача ради отдачи, а получение ради отдачи, когда свои эгоистические свойства (келим) ты используешь тоже на отдачу. Для этого требуется еще больший свет свыше, который исправил бы эгоистические желания на альтруистические, поднял их выше бины, на уровень хохма. Именно тут ты используешь ту энергию, тот свет, который приходит непосредственно от Творца.

Сказано: «Но всем, что исходит из уст Бога, живет человек». Происходит двойное исправление, в два этапа.

ОДЕЖДА – ПОКРЫТИЕ ДЛЯ ЧЕЛОВЕКА

Продолжаем:

/4/ ОДЕЖДА ТВОЯ НЕ ВЕТШАЛА НА ТЕБЕ, И НОГИ ТВОИ НЕ ОПУХАЛИ ВОТ УЖЕ СОРОК ЛЕТ.

Имеются в виду, естественно, не физиологические проблемы со здоровьем идущих в пустыне людей, среди которых – женщины, старики, дети, а также их скот: овцы, козы и прочее.

Кстати говоря, если есть скот, то почему они питаются только маном пустынным? По ходу их движения вдруг падают перепелки, появляются змеи. В дальнейшем будет понятно, что речь идет только о желаниях человека, об уровнях, на которых он исправляет их.

«Одежда твоя не ветшала».

Одежда – это экран, который обязан строить только человек. Более низкие желания не ощущают стыда и необходимости в одежде, им достаточно естественного волосяного покрова. У человека же должно быть специальное покрытие, которое он создает себе сам.

Обычно используются шкуры. Они считаются одеждой, кроме того, из них сооружаются палатки, вроде тех, что бедуины строят себе. То есть шкуры – это естественная одежда и естественный дом человека.

Далее следует более высокий уровень – это одежда из шерсти, одеяния животного происхождения. Считается, что настоящая одежда изготавливается только из шерсти, никакие другие материалы для этого не годятся.

«Одежда не ветшала на тебе» означает, что все время ты добавлял экраны на желание, возникшее в тебе. Одежда – это экран на тело, на желания.

«И ноги твои не опухали».

Ноги не опухали, то есть ты точно осваивал такие желания, которые работали совместно с головой.

ГЛАВА «ВСЛЕДСТВИЕ»

Ноги – окончание духовного парцуфа НЭХИ (нэцах, ход, есод). НЭХИ – это нижние конечности, самая большая проблема в духовном теле, потому что в них заключаются самые большие желания.

Являясь самыми глубокими, самыми низкими, самыми материальными, эти желания ведут человека ко всем проблемам. Они способны наполняться только тогда, когда поднимаются и включаются в тело. Когда человек не стоит, а сидит, поджимает под себя ноги, тогда он получает наполнение. То же самое происходит, если человек лежит. Тогда и голова, и туловище, и ноги находятся на одном духовном уровне.

Не опухали – не наполнялись желанием получить. Все части человека работают в гармонии, в унисон.

«Сорок лет» означает движение к Эрец Исраэль во время подъема в бину.

НЕ БУДЕТ НИ В ЧЕМ НЕДОСТАТКА

Продолжение:

/5/ ТАК ПОЗНАЙ ЖЕ СЕРДЦЕМ ТВОИМ, ЧТО КАК НАСТАВЛЯЕТ ЧЕЛОВЕК СЫНА СВОЕГО, ТАК БОГ, ВСЕСИЛЬНЫЙ ТВОЙ, НАСТАВЛЯЕТ ТЕБЯ. /6/ И ХРАНИ ЗАПОВЕДИ БОГА, ВСЕСИЛЬНОГО ТВОЕГО, И ИДИ ПУТЯМИ ЕГО, И БОЙСЯ ЕГО. /7/ ИБО БОГ, ВСЕСИЛЬНЫЙ ТВОЙ ВЕДЕТ ТЕБЯ В СТРАНУ ХОРОШУЮ, В СТРАНУ ВОДНЫХ ПОТОКОВ, ИСТОЧНИКОВ И РОДНИКОВ, БЬЮЩИХ В ДОЛИНАХ И В ГОРАХ, /8/ В СТРАНУ ПШЕНИЦЫ, И ЯЧМЕНЯ, И ВИНОГРАДНЫХ ЛОЗ, И СМОКОВНИЦ, И ГРАНАТОВЫХ ДЕРЕВЬЕВ,

В СТРАНУ МАСЛИЧНЫХ ДЕРЕВЬЕВ И МЕДА, /9/ В СТРАНУ, В КОТОРОЙ БЕЗ СКУДОСТИ ЕСТЬ БУДЕШЬ ХЛЕБ, НЕ БУДЕТ У ТЕБЯ НЕДОСТАТКА НИ В ЧЕМ, В СТРАНУ, КАМНИ КОТОРОЙ – ЖЕЛЕЗО И ИЗ ГОР КОТОРОЙ ДОБЫВАТЬ БУДЕШЬ МЕДЬ. /10/ И БУДЕШЬ ТЫ ЕСТЬ, И НАСЫЩАТЬСЯ, И БЛАГОСЛОВЛЯТЬ БУДЕШЬ БОГА, ВСЕСИЛЬНОГО ТВОЕГО, ЗА СТРАНУ ХОРОШУЮ, КОТОРУЮ ОН ДАЛ ТЕБЕ.

Картина, конечно, потрясающая. Я бы сказал, что речь идет о средиземноморском побережье Франции, о греческих островах. Но язык не повернется сказать так про землю Израиля! Понятно, имеется в виду абсолютно не географическое описание.

Речь идет о свойствах человека. Ты входишь в такие исправленные желания, которые полностью наполнены высшим светом. И каждое из них дает тебе вино, маслины – все, что хочешь.

Ты получаешь райский сад, потому что все уже исправлено тобою в твоих предварительных действиях. Сам Египет превращается в пустыню. Чувствуешь, что отказываешься от эгоистических египетских желаний, в которых имел все. Сейчас ты не желаешь ничего получать от них эгоистически, ради себя. Ты согласен на пустыню – это и есть МАН, который ешь в пустыне – и воду, которую пьешь.

Затем человек начинает готовить себя к тому, чтобы вступить на следующую ступень – в свойство отдачи и любви, вне себя.

Огромные желания, которые раскрылись во внутреннем духовном состоянии человека, называемом Египет, постепенно переходят в состояние пустыни. Он приподнимается над ними и строит свойство отдачи и любви. И тут уже наслаждается тем, что наполняет всех этими благами.

Невозможно найти таких слов, чтобы описать духовное состояние «Земля Израиля», потому что это – свойства человека, который находится в наивысшем своем наполнении.

Но ведь не просто описание той страны начинается именно с воды: «водных потоков, источников и родников, бьющих в долинах и в горах…»? Недаром начинается с бины, а дальше сказано про ячмень, хлеб и так далее?

И это тоже не является литературным изображением, красивой картинкой. Имеется в виду абсолютно четкое, зарифмованное, жесткое, научно-техническое описание свойств человека, который функционирует таким образом. Я бы сказал – фонтанирует.

Здесь обрисованы десять сфирот души человека, которые полностью направлены на отдачу и любовь к ближнему. Именно при этом они наполняются бесконечным состоянием наслаждения, потому что действуют не для себя, а от себя.

Это ощущение конкретного человека?

Абсолютно все дано в ощущении. То, что происходит в желании и есть ощущение. Кроме желания ничего нет.

В любом случае мы дойдем до этого ощущения?

Нам, всему миру это заповедано, записано и прописано. Это состояние нас ждет. Оно существует. Наша задача – попытаться достичь его своими усилиями. И поскорее. Нет ничего хуже состояния, в котором находимся мы. И нет ничего лучше того, что уготовано нам.

Раньше такого ощущения не было. Не потому, что Творец не показывал, а просто эволюционным путем мы развились до состояния, когда видим, что происходит с нашим эгоизмом. И продолжаем двигаться далее.

Впереди, конечно, еще много проблем. Если мы начнем понимать, что нам уготовано, и попытаемся приложить свои усилия, намерения, устремления, помогая друг другу, то тогда, конечно, сможем преодолеть оставшийся отрезок пути с наименьшими потерями.

Эта часть пути – самая сложная, потому что здесь существует свобода воли. Мы обязаны пройти его сами своим свободным выбором. Если – нет, то будем стоять на месте, как упрямый осел, и получать удары, пока не поумнеем.

Будем надеяться, что человечество очнется и устремится вперед своей свободой воли.

КТО ВОЙДЕТ В ЗЕМЛЮ ИЗРАИЛЯ

В главе «Экев» («Вследствие») Моше говорит народу: «Вследствие того, что будешь выполнять Мои законы (законы Творца), там, в Эрец Исраэль, куда вы войдете, будет у вас все хорошо».

Этим мы и должны руководствоваться каждый день в течение всей нашей истории.

Глава «Вследствие»

Для любого эгоиста звучит очень хорошо: «Если ты будешь выполнять Мои законы, то попадешь в страну, текущую молоком и медом…»

Причем, каким молоком и каким медом! В какой стране!

Надо понимать, о чем идет речь. Тора рассказывает, как люди, находящиеся выше своей эгоистической природы, следуют духовным законам и поднимаются до такого уровня связи между собой, который называется Эрец Исраэль.

Эрец происходит от слова рацон (желание), Исраэль – яшар Эль (прямо к Творцу). Иначе говоря, в Эрец Исраэль входят люди, которые находятся и живут в состоянии отдачи и любви, то есть в желании к Высшей силе.

Но они не смогут войти в Землю Израиля, если не будут выполнять законы. Поэтому посылают впереди себя разведчиков, чтобы те высмотрели, каковы там законы и что за земля, какие особые плоды она родит.

Другими словами, они должны выяснить, какие условия принимают на себя, и что им сулит Творец в случае их выполнения, а также, что будет, если они не войдут туда.

Все это человек должен раскрыть перед тем, как поднимается на духовную ступень. Он должен понимать, что за свободу от своего эгоизма должен заплатить огромными усилиями, ведь от него требуется объединить это войско – народ Израиля.

В пустыне эти люди – еще не народ, а всего лишь племя. Чтобы войти в Землю Израиля, необходимо собраться, стать единым народом, достичь состояния полного подобия Творцу во взаимной отдаче и любви между всеми членами общества.

ВОЗГОРДИШЬСЯ И ЗАБУДЕШЬ БОГА

Далее идет предупреждение:
/12/ МОЖЕТ БЫТЬ, КОГДА БУДЕШЬ ЕСТЬ И НАСЫЩАТЬСЯ, И ДОМА ХОРОШИЕ ПОСТРОИШЬ И БУДЕШЬ ЖИТЬ в них, /13/ И КРУПНЫЙ И МЕЛКИЙ СКОТ ТВОЙ РАЗМНОЖИТСЯ, И СЕРЕБРА И ЗОЛОТА БУДЕТ МНОГО У ТЕБЯ, И ВСЕГО У ТЕБЯ БУДЕТ В ИЗОБИЛИИ, – /14/ ТО ВОЗГОРДИШЬСЯ ТЫ, И ЗАБУДЕШЬ БОГА, ВСЕСИЛЬНОГО ТВОЕГО, КОТОРЫЙ ВЫВЕЛ ТЕБЯ ИЗ СТРАНЫ ЕГИПЕТСКОЙ, ИЗ ДОМА РАБСТВА…

Тут не идет речь о предположении. Эгоизм, с которым выходят из Египта, пытаются исправить на состояние Земля Израиля, то есть преобразить в свойство отдачи и любви.

В соответствии с духовными законами, понятно, что переход от глубокого минуса до полного плюса сопровождается постоянным раскрытием новых эгоистических глубин в человеческой природе и их исправлением на альтруистические свойства.

«Ты возгордишься» означает, что в тебе всплывает новое эгоистическое желание?
Конечно! Поднимаются очень серьезные эгоистические желания! Они называются «семь народов,

которые живут в Земле Израиля». Их надо победить и изгнать оттуда.

Все эгоистические желания, которые еще остались во мне, я должен исправить, убить в себе, изгнать из себя. И лишь когда мои желания станут чистыми и правильными, с их помощью я смогу связаться с другими людьми, с моим народом. И тогда в нашем общем чувстве взаимности, любви, связи обнаружится высшее свойство, называемое Творец.

Желание человека все время увеличивается, спускается все ниже и ниже. Хотя у тебя уже все есть, вдруг появляется дополнительное желание: «А не насладиться ли этим ради себя?». Это и называется возгордиться.

Все восприятие должно быть направлено только на то, чтобы радовать Творца. Потому и говорится: «И забудешь Бога», – то есть перестанешь радовать Его.

ЧТО ГЛАВНЕЕ: РУКА ИЛИ ПЕРЧАТКА?

Дальше идет мощное добавление:
/17/ И СКАЖЕШЬ ТЫ В СЕРДЦЕ СВОЕМ: «СИЛА МОЯ И КРЕПОСТЬ РУКИ МОЕЙ ДОБЫЛИ МНЕ ЭТО БОГАТСТВО!» – /18/ ТО ПОМНИ БОГА, ВСЕСИЛЬНОГО ТВОЕГО, ИБО ЭТО ОН ДАЛ ТЕБЕ СИЛУ ПРИОБРЕТАТЬ БОГАТСТВО...

Нет ничего в нашем мире, сделанного человеком. Абсолютно ничего!

Все, что есть, выполняется силой высшего света, высшей энергией, а мы являемся всего лишь маленькими эгоистами. Что Творец делает в нас, то и происходит.

Вся разница между нами только в одном: отожествляя себя с действиями Творца, желает ли человек, чтобы Творец произвел их над ним и осуществил через него исправления в мире, или не желает, отвлекает себя на другие посторонние дела. В этом заключается вся проблема.

Можно представить себе такой символический образ – рука в перчатке: перчатка – это человек, а рука – Творец. Правильное их соединение – перчатка полностью повторяет движение руки. Но если в перчатке возникает желание, противоположное руке? Тогда каждое раскрытие эгоистического желания в перчатке надо преобразовать в абсолютное соответствие с рукой.

Говорится здесь: «И скажешь ты в сердце своем». Что могу сказать в сердце своем, кроме того, что это – я, это – мое? Ведь сердце олицетворяет собой мои эгоистические желания, я же – эгоист.

Да, но все эгоистические желания надо исправлять. Ничего нельзя поделать, мы должны стать подобными Творцу. Это находится в изначальном решении Творца создать творение и привести его к Своему подобию. Поэтому мы обязаны соответствовать Ему.

Мы можем идти к этому разумным путем – нашими действиями, нашими усилиями. Если мы оставляем их, то тотчас включается эта же сила, но только в противоположном воздействии. Нас начинают зажимать, толкать к необходимости возвратиться к правильному направлению.

Таким образом, вся наша жизнь состоит из понукания или поощрения свыше. В основном, к сожалению, пока преобладают понукания. И вся наша история, – по крайней мере, последние две тысячи лет изгнания, – это лишь череда понуканий, серьезных несчастий и проблем.

Дальше дополняется то, о чем уже сказано:

/19/ НО ЕСЛИ ЗАБУДЕШЬ ТЫ БОГА, ВСЕСИЛЬНОГО ТВОЕГО, И ПОЙДЕШЬ ЗА БОГАМИ ЧУЖИМИ, И БУДЕШЬ СЛУЖИТЬ ИМ И ПОКЛОНЯТЬСЯ ИМ, ТО ПРЕДОСТЕРЕГАЮ Я ВАС СЕГОДНЯ, ЧТО ПОГИБНЕТЕ ВЫ СОВЕРШЕННО.

Если скажешь в сердце своем: «Сила моя, крепость руки моей», – это значит, что уже пошел к другим богам.

Когда говорится, что «погибнете вы совершенно», – имеется в виду, что начнете все с нуля. Это и есть гибель. Наступит такое разрушение, что все предыдущие ваши усилия, хоть и не пропадут зря, но вы не сможете использовать их в вашем движении вперед.

КАК УСТОЯТЬ ПРОТИВ ВЕЛИКАНОВ?

Дальше очень красиво написано. Моше начинает:

/1/ СЛУШАЙ, ИЗРАИЛЬ! ТЫ ПЕРЕХОДИШЬ СЕГОДНЯ ИОРДАН, ЧТОБЫ ПРИЙТИ И ИЗГНАТЬ НАРОДЫ, КОТОРЫЕ МНОГОЧИСЛЕННЕЕ И СИЛЬНЕЕ ТЕБЯ, ГОРОДА БОЛЬШИЕ И УКРЕПЛЕННЫЕ ДО НЕБЕС; /2/

НАРОД ВЕЛИКИЙ И ВЫСОКОРОСЛЫЙ, ВЕЛИКАНОВ, О КОТОРЫХ ТЫ ЗНАЕШЬ И О КОТОРЫХ ТЫ СЛЫШАЛ: КТО УСТОИТ ПРОТИВ ВЕЛИКАНОВ?

Человек идет вперед, пытается освоить науку каббала и сблизиться со своими товарищами по духу, чтобы достичь такой общности, в которой раскроется Творец. И тогда видит перед собой огромные внутренние и внешние препятствия.

Внутренние препятствия возникают между самими участниками сближения, потому что в них вспыхивает эгоизм. Книга Зоар рассказывает об ужасных состояниях, когда они желают буквально убить, сжечь друг друга. Это, с одной стороны.

С другой стороны, проявляются сильные отрицательные внешние воздействия, потому что те, кто не участвует в построении общего сердца, являются противниками движения к объединению. Среди них и народы мира, и народ Израиля, который еще не включился в работу, и так называемый эрев рав (великий сброд).

Все противники каббалы, все противники методики сближения людей в одно целое являются в данный момент ненавистниками, противниками духовного продвижения. Мы ощущаем на себе такое отношение. Ничего не поделаешь. Это – естественный результат нашего устремления вперед.

Не случайно говорится: «Не устоишь перед великанами». Они кажутся очень сильными, мудрыми, уверенными в себе, логичными. Они имеют все, понимают, для чего и ради чего живут! Умеют красиво убеждать, потому что перед ними лежит эгоистический мир, и они прекрасно ориентируются и существуют в нем.

Они считают и рассказывают повсюду, что ты – фантазер и человек, оторванный от реальности, способный только на то, чтобы увести людей от их нормальной жизни. То же самое говорил фараон: «Что вы, Моше и Аарон, делаете с народом?! Зачем отвлекаете их? Пускай работают на меня, я им заплачу достаточно, и у них все будет хорошо».

Даже слугам своим велел фараон: «Дайте-ка им побольше работы, чтобы не слушали тех двоих, которые придумали сказки про любовь».

То же самое происходит сегодня. Эрев рав и особенно идеологические ненавистники каббалы очень пытаются победить в этой войне, которая продолжается многие века.

Освоение Эрец Исраэль начинается, когда народ Израиля все-таки входит туда?

Народ Израиля постепенно примыкает к кучке каббалистов во главе с Моше и Аароном. Их ученики и родоначальники колен постепенно увлекают народ в состояние соединения между собой, которое называется Земля Израиля. Надо понимать, что речь не идет о географической точке.

И сразу великаны перестают быть великанами?

В Земле Израиля, в общем-то, уже нет великанов. Они появляются только в период очередного разбиения – имеется в виду разрушение Первого и Второго Храма.

Перед разбиением Первого и Второго Храма появились эгоистические сообщества, которые утверждали, что знают, как правильно служить Творцу. Своими действиями они приводили не только к столкновению, но и к разрушению того уровня отдачи и любви, который уже был достигнут в народе.

Именно они привели в Эрец Исраэль римлян и греков, которые изгнали народ Израиля со святой земли. И вот уже 2000 лет мы существуем в таком состоянии.

Сейчас по-прежнему они не дают нам собраться вместе, чтобы достичь отдачи, любви, объединения друг с другом. Они чувствуют, что целостность подрывает все основы их власти над народом, и поэтому очень серьезно настроены против науки каббала.

Как не видеть в них великанов? Как понять, что они не являются знающими, логичными людьми?

Говорится просто: «Обрати на них свой взгляд, и обратятся они в гору костей». Чтобы уничтожить их, нам надо соединяться между собой, привлекать к себе силу Творца и направлять всю свою энергию на объединение народа.

Именно этого они боятся. Ведь все их величие основано только на том, чтобы разделить народ на части, на маленькие течения, не дать ему собраться вместе. Их цель – заставить людей постоянно работать в эгоизме.

Время от времени они говорят о принципе «Возлюби ближнего как самого себя», но в себе никак не реализуют его. По крайней мере, я не слышал об этом вообще.

«БОГ СЛОВНО ОГОНЬ ПОЖИРАЮЩИЙ»

/3/ ЗНАЙ ЖЕ СЕГОДНЯ, ЧТО БОГ, ВСЕСИЛЬНЫЙ ТВОЙ, ЭТО ОН ИДЕТ ПЕРЕД ТОБОЙ, СЛОВНО ОГОНЬ ПОЖИРАЮЩИЙ!

Когда ты входишь в Израиль, Творец идет перед тобой, словно огонь пожирающий? Что тут имеется в виду?

Высшая сила может ощущаться как очень мягкая любовь, если человек обрел свойства отдачи и любви. Или, наоборот, будет восприниматься как очень жесткий, все сжигающий огонь, если в человеке нет любви и отдачи относительно других.

Дальше говорится:

/3/ ...ОН УНИЧТОЖИТ ИХ, И ОН НИЗЛОЖИТ ИХ ПЕРЕД ТОБОЙ, И ТЫ ИЗГОНИШЬ ИХ, И УНИЧТОЖИШЬ ИХ СКОРО, КАК ГОВОРИЛ ТЕБЕ БОГ.

«Их» говорится о моих личных эгоистических свойствах, которые я должен искоренить в себе и при этом каждый раз чувствовать, насколько исправляю, выжигаю их из себя! Пускай горят, пускай уничтожаются, чтобы у меня остались только чистые свойства, которые освящает огонь.

/4/ НЕ ГОВОРИ В СЕРДЦЕ ТВОЕМ, КОГДА БОГ, ВСЕСИЛЬНЫЙ ТВОЙ, БУДЕТ ИЗГОНЯТЬ ИХ ОТ ТЕБЯ: «ЗА ПРАВЕДНОСТЬ МОЮ ПРИВЕЛ МЕНЯ БОГ ОВЛАДЕТЬ ЭТОЙ СТРАНОЙ». /5/ НЕ ЗА ПРАВЕДНОСТЬ ТВОЮ И ПРЯМОДУШИЕ ТВОЕ ПРИХОДИШЬ ТЫ

ОВЛАДЕТЬ ИХ СТРАНОЙ, НО ЗА ПРЕСТУПЛЕНИЯ НАРОДОВ ЭТИХ БОГ, ВСЕСИЛЬНЫЙ ТВОЙ, ИЗГОНЯЕТ ИХ ОТ ТЕБЯ, И ЧТОБЫ ИСПОЛНИТЬ СЛОВО, КОТОРЫМ ПОКЛЯЛСЯ БОГ ОТЦАМ ТВОИМ, АВРААМУ, ИЦХАКУ И ЯАКОВУ.

Очень интересный поворот: «Не за преданность твою Он вводит тебя в эту страну, но за преступления народов этих Бог, Всесильный твой, изгоняет их от тебя». Выходит, их изгнание не является моей заслугой?

Конечно, нет, у человека нет сил противостоять себе, своему эгоизму. Он может только пытаться избавиться от него. В мере своих усилий и страданий человек взывает к Творцу, и Творец избавляет его от эгоистических желаний. Потому и используется окольный, альтернативный путь.

Снова и снова повторяется: не за праведность твою, а за то, что они тебе мешают. И ты кричишь и молишься…

Нам только кажется, что все повторяется. Речь идет о новых уровнях! По мере продвижения все шаги вперед, все обстоятельства выглядят совершенно по-другому каждый раз.

Все зависит от внутреннего состояния человека. Например, я смотрю на какую-то картину, она вызывает во мне определенные чувства, нахожусь в другом настроении – другие чувства; через год-два я изменился – возникает новая оценка того же полотна.

ГЛАВА «ВСЛЕДСТВИЕ»

Так и в Торе, описывается как бы одно и то же обстоятельство, но под влиянием моего внутреннего развития все время меняется мое восприятие.

ВСПОМНИ, КАКИМ ТЫ БЫЛ

Здесь добавляется еще один немаловажный аспект:
/6/ ЗНАЙ ЖЕ, ЧТО НЕ ЗА ПРАВЕДНОСТЬ ТВОЮ БОГ, ВСЕСИЛЬНЫЙ ТВОЙ, ДАЕТ ТЕБЕ ЭТУ ХОРОШУЮ СТРАНУ, ЧТОБЫ ТЫ ОВЛАДЕЛ ЕЮ, ИБО НАРОД УПРЯМЫЙ ТЫ. /7/ ПОМНИ, НЕ ЗАБУДЬ, КАК СЕРДИЛ ТЫ БОГА, ВСЕСИЛЬНОГО ТВОЕГО, В ПУСТЫНЕ, С ТОГО ДНЯ, КАК ВЫШЕЛ ТЫ ИЗ СТРАНЫ ЕГИПЕТСКОЙ, И ДО ПРИХОДА ВАШЕГО НА ЭТО МЕСТО НЕПОСЛУШНЫ БЫЛИ ВЫ БОГУ.

Народ уже вступил в другой этап своего развития: «Посмотри… Вспомни, каким ты был». И дальше идет долгое перечисление всего пути:
/8/ И У ХОРЕВА СЕРДИЛИ ВЫ БОГА, И РАЗГНЕВАЛСЯ БОГ НА ТЕБЯ, решив УНИЧТОЖИТЬ ВАС.

Сейчас, чтобы исправить эгоистические свойства, ты должен возродить их в себе, снова поднять и приступить к исправлению. Один раз ты уже отказался, перешел через них, но этого недостаточно. Это только ступень, которая называется «отдача ради отдачи».

Настало время не просто подняться над ними, но взять и преобразовать их в обратные их природе. Поэтому и вспоминается то, что уже прошло.

Моше продолжает:

/9/ КОГДА ПОДНЯЛСЯ Я НА ГОРУ ПОЛУЧАТЬ КАМЕННЫЕ СКРИЖАЛИ, СКРИЖАЛИ СОЮЗА, КОТОРЫЙ ЗАКЛЮЧИЛ БОГ С ВАМИ, ОСТАВАЛСЯ Я НА ГОРЕ СОРОК ДНЕЙ И СОРОК НОЧЕЙ, ХЛЕБА НЕ ЕЛ И ВОДЫ НЕ ПИЛ. /10/ И ДАЛ БОГ МНЕ ТЕ ДВЕ КАМЕННЫЕ СКРИЖАЛИ, НАПИСАННЫЕ ПЕРСТОМ ВСЕСИЛЬНОГО, А НА НИХ ВСЕ СЛОВА, КОТОРЫЕ ГОВОРИЛ ВАМ БОГ НА ГОРЕ ИЗ ОГНЯ В ДЕНЬ СОБРАНИЯ…

/12/ И СКАЗАЛ МНЕ БОГ: «ВСТАНЬ, СПУСТИСЬ СКОРЕЕ ОТСЮДА, ИБО РАЗВРАТИЛСЯ НАРОД ТВОЙ, КОТОРЫЙ ТЫ ВЫВЕЛ ИЗ ЕГИПТА…»

/13/ И СКАЗАЛ БОГ МНЕ ТАК: «ВИДЕЛ Я НАРОД ЭТОТ, И ВОТ – НАРОД УПРЯМЫЙ ОН. /14/ ОТДАЛИСЬ ОТ МЕНЯ, И Я УНИЧТОЖУ ИХ И СОТРУ ИХ ИМЯ ИЗ ПОДНЕБЕСНОЙ, А ОТ ТЕБЯ ПРОИЗВЕДУ НАРОД СИЛЬНЕЕ И МНОГОЧИСЛЕННЕЕ ЕГО».

Сейчас народ находится в таком состоянии, что весь эгоизм уже вышел наружу, но еще не преобразован. Поэтому кажется, что сделать ничего нельзя, и возникает ощущение: хоть погибай, но оставаться в эгоизме невозможно. И здесь приходит второе состояние.

Тут Творец говорит Моше: «Отдались! Я уничтожу их. И от тебя пойдет другой народ».

Человек так и чувствует, что ничего не остается в нем, кроме свойства Моше. Более того, именно с этой точки в нем происходит переворот.

Моше говорит:

/15/ И ПОВЕРНУЛСЯ Я, И СОШЕЛ С ГОРЫ, А ГОРА ГОРЕЛА ОГНЕМ, И ДВЕ СКРИЖАЛИ СОЮЗА – В ОБЕИХ

РУКАХ МОИХ. /16/ И УВИДЕЛ Я, ЧТО ВОТ, СОГРЕШИЛИ ВЫ ПРЕД БОГОМ, ВСЕСИЛЬНЫМ ВАШИМ, СДЕЛАЛИ СЕБЕ ЛИТОГО ТЕЛЬЦА, СОШЛИ ВЫ БЫСТРО С ПУТИ, КОТОРЫЙ УКАЗАЛ ВАМ БОГ. /17/ И СХВАТИЛ Я ОБЕ СКРИЖАЛИ, И БРОСИЛ ИХ ОБЕИМИ РУКАМИ МОИМИ, И РАЗБИЛ ИХ У ВАС НА ГЛАЗАХ.

О чем говорит это воспоминание? Что ничего уже не сделать с этим народом? И Моше в отчаянии от этого?

Это то, что произошло с Моше при раскрытии эгоизма, который они вынесли из Египта – из своего предыдущего состояния. В таком состоянии свойство отдачи, которое получаешь в скрижалях завета, еще не проявляется достаточно сильно для того, чтобы победить золотого тельца. Просто не в состоянии человек это сделать!

Тут надо подняться верой выше знания. Это особое действие, которое с первого раза произвести невозможно. Можно сравнить с прегрешением Адама, – нельзя исправить его без осознания зла.

Так и здесь: без раскрытия золотого тельца, невозможно прийти к его исправлению. Раскрытие должно быть явно представлено перед всеми, кто ему поклоняется.

Моше тут бессилен, потому и разбивает скрижали завета. Он как бы говорит, что этим путем народ (мои желания) не сможет пойти, то есть во всех эгоистических расчетах нет никакой возможности исправления.

/18/ И ПАЛ Я НИЦ ПРЕД БОГОМ, КАК ПРЕЖДЕ; СОРОК ДНЕЙ И СОРОК НОЧЕЙ ХЛЕБА НЕ ЕЛ И ВОДЫ НЕ ПИЛ ИЗ-ЗА ВСЕХ ГРЕХОВ ВАШИХ, КОТОРЫЕ ВЫ

СОВЕРШИЛИ, СДЕЛАВ ЗЛО В ГЛАЗАХ БОГА, ЧТОБЫ РАЗГНЕВАТЬ ЕГО. /19/ ИБО БОЯЛСЯ Я ГНЕВА ЕГО, ЯРОСТИ...

Разбиение скрижалей завета произошло девятого ава.

Потом Моше вновь поднимется за получением скрижалей – это уже в следующий раз, после того, как золотой телец переплавится в священные сосуды, чтобы в них между людьми раскрыть образ Творца. И в особый, святой день, называемый Йом Кипур, начнется путь исправления, путь возрождения.

Моше упал ниц, – это олицетворяет его молитву? Он как бы говорит Творцу: «Я уже не могу справиться с этой природой, только Ты можешь мне в этом помочь?»

Да. Человек должен пройти эти состояния! Он обязан раскрыть всю ничтожность своей природы и все величие силы Творца.

Но это надо осознать, то есть увидеть золотого тельца на самом деле, а потом почувствовать свойство отдачи. Тут нам в помощь посылаются все те, кто возражает против науки каббала.

И КОРЕНЬ КОСНЕТСЯ ВЕТВИ

В главе «Экев» – «Вследствие» – написано: вследствие выполнения Моих законов вы сможете хорошо, счастливо жить в Эрец Исраэль.

Речь не идет о нашем материальном мире, хотя и о нем тоже. Когда человек попадает в общую систему

ГЛАВА «ВСЛЕДСТВИЕ»

природы и подстраивает себя под нее, то есть на всех уровнях знает ее законы и выполняет их, то он приходит к равновесию, к гармонии с ней.

Имеется в виду духовная и материальная природа, потому что они представляют собой единое целое. Мы еще не способны к такому восприятию, потому нам кажется, что это – разные вещи. Много чего мы не видим не только в духовном, но и в материальном мы воспринимаем лишь небольшую часть, настолько маленький фрагмент, что становится стыдно за себя.

Законы каббалы объясняют, как настроиться на всю природу, которая называется Творец. Если человек выполняет эти законы, то, конечно, получает от природы только положительные обратные связи.

Добрые и правильные отношения, страна, текущая молоком и медом, как написано в Торе простым языком: жена, дети, дом, соседи, мир, погода, солнце, луна – все будет радовать и светить тебе.

В течение своей жизни постепенно будешь переходить из нашего мира в ощущение мира духовного – вечного и совершенного, из одной системы сил в другую.

Не будешь чувствовать, что умираешь: ведь ты перерождаешься в духовного человека. Тело постепенно уходит из твоих органов ощущений, а сам ты начинаешь обнаруживать себя живущим в вечном, бесконечном, совершенном пространстве.

К этому состоянию надо прийти, к этому призывает нас наука каббала и вся Тора.

Сейчас Вы говорите о том, как человек будет себя чувствовать в конце исправления. Речь не идет о

работе человека внутри себя: переход через пустыню, вход в Эрец Исраэль...

Переход пустыни уже был. Исторически один раз мы вышли из Египта, выдержали пустыню, достигли Земли Израиля, построили один Храм, второй Храм. Сейчас мы не говорим о том, что было. В истории случилось так, как должно было произойти.

Тут ведется речь о законе, согласно которому духовный корень должен обязательно коснуться своего земного проявления – ветви. Вверху – корни, внизу – ветви. И они должны соединиться между собой. Но только один раз!

Достаточно, чтобы корень коснулся ветви, – и он уже выполняет свою работу, создает связь. Поэтому нам уже не надо возвращаться в Египет, чтобы встретить своего фараона, который сейчас там правит.

Осталось сделать одно – исправить себя. Наше исправленное состояние уже есть в корне, теперь его надо реализовать в ветвях. Поэтому мы находимся в Земле Израиля, в эгоизме, и сейчас нам предстоит все пройти, испытать на себе и исправить.

КАЖДЫЙ ДЕНЬ ВЫХОДИМ ИЗ ЕГИПТА

Что означает выражение: чтобы чувствовал человек, как будто каждый день выходит из Египта?

Выход из Египта – это подъем над своим эгоизмом. В эгоизме есть 613 эгоистических желаний, так называемых ТАРЬЯГ (так обозначается на иврите 613).

Эгоистические желания ненависти, неприязни, стремление сравнивать себя и других необходимо исправить на альтруистические – на связь и любовь. Это и называется выполнением заповедей исправления желаний.

Ежедневно надо выходить из Египта. Всякий раз человек поднимается на новый уровень, на каждом из которых есть те же 613 желаний, но они проявляются уже в другом, более сильном виде. Поэтому каждый день человек должен представлять себе, что он вышел из Египта и имеет право исправлять эти желания.

В главе «Вследствие» Моше рассказывает народу о том, что было. А Вы говорите, что речь идет о восприятии на абсолютно новом уровне.

Есть такой закон, что в Торе вообще нет времени. Прошедшее, настоящее и будущее – это одно и то же. Все зависит от того, относительно чего говорят.

Мы остановились на грехе золотого тельца. И в продолжение Моше говорит:

/20/ И НА ААРОНА ВЕСЬМА РАЗГНЕВАЛСЯ БОГ, решив УНИЧТОЖИТЬ ЕГО. И МОЛИЛСЯ Я И ЗА ААРОНА В ТО ВРЕМЯ. /21/ А ГРЕХ ВАШ, КОТОРЫЙ СОВЕРШИЛИ ВЫ, ТЕЛЬЦА, ВЗЯЛ Я, И СЖЕГ ЕГО В ОГНЕ, И РАСТЕР ЕГО ТАК, ЧТО СТАЛ ОН МЕЛОК КАК ПРАХ, И БРОСИЛ Я ПРАХ ЕГО В ПОТОК, СТЕКАЮЩИЙ С ГОРЫ.

Когда Моше поднялся на гору Синай (наше желание), Аарон, его правая рука, вдруг опустился до самых низин…

Аарон вынужден был это сделать, поскольку народ роптал и кричал: «Мы не можем без этого жить! Где Моше? Пусть спускается к нам и дает, на что нам молиться. Или возвращай египетское божество».

Египетское божество, то есть золото, – наполнение в нашем эгоизме. Человек не может жить в голом, опустошенном эгоизме. Если нет ничего, чтобы наполнить себя, то возникают огромнейшие пустые желания. Необходимо их наполнить либо альтруистическими, либо эгоистическими занятиями, без этого человек не может жить. Об этом и кричат люди. Поэтому Аарон соглашается на золотого тельца.

Естественно, все делает Творец, потому что нет никого, кроме Него. Зачем Он это делает? Для того чтобы именно сейчас вне Египта они окунулись в свои египетские огромные эгоистические желания. Им необходимо возродить в себе эгоизм, чтобы потом начать исправлять его.

Понятно, ничего не происходит, кроме как по воле Творца. Мы можем только ускорять время своего развития. Но такие падения, как последствия разрушения Первого и Второго Храмов, изгнания, – все это заранее прописано в каббале, и каббалисты прекрасно знали об этом.

Невозможно достичь полного исправления и единения с Творцом без того, чтобы пройти эти состояния.

ГЛАВА «ВСЛЕДСТВИЕ»

УЦЕПИСЬ ЗУБАМИ И ДЕРЖИСЬ

Состояние золотого тельца: «дай нам, на что молиться», – ощущает каждый ученик, который долго занимается каббалой. В какой-то момент наступает период, когда он требует внутреннего эгоистического наполнения – дай хоть что-нибудь!

Это естественно, ведь у человека должны быть цели, достижения. Но внезапно он оказывается как бы подвешенным в воздухе. Как те ослабевшие ребята, которые долго были с нами и, вдруг почувствовав усталость, ушли. Об этом тоже пишется в каббале. Надо преодолевать такие состояния.

Это означает, что те, кто ушел, потребовали золотого тельца – дай нам?

Нет. Золотой телец – это намного выше, чем наше состояние сейчас.

Те, кто оставляет, – просто слабаки. Говорю об этом не потому, что сам я великий, – наоборот, никакого геройства здесь нет. Просто надо быть упрямым.

«Зубами уцепиться и держаться» – закрываешь глаза и готов быть ниже уровня жизни и смерти, – ничего нет. Затаись, чтобы опустошение и все, что угодно, проходило над тобой.

Ты заранее соглашаешься со всем: пусть тебя полощут на глазах всего мира, пусть Творец подставляет тебе такие желания, сомнения и состояния, которые не придут в голову никакому нормальному здравому человеку. Ты должен с этим свыкнуться и все перенести.

Причем, забирают у человека разум, дают чужие мысли и чувства, он превращается в марионетку, которая выполняет набор непонятных действий. Потом возвращают ему разум, он смотрит на то, что наделал, и сам удивляется.

Для чего с человеком так играют? Чтобы выбить из него эгоизм. Как иначе можно это сделать? Это самая главная, единственная, пожалуй, задача Творца – поставить человека в такие условия, чтобы он добровольно отказался от своего эгоизма, чтобы попросил Творца: убери от меня это чудовище – эгоизм.

Иначе, зачем человеку что-то менять? У него все складывается хорошо: дом, семья, работа, товарищи, трапезы – все спокойно. Он приходит на занятия, участвует в конгрессах, может быть, преподает. Если все идет спокойным упорядоченным образом, то ничего не изменится. Человек потребует еще большего наполнения, то есть его эгоизм будет постоянно указывать, что еще он желает получить. Почему нет?!

Настоящая духовная работа начинается с того, что человека унижают настолько, что он сам желает освободиться от эгоизма. Но тут речь идет не об избавлении от эгоизма ради того, чтобы меньше страдать.

Дело в том, что человек должен остаться в эгоизме и сказать: «Я готов на все, только бы удержаться за Творца. Пусть ничего не меняется, пусть, что угодно Он делает со мной, с моим телом и разумом. Только бы все время у меня была точка соединения с Творцом».

Одна точка – и все! Просить больше – значит, ты уже указываешь на вознаграждение.

ГЛАВА «ВСЛЕДСТВИЕ»

Человек учится, преподает, находится в контакте с товарищами, участвует в трапезах, то есть так или иначе все равно двигается по правой линии, в сторону большего соединения с Творцом...

Он продвигается до тех пор, пока не начнет переходить на следующую ступень. И тут его состояние напрямую зависит от того, насколько он вложится.

Моше продолжает:

...ВЗЯЛ Я, И СЖЕГ ЗОЛОТОГО ТЕЛЬЦА В ОГНЕ, И РАСТЕР ЕГО ТАК, ЧТО СТАЛ ОН МЕЛОК КАК ПРАХ...

Растереть в прах – означает, что все эгоистические желания, которые были в золотом тельце, потеряли свои основные формы и сейчас готовы к исправлению, к смешению с Торой, с ее светом, который придет и исправит их.

До сих пор эгоистические желания казались людям божеством: украшения, божки – все, что угодно. Но когда они выносятся из эгоизма, то превращаются в ничто.

Все, что описано в Торе, в том числе уничтожение золотого тельца, делается правильно. Это все должно быть, и человек обязан это пройти. Иначе у него не будет своего ощущения и осознания Творца, он не сможет стать таким, как Он.

О потоке:

...И БРОСИЛ Я ПРАХ ЕГО В ПОТОК, СТЕКАЮЩИЙ С ГОРЫ.

Поток, стекающий с горы, – это свойство бины (свойство отдачи), которое нисходит с горы Синай и с которым надо смешивать эгоизм (прах золотого тельца), чтобы получить соединение бины и малхут.

Таким образом достигается цимцум бэт – особое сокращение, особый симбиоз отдающих и получающих свойств, когда они уже готовы к постепенному, последовательному исправлению в течение сорока лет.

Народ (малхут) стоит внизу, у самого подножия, нет у него ни сил, ни капли духовных свойств, чтобы подняться.

Именно поток, стекающий с горы, начинает смешиваться с малхут. Это великое милосердие Творца, когда Он отдает свою силу, чтобы смешаться с эгоизмом человека и начать приподнимать его.

От человека требуется лишь закрыть рот, сердце, глаза и желать только одного: быть включенным в этот поток хотя бы одной точкой.

Для чего Моше снова и снова рассказывает людям о том, что они уже прошли? Зачем возвращается к законам Торы?

Сейчас, перед входом в Эрец Исраэль, народ должен понять весь путь, который прошел, чтобы подготовить себя к этой стране. Ведь начиная от границы с Землей Израиля и далее, будет продолжаться работа с тем же эгоизмом, с тем же золотым тельцом, со вторым сокращением, которое произошло в результате смешения золота (малхут) с потоком, стекающим с горы (бина). Люди должны как бы перекопать все это.

Кроме свойства малхут, которое было у него в Египте, за сорок лет пустыни народ обрел свойство бины. Сейчас в Эрец Исраэль начинается новый этап работы – получение ради отдачи. Народ перепахивает землю, трудится на ней – и получает плоды земли. Это уже и называется Земля Израиля.

СОГЛАСИТЬСЯ – ЭТО НЕ ПРОСТО

Можно сказать, что путь Торы – это пассивный путь?
Это выглядит как пассивный путь, если мы не понимаем, какие действия должны производить над собой. С одной стороны, поскольку нет никого, кроме Него, то в итоге все делает Творец, а мне не надо прилагать никаких усилий, а только соглашаться с Его действиями. С другой стороны, при этом все время я обязан двигаться в унисон с Ним. Именно тут моя работа становится очень сложной, состоящей из многих компонентов.

Начальная точка – это согласиться с Ним. Согласиться с тем, что существует только Творец, добрый и творящий добро, и поскольку Он творит одно добро, то теперь мне надо исправить себя, подставить под Его воздействие. Мои свойства должны стать действительно такими же, как Его, чтобы внутри я чувствовал Его личное и только доброе действие.

Это состояние строится и до, и после входа в Эрец Исраэль. Разница только в мощности: или это делается в свойстве отдачи – до входа в Землю Израиля, или в свойстве получения – после входа. Но это состояние уже ближе к построению Храма.

Моше продолжает:

/24/ СТРОПТИВЫ БЫЛИ ВЫ ПРЕД БОГОМ С ТОГО ДНЯ, КАК Я УЗНАЛ ВАС.

«С того дня, как я узнал вас» означает – с тех пор, как Моше призвали встать во главе народа.

Когда он пришел и познакомился с этим табором, который должен вывести из Египта, то понял, что это – еще тот подарок Творца!

Абсолютный эгоизм прорывался в народе повсюду, все взаимоотношения надо было улаживать, сравнивать, соединять и так далее. Эта группа людей могла выйти из Египта только при условии, что все вместе они согласятся оставить его.

Кроме того, они должны представить себе будущее состояние, к которому идут. Речь же не идет о физическом выходе группы людей из Египта в пустыню Синай. Они выходят из своего эгоизма, расстаются с ним, поднимаются над ним.

Строптивы они были в своем эгоизме, который тут дает себе полную свободу действий.

/25/ И ПАДАЛ Я НИЦ ПРЕД БОГОМ В ТЕ СОРОК ДНЕЙ И СОРОК НОЧЕЙ, ЧТО ПАДАЛ Я НИЦ, ТАК КАК БОГ РЕШИЛ УНИЧТОЖИТЬ ВАС. /26/ И МОЛИЛСЯ Я БОГУ, И СКАЗАЛ: «ГОСПОДЬ БОГ! НЕ ГУБИ НАРОДА ТВОЕГО И УДЕЛА ТВОЕГО, КОТОРЫЙ ИЗБАВИЛ ТЫ ВЕЛИЧИЕМ ТВОИМ, КОТОРЫЙ ВЫВЕЛ ТЫ ИЗ ЕГИПТА РУКОЮ МОЩНОЙ! /27/ ВСПОМНИ РАБОВ ТВОИХ, АВРААМА, ИЦХАКА И ЯАКОВА; НЕ СМОТРИ НА УПРЯМСТВО НАРОДА ЭТОГО, И НА ПРЕСТУПЛЕНИЯ ЕГО, И НА ГРЕХИ ЕГО!

Все время Моше в муках защищает свой народ…

Моше представляет собой свойство бины. Только у него существует связь с Творцом. Свойство Моше находится глубоко внутри нас, и сегодня мы пытаемся раскрыть его в связи между товарищами в группе. Именно объединение спасет нас.

В какой момент мы падаем ниц перед Творцом?

Внутри себя я принимаю, что все происходящее Он делает к лучшему, и ставлю себя ниже всех действий, которые Он думает провести через меня. Я согласен абсолютно на все. Это считается очень высокой ступенью.

Если я не буду этого делать, то не смогу исправить ни одно из своих 613-ти желаний, то есть не смогу выполнить 613 заповедей. Это называется «погубить свой народ».

Что означает призыв – вспомнить «рабов Твоих, Авраама, Ицхака и Яакова?

Эти праотцы – рабы не фараона, а рабы Творца. Они заложили основу трех линий в нашей душе. И благодаря их «заготовке» в нас, мы можем двигаться дальше.

Именно они постоянно держат связь между народом и Творцом.

То есть здесь содержится как бы просьба: дай нам возможность идти по средней этой линии – Яаков и его продолжение? Несмотря на то, что в нас все время выявляются отклонения влево?

Так и должно быть. Человек должен радоваться, когда на него падает что-то сильное, серьезное. Значит, дослужился до такого состояния и сейчас уже может принять на себя дополнительную нагрузку, дополнительную связь с Творцом.

Всегда меня мучил вопрос. Можно придумать массу драматических состояний, благодаря которым можно оказаться в этом тупике или в состоянии выбора. И ты ждешь, когда к тебе придет это состояние.

Но можем ли мы сами его вызвать? Создать какую-нибудь провокацию и почувствовать себя в тупике?

Лично я не вижу таких состояний, которые человек может вызывать или спровоцировать сам.

Творец имеет свой план, свои реперные точки, по которым Он работает. Очень четкое построение: все мироздание состоит из десяти сфирот, пяти парцуфим, 125 ступеней, 613 желаний на каждой ступени и так далее. Все отградуировано, все установлено сверху вниз. И мы можем продвигаться снизу вверх только в соответствии с этими законами.

Моше продолжает:

/28/ ЧТОБЫ НЕ СКАЗАЛИ жители СТРАНЫ, ИЗ КОТОРОЙ ТЫ ВЫВЕЛ НАС: «ПО НЕСПОСОБНОСТИ БОГА ПРИВЕСТИ ИХ В СТРАНУ, КОТОРУЮ ОН ОБЕЩАЛ ИМ, И ИЗ-ЗА НЕНАВИСТИ ЕГО К НИМ ВЫВЕЛ ОН ИХ, ЧТОБЫ УМЕРТВИТЬ ИХ В ПУСТЫНЕ». /29/ А ВЕДЬ ОНИ НАРОД ТВОЙ И УДЕЛ ТВОЙ, КОТОРЫЙ ТЫ ВЫВЕЛ ВЕЛИКОЙ СИЛОЮ ТВОЕЙ И МЫШЦЕЙ ПРОСТЕРТОЮ ТВОЕЙ!».

Что это за обращение к Творцу?

Человек, у которого есть возможность смягчить отношение Творца к нему и таким образом пройти некоторые препятствия в более плавном виде, не согласен на это.

Он не просто возражает на самом деле. Он хочет проходить препятствия в самом истинном виде, чтобы потом его же эгоизм не возвратился к нему и не стал доказывать, что можно схитрить и не обязательно делать все так дотошно и строго.

Такие вещи встречаются на каждом шагу. Но человек знает, что делать. Ведь если он получает возможность работать таким образом, то у него нет сомнений. Просто возникает точка принятия самого жесткого решения.

ЗАПИШИ НА СВОЕМ СЕРДЦЕ

В главе «Вследствие» – мы как бы заново проходим весь путь, но уже на другой духовной высоте. Рассказал Моше народу, как были разбиты первые скрижали и дальше рассказывает о вторых:

/1/ В ТО ВРЕМЯ СКАЗАЛ МНЕ БОГ: «ВЫТЕШИ СЕБЕ ДВЕ КАМЕННЫЕ СКРИЖАЛИ, КАК ПЕРВЫЕ, И ПОДНИМИСЬ КО МНЕ НА ГОРУ, И СДЕЛАЙ СЕБЕ ДЕРЕВЯННЫЙ КОВЧЕГ…».

Моше должен вытесать скрижали внизу? Написано: «Вытеши две каменные скрижали и поднимись ко Мне». А я все время думал, что наверху…

Конечно, внизу. Моше не может подняться наверх и делать скрижали там. Почему? Что значит скрижали? И отчего они каменные?

Эгоистическое сердце, которое мы должны исправить, называется каменным. Вся Тора заключается в десяти изречениях – десяти основных заповедях. И сказано, что Тора должна быть написана на сердце.

Надо вытесать из сердца, то есть из своих желаний, единственное место (ничего больше не должно остаться от него), чтобы записать десять указаний, которым мы обязаны следовать ежедневно, еженощно и достичь их полного выполнения на протяжении всей своей жизни, поднимаясь при этом на гору.

Гора называется Синай – гора ненависти. Поднимаясь к Творцу и спускаясь от Него, человек вдруг обнаруживает, что весь народ (его желания) занимается всякими непотребными делами, чтобы максимально насладить себя пищей, сексом, знанием, славой, управлением – в общем, всем, что только может представить себе каменное, злое сердце. И несмотря на это, он все равно должен нести эти скрижали.

Моше выточил скрижали и сделал для них особую упаковку, чтобы стеречь свои исправленные желания, которые приняли форму букв. Говорится, что когда он нес эти скрижали, то буквы светились. И в некоторых буквах, как самех (ס), например, кусок, вырезанный в середине, стоял на месте, как бы в невесомости. Это все сказано иносказательно, конечно.

Чего добился Моше? Он выточил скрижали, но сделал их для себя, а этого было недостаточно. И когда он спустился вниз, то обнаружил, что народ развратился, и скрижали ничего не стоят! Поэтому он их разбил.

Это разбиение смешало его высшие помыслы и замыслы с низшими.

Когда Моше сделал вторые скрижали, с которыми поднялся на гору Синай, они были намного ценнее первых. Не из-за своей высоты и оторванности от земного, а потому, что включали в себя все земные низменные желания и стремление народа снова вернуться к золотому тельцу, в Египет: «Дай нам то, что у нас было в Египте!»

Интересно. Выходит, вторые скрижали были ценнее оттого, что каббалист спускает себя до самого низкого уровня. Бааль Сулам писал: «Спусти меня до уровня народа, чтобы они меня поняли».

Без этого ничего не может быть! Только из разбиения! То же самое произошло с Адамом. То же самое проходим мы.

Возьми всю нашу историю. Строим Первый и потом Второй Храм, – их полностью разрушают, мы выходим в изгнание, страдаем и, наконец, начинаем себя восстанавливать.

Сегодня мы смешались со всем человечеством, поэтому наше восстановление будет правильным и окончательным, вместе со всеми. Так это делается.

Заранее запланировано, что Моше окажется в таком состоянии: разобьет скрижали и снова поднимется на гору, – иначе быть не может!

«Вытеши себе две каменные скрижали», то есть приготовь внизу свое сердце и поднимайся ко Мне.

Сказано: «Запиши Тору на своем сердце». Желаниям ты должен придать определенную форму – это и есть сердце.

Продолжим:

ВЫТЕШИ СЕБЕ ДВЕ КАМЕННЫЕ СКРИЖАЛИ, КАК ПЕРВЫЕ, И ПОДНИМИСЬ КО МНЕ НА ГОРУ, И СДЕЛАЙ СЕБЕ ДЕРЕВЯННЫЙ КОВЧЕГ.

Сделай ковчег для этих скрижалей, то есть придай им форму.

/2/ «…И Я НАПИШУ НА СКРИЖАЛЯХ ТЕ ЖЕ СЛОВА, ЧТО БЫЛИ НА ПЕРВЫХ СКРИЖАЛЯХ, КОТОРЫЕ ТЫ РАЗБИЛ, И ПОМЕСТИ ИХ В КОВЧЕГ».

Что значит: «Я напишу на скрижалях»?

На самом деле на скрижалях пишет высший свет, то есть Творец, но делает это рукой человека.

В полном согласии, в полном слиянии с Творцом человек должен сделать такое действие, когда он записывает на своем сердце или дает Творцу эту возможность. Тут по-разному можно трактовать.

Но в любом случае, даже если человек сам пишет на скрижалях, то водит его рукой Творец.

ВСЕ ПЛАЧУТ, А КАББАЛИСТ СМЕЕТСЯ

/3/ И СДЕЛАЛ Я КОВЧЕГ ИЗ АКАЦИИ, И ВЫТЕСАЛ ДВЕ КАМЕННЫЕ СКРИЖАЛИ, КАК ПЕРВЫЕ, И ПОДНЯЛСЯ НА ГОРУ, И ОБЕ СКРИЖАЛИ В РУКЕ МОЕЙ. /4/ И НАПИСАЛ ОН НА СКРИЖАЛЯХ, КАК БЫЛО НАПИСАНО ПРЕЖДЕ, ТЕ ДЕСЯТЬ ЗАПОВЕДЕЙ, КОТОРЫЕ СКАЗАЛ ВАМ БОГ НА ГОРЕ ИЗ ОГНЯ В ДЕНЬ

СОБРАНИЯ, И ПЕРЕДАЛ ИХ БОГ МНЕ. /5/ И ПОВЕРНУЛСЯ Я, И СПУСТИЛСЯ С ГОРЫ, И ПОМЕСТИЛ СКРИЖАЛИ В КОВЧЕГ, КОТОРЫЙ Я СДЕЛАЛ, И БЫЛИ ОНИ ТАМ, КАК ПОВЕЛЕЛ МНЕ БОГ.

Разговор возвращается к десяти заповедям, снова они повторяются?

Да, это те же заповеди, но они записаны на новом уровне, в этом смысле, они другие.

Одно и то же можно сказать маленькому ребенку, подростку и взрослому человеку, но каждый из них по-разному поймет это, воспримет и претворит в жизнь. Эти десять заповедей относятся уже к следующему поколению, поэтому они другие.

Весь процесс обязан пройти именно так. Разрушение Первого и Второго Храма. Смех рабби Акивы над гибелью Первого Храма и его слова: «Наконец-то теперь я верю, что именно так произойдет и дальше».

Каково было смотреть на него людям: на их глазах происходит трагедия, а предводитель поколения смеется в то время, когда все плачут?

Да, смеялся. Так и написано.

Это два уровня постижения. Проблема в том, что люди не понимают каббалистов. Для того чтобы понять, человек должен подняться на их уровень, – и никак иначе. Не просто так сказано, что увеличивающий знание, умножает скорбь.

На самом деле, конечно, каббалист переживает больше других, но, с другой стороны, он и радуется.

Вы говорите, поколение не понимает каббалиста. Чего же ожидал Бааль Сулам, когда писал свои

статьи «Аравут», «Получение Торы»? Потом он говорил: «Поколение не готово, и я перестаю писать свои статьи».

Что делать, если люди не готовы? Писать в ящик? Все-таки со стороны поколения должна быть какая-то реакция, но ее не было.

Каббалист реализует только ту задачу, которую получает свыше. Бааль Сулам не работал на последнее поколение, хотя писал немножко для него. Его задача заключалась в том, чтобы в то время, когда он жил здесь в Земле Израиля, духовно принять и духовно оформить народ.

Время Бааль Сулама – это и Вторая мировая война, и массовая гибель евреев во время Катастрофы. Это и создание государства Израиль.

Что мог сделать народ, который существовал здесь в то время? И какова роль Бааль Сулама вместе с ним? Заложить начала духовной жизни для действительно последнего поколения. Так он и говорил людям: «Вы можете все», но они не были готовы его услышать.

СМЕРТЬ ОЗНАЧАЕТ ПОДЪЕМ

/6/ А СЫНЫ ИЗРАИЛЯ ДВИНУЛИСЬ ОТ БЕЭРОТ-БНЕЙ-ЯАКАНА В МОСЕРУ; ТАМ УМЕР ААРОН, И ПОХОРОНЕН ТАМ, И СТАЛ СЛУЖИТЬ ЭЛЬАЗАР, СЫН ЕГО, ВМЕСТО НЕГО. /7/ ОТТУДА ДВИНУЛИСЬ ОНИ В ГУДГОДУ, А ИЗ ГУДГОДЫ В ЙОТВАТУ, В СТРАНУ С ПОТОКАМИ ВОД.

Можно сказать, что Аарон оставляет этот мир из-за того, что произошло с золотым тельцом?

В каббале все воспринимается не так, как в нашей жизни. Смерть не является наказанием, чем-то страшным. Когда на смену предыдущему приходит следующий, допустим, сын Эльазар вместо Аарона – это означает подъем отца на следующий уровень.

Иначе говоря, Аарон умер в своем прошлом обличии, в прошлом исполнении, потому что нельзя подняться на следующий уровень, не покинув свое предыдущее состояние. В процессе этого он получает новую форму, которая называется его сыном. В принципе, все души бессмертны. Они ничего не теряют, а лишь обретают все время.

Другими словами, разговор идет о желании, которое получает разные имена, трансформируется, пока не придет к своему последнему исправленному состоянию.

Дальше написано:

/8/ В ТО ВРЕМЯ ОТДЕЛИЛ БОГ КОЛЕНО ЛЕВИ, ЧТОБЫ НОСИТЬ КОВЧЕГ СОЮЗА БОГА, ЧТОБЫ СТОЯТЬ ПРЕД БОГОМ, СЛУЖИТЬ ЕМУ И БЛАГОСЛОВЛЯТЬ ИМЕНЕМ ЕГО ПО СЕЙ ДЕНЬ. /9/ ПОЭТОМУ НЕ БЫЛО ДАНО ЛЕВИ ДОЛИ И УДЕЛА С БРАТЬЯМИ ЕГО: БОГ – УДЕЛ ЕГО, КАК ОБЕЩАЛ ЕМУ БОГ, ВСЕСИЛЬНЫЙ ТВОЙ.

Левиты – особые люди, которые должны были заниматься воспитанием народа, прислуживать в Храме. На духовном уровне они находятся на соответствующем им высшем уровне.

Коэн, Леви, Исраэль – три сословия, три духовных уровня, которые должны быть четко разграничены.

Есть ли в человеке такая цепочка записи, чтобы определить, является ли он коэном?

Да, исследования генетических кодов подтверждают, что есть. Особенно интересно проследить это на коэнах, которые на протяжении тысяч лет не смешивались с другими, заключали браки только между собой. Что касается левитов, тут уже сложнее.

Я не думаю, что сегодня вообще нужно это разделение. Наоборот, когда смешивание достигает своего максимума, то пропадают все разделения и заново начинается духовное выделение людей – не по их прошлым записям, а по духовным постижениям.

Начнем подниматься, – и каждый займет соответствующий уровень, благодаря своим усилиям и достижениям.

И дальше не будет работать генетический код коэнов?

Не знаю, существует ли генетический код коэнов на самом деле и насколько он определяет уровень духовного развития. Все равно сегодня он не имеет никакой силы и никакого отношения к духовному росту, к духовной работе.

Про левитов говорят, что не имели они никакого надела, кроме служения Творцу. Они полностью зависели от народа. Даже лично необходимого у них не было. Можно сравнить с китайскими врачами, которые тоже ничего не имели, ходили от дома к дому и лечили больных. Если все были здоровы, они получали какое-то вознаграждение, если нет, то – ничего.

Так и левиты должны были обслуживать население и получать только с того, что им приносят. Естественно, что на уровне нашего мира они были рады хорошим молитвам, хорошему дождю, хорошему урожаю и всему прочему. Что касается духовного уровня – там уже воздействие намного сильнее.

ТВОРЦА – НЕТ!
СОЗДАЮ – ЕГО В СЕБЕ

Моше продолжает:

/10/ А Я ОСТАВАЛСЯ НА ГОРЕ, КАК В ДНИ ПРЕЖНИЕ, СОРОК ДНЕЙ И СОРОК НОЧЕЙ, И УСЛЫШАЛ МЕНЯ БОГ И НА ЭТОТ РАЗ: НЕ ЗАХОТЕЛ БОГ ПОГУБИТЬ ТЕБЯ. /11/ И СКАЗАЛ МНЕ БОГ: «ВСТАНЬ, ОТПРАВЛЯЙСЯ В ПУТЬ ВПЕРЕДИ НАРОДА, И ПРИДУТ ОНИ, И ОВЛАДЕЮТ СТРАНОЙ, КОТОРУЮ Я ПОКЛЯЛСЯ ОТЦАМ ИХ ДАТЬ ИМ».

Начиная с этого момента и далее, народ движется вперед к покорению вершины мира, то есть идет сквозь эгоизм с новыми указаниями.

«Вы сможете исправить свой эгоизм, сможете себя переделать и стать достойными состояния Земля Израиля. Земля (эрец) происходит от слова рацон – желание, Исра Эль – прямо к Творцу. Вы достигнете правильных состояний, полного слияния со Мной при условии, что будете выполнять Мои заповеди на протяжении всего пути, который Я указываю вам».

Оставался на горе сорок дней и сорок ночей означает духовное состояние, уровень бины.

Перед входом в Землю Израиля сказано:

/12/ А ТЕПЕРЬ, ИЗРАИЛЬ, ЧЕГО БОГ, ВСЕСИЛЬНЫЙ ТВОЙ, ТРЕБУЕТ ОТ ТЕБЯ? ТОЛЬКО СТРАХА ПРЕД БОГОМ, ВСЕСИЛЬНЫМ ТВОИМ, ИДТИ ВСЕМИ ПУТЯМИ ЕГО, И ЛЮБИТЬ ЕГО, И СЛУЖИТЬ БОГУ, ВСЕСИЛЬНОМУ ТВОЕМУ, ВСЕМ СЕРДЦЕМ ТВОИМ И ВСЕЙ ДУШОЙ ТВОЕЙ.

Есть только одна система, которая всем управляет, которая держит все в себе, поэтому эгоизм должен быть направлен на то, чтобы держаться в страхе относительно этой силы.

Что значит – в страхе? Все свои желания подчинить этой системе. Но если эта система всем управляет, если она такая огромная, и я нахожусь в ее подчинении, если она полностью пронизывает меня, зачем вообще нужны указания Творца?! Ведь все находится в Его руках.

Дело в том, что я должен выполнить Его указания сознательно, в состоянии, когда Он от меня скрыт. Вот в чем фишка! Творец скрыт, я не вижу, что Он действует, что Он управляет. Мне надо все сделать самому, то есть из себя: вопреки всем помехам, я должен достичь такого состояния, что точно понимаю: всем управляет Творец, хотя Его нет!

Творца нет, то есть я создаю Его в себе.

Хорошо понимаю людей, которые мучаются от того, что не осознают своих действий. Но это и есть наука каббала, это и есть истина. Постепенно частички общей души, которые ощущают такое состояние и могут его реализовать, проведут высший свет на остальных.

Он подействует на них, и в итоге, как сказано, «Все узнают Меня от мала до велика».

Написано, что Творец требует от тебя только страха пред Богом. Как можно бояться того, что для меня не существует. Кроме игры, повторения заученных фраз, ничего тут нет.

Страх, о котором идет речь, – это не животный страх. Более того, сам я не в состоянии пугать себя, и вообще это неправильное отношение к Творцу, к Высшей силе.

Наоборот, говорится, что Он – абсолютная и совершенная сила. Он наполняет все и является бесконечно добрым.

СНИЗУ ВВЕРХ ИДЕШЬ ВПОТЬМАХ?

Систему взаимоотношений, которая будет называться Высшим миром или Творцом, я сам должен искусственно создать из себя и своих товарищей, построить ее подъемом снизу вверх. Она должна пройти проверку истинности и действительно совпасть с системой, созданной Творцом нисхождением сверху вниз.

В мере совпадения двух систем происходит совмещение: высшая помещается в низшую и возникает ощущение одного единого целого.

Высшая система это высший свет, который таким образом включается в нас.

Низшая система – это система наших правильных взаимоотношений, которые должны соответствовать высшему свету. Хотя вся наша система состоит из низких, грубых желаний, мы должны уподобить ее свету Творца. Тогда он наполнит ее, – и в результате совместятся высший и низший миры. Это состояние и считается исправлением.

Выходит, снизу вверх ты идешь впотьмах…

Но есть скрижали – указания, инструкции.

И самое главное, есть твой эгоизм, который все время останавливает тебя, путает. Благодаря ему, обращаешься к Творцу и получаешь от Него какую-то помощь. С одной стороны (с левой), эгоизм отталкивает тебя от Творца, с другой стороны, показывает, что тебе нужна помощь справа.

Эти две силы: одна – против, другая – за (хотя обе они – за), – продвигают тебя вперед. Надо только научиться правильно пользоваться ими.

Если случится даже самое маленькое отклонение от правильного курса, то от встречи с Творцом оно уводит совсем в другую сторону? Ведь движение идет и снизу, и сверху, ему навстречу.

Дело в том, что минимальный градус отклонения постоянно корректируется. Когда мы включаемся друг в друга – это самая первая ступень, а потом начинается ее исправление с более высокой точностью.

Какое место занимает страх в движении снизу вверх?

Страх – не угадать желание Творца и сделать нечто, что доставит огорчение людям и Ему. Такое состояние должно быть у каждого из нас.

ГЛАВА «ВСЛЕДСТВИЕ»

Огорчение людям – что это значит?

Огорчение людям в том, что они ощутят себя несовершенными, возникнет чувство взаимного стыда, которое будет жечь их. Поэтому надо пытаться сделать так, чтобы отношения между нами стали подобными отношению Творца к нам.

Написано, «идти всеми путями Его и любить Его, и служить Богу, Всесильному твоему».

Нечего Ему служить, если Он – Абсолют. Ему ничего не надо. Что ты дашь Ему? Он – совершенен!

Надо служить только людям: направлять их, создавать для них Высший мир.

Разве не проявляется эгоизм в том, что я служу людям?

Люди не знают, что ты им служишь. Кто им скажет?

В высшей системе все так устроено, что если мои помыслы эгоистичны, то я, во-первых, не смогу ничего сделать в духовном, и во-вторых, буду получать от людей только помои на голову.

Причем, даже если я буду правильно поступать и бескорыстно все делать для них, они будут лить на меня все, что угодно. И таким образом стеречь меня от зазнайства, от гордыни. За что им большое спасибо!

Если окружающие не ругают меня, то это проблема! Это наказание Творца.

ОСНОВА ВСЕГО – СТРАХ

Глава «Экев» – «Вследствие» – практически обобщает весь путь, который прошли сыны Израиля. «Экев» означает, что вследствие выполнения законов Творца будет хорошо вам в том месте, куда входите, и в стране, текущей молоком и медом, все сложится замечательно.

Единственное, что необходимо, – только страх перед Богом Всесильным твоим. Больше ничего! Основой всего является страх перед Творцом!

Да, мы уже говорили о трепете перед Творцом, о том, что это – не животный страх. Это, наоборот, выше. Страх перед Творцом не означает страха за себя, ощущение направлено в другую сторону.

Трепет перед Творцом – это состояние, в котором человек действительно солидарен с программой и целью творения и желает воплотить ее. Для него неважно, на каких условиях работать.

Главное – проникнуться этой идеей, чтобы она стала самым важным в жизни, вопреки любым помехам.

Но в любом случае человеческий страх – это обязательная точка, чтобы мы могли почувствовать, что такое трепет?

Дело в том, что именно на трепете мы строим наше отношение к духовному и по-другому не можем.

Ведь существовать в духовном мы не в состоянии и называемся творениями, что на иврите означает находящийся не в духовном, то есть не в настоящем мире.

Мы находимся вне Высшего мира, благодаря чему во время раскрытия, постигая его полностью, мы достигаем равенства с Творцом и при этом остаемся творениями. Получается, что мы состоим из двух противоположных частей всего существующего.

Трепет, который в нас возникает на этом этапе, – это не страх за себя, как было вначале, а трепет: – как мне действительно реализовать программу творения, находиться в ней, причем так, чтобы никоим образом это не соотносилось со мной лично.

Сама по себе эта идея настолько высока и прекрасна, что должна быть в абсолютном отдалении от всего, существовать сама по себе.

Психологи насчитывают более 800 видов животного страха. Почему их так много?

В человеке существует 613 желаний, значит, можно классифицировать 613 видов страха по количеству наших желаний, которые не наполнены. Кроме того, есть производные от них, когда несколько желаний вместе или порознь разделяются или соединяются между собой.

Человек – это существо, которое постоянно боится не наполниться. И чем больше он боится, тем он опаснее. Все великие гангстеры, злодеи, воры, убийцы возникли из страха, а вовсе не от уверенности в себе. Вся их бравада – показная, чтобы перекрыть свой страх. Иначе они бы были спокойны.

Уверенный в себе человек – не двигается. Ему неважно, что происходит где-то, с кем-то, он абсолютно самодостаточен. В основе действий любого активного человека лежит страх, чаще всего даже не осознанный.

Каббала говорит о том, что страх может быть полезным и хорошим, но при условии, что ты направляешь его не в свою сторону, а на других, что у тебя есть страх не суметь наполнить их, отдать им.

Именно таким образом 613 страхов – желаний превращаются в 613 видов трепета. Иного пути избавиться от страхов нет, потому что весь материал творения базируется только на желании наполниться, на желании получать. И когда смотришь на героев, вождей, руководителей народов, то понимаешь, что всеми ими подсознательно управляет страх.

И МЗДЫ ТВОРЕЦ НЕ БЕРЕТ

Написано:

/16/ УДАЛИТЕ ЖЕ ЧЕРСТВОСТЬ СЕРДЦА ВАШЕГО И НЕ УПРЯМЬТЕСЬ БОЛЕЕ.

Удалить черствость сердца – обрезать край сердца своего, потому что входишь в состояние Эрец Исраэль, в котором должен раскрыть свое сердце для полного исправления.

Что значит, обрезать край сердца? Удалить из него те желания, которые невозможно исправить. В этом заключается смысл любого обрезания. Правильное кли (сосуд), или душа, состоит из десяти сфирот. Каждый раз мы можем исправить только определенную часть. Остальное – то, что в данный момент не подлежит исправлению, обрезается и не используется до определенного времени.

Высший свет, удалив обрезанную часть, защищает ее, чтобы мы не касались того, что сейчас исправить невозможно. Таким образом, я могу быть спокоен, что никогда не ошибусь и не начну использовать те желания, на которые у меня нет силы исправления.

Свет производит все действия: и наполнение, и обрезание, то есть в данном случае действует, как нож. Так мы говорили, например, о воде, которая может быть и потопом, и спасением.

Сказано: «Удалите же черствость сердца вашего и не упрямьтесь более». В чем тут упрямство?

Упрямство заключается в том, что вместо того, чтобы повысить свою чувствительность к тому, что может исправить, и в соответствии с этим действовать, человек топчется на одном месте.

Надо пытаться связаться с высшим светом хасадим, чтобы он разбавил твои свойства и дал тебе возможность увидеть, как лучше использовать их.

Когда входишь в Эрец Исраэль, начинаешь работать с жесткими, очень тяжелыми свойствами получения. Земля Израиля – самая тяжелая часть общей малхут, общих желаний, и работать в них совсем не просто.

Поэтому говорится: «Не упрямьтесь», – то есть не будьте упрямыми, жестоковыйными, а попытайтесь разбавить свойством хасадим, словно водой, эти огромные, очень тяжелые для исправления желания. И тогда увидите, что можно постепенно работать с ними.

Дальше говорится:

/17/ ИБО БОГ, ВСЕСИЛЬНЫЙ ВАШ, – ВСЕСИЛЬНЫЙ Бог БОГОВ И ВЛАДЫКА ВЛАДЫК, ВСЕСИЛЬНЫЙ Бог ВЕЛИКИЙ, СИЛЬНЫЙ И СТРАШНЫЙ, КОТОРЫЙ НЕ ЛИЦЕПРИЯТСТВУЕТ И МЗДЫ НЕ БЕРЕТ.

Не купить Творца, и мзды Он не берет, – ничего нельзя сделать с Творцом, в отличие от царей, руководителей или чиновников.

К Творцу можно идти только от чистого сердца, то есть без всякого отношения к себе, когда точно можешь сказать, что не предлагаешь никакой взятки. Себя и все, что может относиться к тебе, ты полностью исключаешь из всяких последствий.

Тогда не остается никакого стимула кому-то давать или предлагать что-то. У тебя появляются абсолютно чистые желания и мысли. И ты можешь заниматься Торой, то есть настоящим исправлением.

Наш мир построен на полном обмане себя и других, и поэтому мы не чувствуем в нем никаких духовный явлений. Постоянно все покупается, только так и никак иначе мы можем существовать. Если б мы могли действовать хоть в чем-то прямо и честно, то сразу же обнаружили бы себя в Высшем мире.

КОМУ НУЖНЫ ЭТИ ПРИШЕЛЬЦЫ?

Продолжаем:

/18/ ОН ТВОРИТ СУД СИРОТЫ И ВДОВЫ И ЛЮБИТ ПРИШЕЛЬЦА, ДАВАЯ ЕМУ ХЛЕБ И ОДЕЖДУ.

Сирота, вдова, пришелец – имеется в виду нечто постороннее, что совершенно не бросается в глаза. Именно на такие желания, которые кажутся самыми неважными, человек должен обращать внимание и их исправлять. Там точно увидишь свою работу с Творцом, будешь вместе с Ним.

Это проявляется, в чем угодно. То, что кажется важным тебе, твоему эгоизму, неважно Творцу. И наоборот, то, что отторгаемо, даже презираемо твоим эгоизмом, является именно теми свойствами, с помощью которых связываешься с Творцом. Так можно проверить себя: во всем, что лежит вне твоего интереса, находится Творец. Там нет твоих желаний!

Потому мы и не находим Высший мир. Ведь он обнаруживается в тех желаниях, которые могут проявиться в нас, но будучи направленными не к нам.

И далее:

/19/ ЛЮБИТЕ ЖЕ И ВЫ ПРИШЕЛЬЦА, ИБО ПРИШЕЛЬЦАМИ БЫЛИ ВЫ В СТРАНЕ ЕГИПЕТСКОЙ.

Вы должны уделять особое внимание проявлению новых свойств, совершенно не важных вам, но именно они могут увлечь вас вверх, вперед, дальше от животного тела.

С помощью новых высших желаний, возникающих во мне как посторонние (пришельцы), я смогу действительно продвинуться в сторону Эрец Исраэль.

Эти желания приходят и ощущаются мною как не мои. Они посещают меня и раскрываются во мне, как ненужные. Кому нужны эти пришельцы?

Таким образом на внешних примерах нашей жизни Тора рассказывает о внутренних свойствах человека, о том, что в нем происходит, когда он выявляет в себе такие действия.

Можно объяснить это на примере отношений в группе. Вся группа увлечена движением вперед:

товарищи горят, хотят выяснить новые состояния – тогда на перекрестках взаимоотношений между ними возникают новые свойства: возможность отдачи, любви, сопряжения, соприкосновения.

Появляются совершенно новые чувства к тем людям, которые были безразличны, ты даже пренебрегал ими, презирал их. Вдруг чувствуешь к ним любовь, как к своим детям, и тягу, и заботу, и трепет. Отсюда и идут эти желания, называемые сироты.

Постепенно проявляется чувство, будто обнимаешь всех, находишься вместе со всеми, заботишься о них, держишь каждого на руках, как младенца. И получаешь от этого наслаждение больше, чем в отношении своих детей. Ведь мои дети – это то, что я имею на земном уровне. А здесь я уже поднимаюсь в духовное.

ПРИКУПИЛИ ГОЛОВУ В ЕГИПТЕ

Написано:

/22/ СЕМЬДЕСЯТ ЧЕЛОВЕК НАСЧИТЫВАЛИ ОТЦЫ ТВОИ, КОГДА СОШЛИ ОНИ В ЕГИПЕТ, А НЫНЕ СДЕЛАЛ ТЕБЯ БОГ, ВСЕСИЛЬНЫЙ ТВОЙ, МНОГОЧИСЛЕННЫМ, КАК ЗВЕЗДЫ НЕБЕСНЫЕ.

Когда сыны Израиля сошли в Египет, то были всего лишь «семидесятниками», что называется. Это был целый парцуф, но в малом состоянии. ВАК: хэсэд, гвура, тифэрэт, нэцах, ход, есод, малхут – семь умножить на десять получается семьдесят человек. Парцуфу не хватало головы, то есть огромного фараоновского желания, которое они прикупили в Египте.

Выйдя из Египта, народ был уже в состоянии собрать себя в полную душу. Фараон добавил им желание, то есть дал тяжелую работу. Они начали задумываться: для чего жить, что делать с собой, как соединиться над всевозрастающим эгоизмом?

Эти мысли и есть добавление головы?

Да. В Египте начались серьезные склоки, ссоры, – фараон находился постоянно между ними. Эгоистическая сила росла и все время разбивала их между собой. И возникло такое состояние, что некуда было деваться, кроме как сближаться друг с другом.

Однако они не смогли подняться над своим эго и в итоге поняли, что в Египте объединиться не смогут, поэтому вынуждены были оставить фараона, то есть убежать из Египта. Это и называется, что у них появилась голова.

Бней Исраэль размножались и увеличивались именно потому, что рос эгоизм? Находясь в Египте, нужно было от состояния 70 человек дойти до 600 тысяч мужчин?

Здесь дело не в количественном прибавлении. В Торе говорится только лишь о парцуфе: маленькая душа, потом побольше, еще больше. Качество парцуфа зависит не от количества элементов, а от мощности эгоизма, который в ней собирается.

Невозможно выйти из Египта, не дойдя до критического состояния. Выход из Египта может быть совершен только, когда уже накопился абсолютно полный эгоизм, который видит, что ему нельзя справиться с собой.

Народ обязан начать действовать в направлении от себя. Находясь вместе со своим эгоизмом, с фараоном, с намерением ради себя, он никак не может от этого оторваться. Потому отрыв от намерения ради себя и производится с ним в египетской тьме с помощью десяти ударов. И только тогда народ выходит из Египта.

Появляется Моше – это значит, что к ВАК добавляется голова?

Сыны Израиля постепенно растут до такого состояния, когда среди них появляется Моше. Причем, появляется неожиданно, когда потребности в нем, может быть, еще нет.

Моше находится на уровне фараона и Творца, то есть между двумя линиями, левой и правой, возникает Моше, как способный вести за собой все остальные желания.

Еще раз прочитаем:

/22/ СЕМЬДЕСЯТ ЧЕЛОВЕК НАСЧИТЫВАЛИ ОТЦЫ ТВОИ, КОГДА СОШЛИ ОНИ В ЕГИПЕТ, А НЫНЕ СДЕЛАЛ ТЕБЯ БОГ, ВСЕСИЛЬНЫЙ ТВОЙ, МНОГОЧИСЛЕННЫМ, КАК ЗВЕЗДЫ НЕБЕСНЫЕ.

Находясь в духовном поиске, человек проходит определенные состояния. При этом увеличивается его эгоизм, то есть он все больше погружается в Египет. Он начинает воевать с эгоизмом, пытается подняться над ним под влиянием ударов фараона.

Так продолжается до тех пор, пока человек не получит много серьезных внутренних изменений. Среди них есть и неприятные: тревоги, страхи, всевозможные давления, – но именно они выталкивают его из эгоизма. И он уже видит другое состояние в себе, начинает понимать, как поступить, чтобы работать на отдачу и любовь.

Но это происходит постепенно в течение сорока лет путешествия в пустыне, после получения Торы и потом уже перед входом в Землю Израиля.

КАЖДЫЙ РАЗ МЕНЯЕМ ОБРАЗ

В главе «Вследствие» не раз говорится: «Если станете выполнять законы, которые Я даю, все будет у вас хорошо».
Но люди все время хотят обойти эти законы. Он же вновь и вновь предостерегает:

/2/ И ЗНАЙТЕ НЫНЕ, ЧТО НЕ СЫНЫ ВАШИ, КОТОРЫЕ НЕ ЗНАЛИ И КОТОРЫЕ НЕ ВИДЕЛИ ПРЕДУПРЕЖДЕНИЯ БОГА, ВСЕСИЛЬНОГО ВАШЕГО, – ЕГО ВЕЛИЧИЯ, ЕГО МОЩНОЙ РУКИ И ПРОСТЕРТОЙ МЫШЦЫ ЕГО, /3/ И ЗНАМЕНИЙ ЕГО, И ДЕЯНИЙ ЕГО, КОТОРЫЕ СОВЕРШИЛ ОН В ЕГИПТЕ, С ФАРАОНОМ.
/7/ НО СОБСТВЕННЫМИ ГЛАЗАМИ ВИДЕЛИ ВЫ ВСЕ ВЕЛИКОЕ ДЕЯНИЕ БОГА, КОТОРОЕ ОН СОВЕРШИЛ.

Говорится: «Не сыны, а вы». Что это значит?

Методика исправления, которую проходит человек, является одновременно общечеловеческой и личной, – нет никакой разницы между тем и другим. Каждый должен пройти всю историю от начала до конца, каждый должен побывать в образе Адама, Ноаха, Авраама и всех прочих персонажей.

На самом деле, речь идет о духовных ступенях, духовных образах каждого из нас. И мы должны их пройти, то есть войти в них, просуществовать и двинуться дальше.

Таким образом в нас постепенно воплотится вся Тора от начала сотворения и до последнего дня существования всей системы, которая станет глобальной настолько, что самые последние души сольются вместе с предшествующими, уже исправленными. И тогда вся система превратится в одну единую душу, называемую Адам.

Каждый из нас должен пройти всю эту цепочку преобразований в себе. Так и сказано, что и вы, и ваши дети, и внуки, – все проходят эти состояния.

Но говорится также: «И знайте, что не сыны ваши, которые не знали и не видели, а именно вы собственными глазами видели великое деяние Бога, которое Он совершил».

Предыдущие состояния называются отцы, будущие состояния – сыны. Человек должен раскрыть каждое из них, всякий раз принимая на себя новые обязательства, новые исправления и продвижение вперед к цели.

Когда говорится, «именно вы видели», – то имеется в виду именно та ступень, на которой вы сейчас находитесь.

Только из своего текущего состояния человек может понять, что относится к нему. Ведь каждый раз Тора говорит, обращаясь к каждому в данный момент именно на его уровне.

ГЛАВА «ВСЛЕДСТВИЕ»

И СКАЗКУ СДЕЛАТЬ БЫЛЬЮ

/10/ ИБО СТРАНА, В КОТОРУЮ ВСТУПАЕШЬ ТЫ, ЧТОБЫ ОВЛАДЕТЬ ЕЮ, НЕ КАК СТРАНА ЕГИПЕТСКАЯ ОНА, ИЗ КОТОРОЙ ВЫ ВЫШЛИ, ГДЕ ПОСЕВ, КОТОРЫЙ ТЫ ПОСЕЯЛ, ПОИЛ ТЫ С ПОМОЩЬЮ НОГ ТВОИХ, КАК ОГОРОД. /11/ СТРАНА, В КОТОРУЮ ВЫ ПЕРЕХОДИТЕ, ЧТОБЫ ОВЛАДЕТЬ ЕЮ, – СТРАНА ГОР И ДОЛИН, ОТ ДОЖДЯ НЕБЕСНОГО ПЬЕТ ОНА ВОДУ, /12/ СТРАНА, О КОТОРОЙ БОГ, ВСЕСИЛЬНЫЙ ТВОЙ, ЗАБОТИТСЯ ВСЕГДА, ГЛАЗА БОГА, ВСЕСИЛЬНОГО ТВОЕГО, НА НЕЙ ОТ НАЧАЛА ГОДА И ДО КОНЦА ГОДА.

Интересно, что здесь сравнивается страна египетская и страна, в которую вы сейчас входите, – Эрец Исраэль.

Страна египетская – это наша эгоистическая жизнь, которую человечество проживает в течение тысяч лет истории. Мы завоевываем право на существование физическим трудом, умом, разумом, как будто нет Творца в нашем мире.

Выход на следующую ступень нашего развития является совершенно иным.

Представьте себе человека, живущего в каменном веке, который видит, как сегодня мы разъезжаем на машинах, летаем на самолетах, используем плазменные технологии и робототехнику, делаем всевозможные операции, в том числе по пересадке органов. Все это покажется ему, конечно, совершенно невероятным.

С другой стороны, древние люди были очень продвинутыми в чем-то другом. Мы даже не представляем, насколько, в чем и чего лишились по мере расцвета цивилизации.

Начав развиваться материально, мы потеряли тот зачаток духовного развития, которым обладали древние народы в допотопные времена. В человеке исчезли состояния и ощущения природы, когда он инстинктивно чувствовал, что находится внутри нее, зависит от нее и понимает, что она говорит ему. Другими словами, природа для него была тем же, чем сегодня является для зверей, которые существуют в ней.

В будущем мы увидим совершенно иную картину, чем представляется сегодня. Мы начнем осваивать высшую природу с помощью равновесия между положительной и отрицательной силой. Привлекая в наш мир положительную силу добра, любви, связи, мы будем уравновешивать ею отрицательную силу, которая раздирает нас на части, взаимно отдаляет друг от друга.

Равновесие между этими двумя силами даст нам раскрытие совершенно нового уровня существования, который называется духовным, или высшим. Достигнув его, мы станем управлять всем творением, всей природой, более того, начнем ощущать глубинные слои природы, которые вообще не относятся к нашему миру.

Наш земной мир – это то, что нам кажется только в одной очень маленькой, левой системе управления. Когда приходит правая система управления (отдающая, связывающая) и увязывается с левой, то есть идет по средней линии, тогда мы раскрываем перед собой совершенно новый объем мироздания, вечный и совершенный, – в нем мы и начинаем существовать.

Состояние, которое раскрывается при этом, называется Эрец Исраэль – Земля Израиля. Мы стремимся к тому, чтобы действовать только через эту единую силу и существовать в мире двух сил.

Сейчас уже постепенно возникает ощущение, что мир может работать совершенно на другой энергии, отличной от грубой энергии с очень маленьким коэффициентом полезного действия: дрова, уголь, нефть, газ – все то материальное, что с большим трудом мы достали из земли.

В настоящем мире действуют совершенно другие силы. Они будут доставаться нам как будто бесплатно. С помощью внутренних усилий вдруг перед нами появится все, как в сказке, – захотел, посмотрел и получилось.

ТАЙНА СРЕДНЕЙ ЛИНИИ

Очень поэтично написано дальше:

/11/ СТРАНА, В КОТОРУЮ ВЫ ПЕРЕХОДИТЕ, ЧТОБЫ ОВЛАДЕТЬ ЕЮ, – СТРАНА ГОР И ДОЛИН, ОТ ДОЖДЯ НЕБЕСНОГО ПЬЕТ ОНА ВОДУ...

Имеются в виду не физические, конечно, образы.

Вода, то есть оживляющая сила, – свет хасадим, которого не хватает, чтобы все оживить. Свет хохма (свет знания, силы) – очень сильный, грубый, жесткий. Облачаясь в свет хасадим (свет милосердия, взаимной связи), он соединяет правую и левую линию.

В итоге они дополняют друг друга так легко и просто, так взаимодействуют между собой, что мы начинаем ощущать себя существующими в ином измерении. Не имеется в виду измерения нашего мира, потому что практически пропадают все физические ощущения: меры, расстояния, тяжесть и высота, – ничего этого нет.

Появляется совершенно другая мера. Уровень правильного взаимодействия, когда ты растворяешься в двух противоположных силах, идешь по средней линии между ними, – и тебе все раскрывается само собой.

Что такое «страна гор и долин»? Почему именно так сказано о ней?

Горы – говорится относительно высоты света хохма, долины – распространение света хасадим. Обе меры должны быть уравновешены между собой, поэтому все время говорится вместе: «страна гор и долин».

Бог, Всесильный твой, всегда заботится об этой стране:

ГЛАЗА БОГА, ВСЕСИЛЬНОГО ТВОЕГО, НА НЕЙ ОТ НАЧАЛА ГОДА И ДО КОНЦА ГОДА.

Если человек находится в стремлении к средней линии, у него не будет недостатка ни в правой, ни в левой линии. Он всегда сможет уравновесить их между собой и объединить в среднюю линию.

От начала и до конца года означает границы начала и конца, которые закрывает человек. У него никогда нет незаконченных дел, он всегда будет видеть конец своего труда.

Правая линия придет на помощь левой и уравновесит ее в среднюю линию. Средняя линия измерит себя правильно, чтобы быть не в полную свою высоту, а только в две трети – ВАК, так называемый. И только таким образом человек может правильно продвигаться.

Все измерения предстанут перед человеком, и он никогда не ошибется в своих расчетах, потому что точно идет за Всесильным. Это и есть тайна средней линии, которой нам надо овладеть.

ДОЖДЬ РАННИЙ И ДОЖДЬ ПОЗДНИЙ

Продолжаем читать главу «Вследствие»:
/13/ И ВОТ, ЕСЛИ ПОСЛУШАЕТЕСЬ ЗАПОВЕДЕЙ МОИХ, КОТОРЫЕ Я ЗАПОВЕДУЮ ВАМ СЕГОДНЯ, ЧТОБЫ ЛЮБИЛИ ВЫ БОГА, ВСЕСИЛЬНОГО ВАШЕГО, И СЛУЖИЛИ ЕМУ ВСЕМ СЕРДЦЕМ ВАШИМ И ВСЕЙ ДУШОЙ ВАШЕЙ, /14/ ТО ДАМ Я ДОЖДЬ СТРАНЕ ВАШЕЙ В СРОК: ДОЖДЬ РАННИЙ И ДОЖДЬ ПОЗДНИЙ, И СОБЕРЕШЬ ТЫ ХЛЕБ ТВОЙ, И ВИНО ТВОЕ, И ОЛИВКОВОЕ МАСЛО ТВОЕ, /15/ И ДАМ Я ТРАВУ НА ПОЛЕ ТВОЕМ ДЛЯ СКОТА ТВОЕГО, И БУДЕШЬ ЕСТЬ И НАСЫЩАТЬСЯ.

Существует ночь и день. Все начинается с вечера, с ночи, когда проявляются новые возможности, новые неисправленные, жесткие желания, когда исчезает солнце, свет жизни. И человек одновременно с этим почти умирает, ложится спать, то есть отключается от действительности.

Эта аллегорическая картина показывает нам то же самое, что происходит и с временами года, и с природой, и с человеком в течение его жизни: рождение, зрелые годы становления и затем постепенное нисхождение.

Так же можно сказать и о наших духовных ступенях. Мы всходим на них, реализуем себя и нисходим, чтобы подняться на следующую ступень. И если в нашей жизни мы не видим продолжения, может быть, за исключением смены четырех времен года, то в духовной жизни четко ощущаем стадии распространения высшего света.

Все исходит из пяти стадий. Первая стадия – самая важная, корневая, а затем идут остальные четыре. В нашем мире смена четырех времен года происходит в соответствии с высшими корнями, высшим стандартом. И в духовной жизни, на каждой духовной ступени есть четыре стадии ее реализации.

ДАМ Я ДОЖДЬ СТРАНЕ ВАШЕЙ В СРОК: ДОЖДЬ РАННИЙ И ДОЖДЬ ПОЗДНИЙ

Что такое: дождь ранний и дождь поздний? Йорэ вэ-малхош – на иврите.

Йорэ – это первый дождь, малхош – последний. Не только в начале и в конце, но и все дожди между ними пройдут вовремя.

После последнего дождя наступает жаркое лето, все высыхает. Так должно быть в природе: для того, чтобы обновиться, необходим и такой период тоже.

Если человек правильно существует в этих стадиях, то чувствует себя абсолютно комфортно в любой период. Он правильно себя ведет, – и нет у него никакой особой зависимости ни от зимы, ни от весны, ни от осени, ни от лета, – всегда хватает всего.

Человек понимает, что этот кругооборот необходим, чтобы постоянно продвигаться вперед вращательно-поступательным движением. Как крутятся небесные тела вокруг солнца, так и мы должны крутиться – реализовать свои решимот и подниматься.

Первый дождь, последний дождь и связь между ними через зиму или лето необходима именно для того, чтобы привести или ор хасадим (свет хасадим) на нашу землю, то есть на наши желания, и исправить их, или ор хохма (свет хохма).

Дождь первый – это дождь хасадим, который необходим, чтобы снова приблизиться к началу года.

ЧТОБ НЕ ЗАМКНУЛ ОН НЕБЕСА

/16/ БЕРЕГИТЕСЬ, ЧТОБЫ НЕ ОБОЛЬСТИЛОСЬ СЕРДЦЕ ВАШЕ, И НЕ СОШЛИ ВЫ С ПУТИ, И НЕ СЛУЖИЛИ БОГАМ ЧУЖИМ, И НЕ ПОКЛОНЯЛИСЬ ИМ.

Постоянно следуют предупреждения!

Да, необходимы такие состояния. Когда человек получает раскрытие нового эгоизма, то новая ступень всегда выглядит порочной, неисправленной, потому что каждая ступень является одной из частей разбитого кли (сосуда), разбитой души.

Неисправленное состояние является как бы олицетворением вечера, ночи. Затем наступает исправление – день и получение света в уже исправленное состояние. Когда человек проходит эти стадии и ему что-то удается, то возникает следующая ступень, и его эгоизм тут же говорит: «Ты можешь сам, смотри, какой ты молодец – сам исправился».

Тогда получается, что очень трудно правильно адаптировать следующую ступень и начинать работать с ней. Снова в человеке возникает змей, его «я». Он может проявиться как с плохой стороны, так и с хорошей, но всегда это – он.

Можно ли считать признаком следующей ступени, когда проявляется в человеке его «я»?

Естественно. Все начинается с ночи, но нам трудно понять, что это начало следующей ступени.

Продолжаем:

/17/ ЧТОБЫ НЕ ВОЗГОРЕЛСЯ ГНЕВ БОГА НА ВАС, И ЗАМКНЕТ ОН НЕБЕСА, И НЕ БУДЕТ ДОЖДЯ, И ЗЕМЛЯ НЕ ДАСТ УРОЖАЯ СВОЕГО.

Если человек свернет с духовного пути, то не получит света хасадим, не сможет правильно пользоваться своим эгоизмом.

Он останется без света хасадим – без воды, без дождя. И выжжет его солнце, которое будет для него не светом жизни, а испепеляющим зноем. При таком отношении к жизни, к миру, к своей миссии человек просто иссохнет. Это то, что происходит с людьми сегодня.

На каждой новой ступени ощущается состояние тупика?

Тупик должен продолжаться не больше одного мгновения. Необходимо осознать его и идти дальше. Сказано, что «нет праведника в мире, который бы не оступился». На каждой ступени он оступается и идет дальше, снова оступается и опять продвигается.

Человек начинает подниматься только через осознание своего эгоизма. Он должен пройти нижнюю точку бифуркации, в которой полностью отрицает Творца и абсолютно ни с чем не согласен! Он полностью окунается в самый крайний эгоизм, становится злостным нарушителем всех законов, то есть входит в состояние, абсолютно противоположное высшему состоянию праведника.

Это касается только тех, кто продвигается, остальные не достигают этой точки?

Естественно! Обычный народ вообще не испытывает ничего подобного. Более того, он не только не понимает их, но даже не способен предположить, в каких состояниях находятся праведники.

Человек, который стремится к духовному развитию, может радостно воспринять эту нижнюю точку, потому что она является для него отправной точкой вверх. Хотя и проскакивает он ее непросто.

ПИШЕМ НОВУЮ ПРОГРАММУ

Далее:

/18/ ПОЛОЖИТЕ ЖЕ ЭТИ МОИ СЛОВА НА СЕРДЦЕ ВАШЕ И НА ДУШУ ВАШУ.

Все перемены, которые будут происходить, вы должны осознать, четко идти по ним, воспринимая каждое из них, как идущее от Творца, как необходимое для вашего продвижения.

С помощью таких состояний, которые являются как бы словами Творца, необходимо отформатировать свои сердце и разум, то есть перевести их в совершенно другие режимы работы.

Чтобы записать новую компьютерную программу, мы должны стереть прошлую. В духовном, продвигаясь вперед, мы также стираем в себе каждую предыдущую ступень и вместо нее записываем новую. Все наши эгоистические отношения к миру, к жизни, друг к другу мы должны постепенно переписать по-другому – в альтруистическом ключе. И сделать это нам предстоит самостоятельно.

Описывается красиво, конечно: «Положите же Мои слова на сердца ваши и на душу вашу». Можно сказать иначе: «Мою программу отдачи и любви запишите на ваше эгоистическое сердце!».

Сделать это совсем непросто. И сердце не желает воспринять, и программа не может мгновенно лечь на сердце!

И ПОВЯЖИТЕ ИХ КАК ЗНАК НА РУКУ ВАШУ.

Имеется в виду тфилин, который надевается на слабую левую руку, чтобы укротить эгоизм. Левая рука – берущая, правая – дающая.

Речь идет об исправлении человека на его высшей духовной ступени. Это уровень очень высокий – Арих Анпин мира Ацилут, исправление. В нашем мире есть тфилин Яаков, тфилин Рахель, тфилин Лея, тфилин Исраэль.

И следует продолжение:

И ДА БУДУТ ОНИ ЗНАКАМИ МЕЖДУ ГЛАЗАМИ ВАШИМИ.

Глаза – это свойство уровня хохма в головной части мира Ацилут, то есть очень высокие исправления.

Чтобы достичь таких состояний, надо действительно серьезно работать над собой.

Но есть еще и вспомогательные связи, которые помогают решить, реализовать общую программу путем записи новой программы на наши желания.

Не создано ничего, кроме желания. Высший свет как лазер записывает новую программу поверх прошлой, при этом не исключая ее. Другими словами, весь наш эгоизм остается, но начинает работать в другом режиме. Тут имеется в виду, что вся атрибутика: тфилин, талит и прочее, – это на самом деле духовные связи, которые мы должны восстановить между собой на нашем разбитом желании.

Помогает ли в духовном продвижении материальная атрибутика?

К сожалению, только отвлекает. Почему «к сожалению»? Дело в том, что в этом случае человек думает, что он все выполняет через физические действия.

Если выполнение заповедей на материальном уровне параллельно сопровождается объяснением, почему надо так делать, что за этим скрывается, то тогда соблюдение их напоминает человеку о его внутренних возможностях, о том, как реализовать исправления, – и это хорошо.

Но если человек думает, что, повязав коробочки тфилина, он уже выполнил заповедь, то это – плохо.

/19/ И УЧИТЕ ИМ СЫНОВЕЙ ВАШИХ ПРОИЗНОСИТЬ ИХ, СИДЯ В ДОМЕ СВОЕМ, И ИДЯ ДОРОГОЮ, И ЛОЖАСЬ, И ВСТАВАЯ.

Как это можно пояснить?

Сыновья ваши – так называются следующие духовные состояния. Учить их – переписывать на следующие состояния то, что ты сделал, самообучаться и идти дальше.

Учите их во всех случаях, находясь и в малом духовном состоянии, и в большом.

Малое состояние называется горизонтальным: ты лежишь. Большое: – встаешь – это высокое состояние. Идти дорогой, то есть – находиться в процессе духовного подъема.

Иначе говоря, в любых состояниях вы должны помнить об условиях Творца и выполнять их.

/20/ И НАПИШИ ИХ НА КОСЯКАХ ДОМА СВОЕГО И НА ВОРОТАХ СВОИХ.

Человек должен реализовать заповеди Творца не только внутри себя, но и на всевозможных внешних проявлениях своего эгоизма.

Косяк дома и ворота, и другие ограждения – это те наружные ограничения, которые существуют вокруг твоих внешних желаний.

Желания идут изнутри наружу: моха, ацамот, гидим, басар вэ-ор – мозг, кости, жилы, мясо и кожа. Потом следует дом, двор, ограждения вокруг них и далее уже поле, пустыня и другое.

Все это – желания. Все находится внутри человека, так он создан. Внешне он тоже должен окружить себя такой атрибутикой, такими знаками, чтобы помнить об этом. Например, принято целовать мезузу, чтобы напомнить человеку о его внутренних проблемах, которые еще не решены и которые он должен исправлять.

Проблема в том, что мы не объясняем людям, что означают заповеди. Было бы хорошо рассказать, что все это только знаки того, что человек должен исправлять свое сердце. А так как мы этому не учим, то народ удовлетворяется тем, что физически, механически выполняет заповеди и при этом считает себя праведником. И значит, ничего ему больше не надо делать, он не желает учиться и слушать, что говорит наука каббала.

Надо обучать народ и тому, и другому одновременно, не замещая одно другим.

/21/ ДАБЫ ПРОДЛИЛИСЬ ДНИ ВАШИ И ДНИ СЫНОВ ВАШИХ НА ЗЕМЛЕ, КОТОРУЮ БОГ ПОКЛЯЛСЯ ОТЦАМ ВАШИМ ДАТЬ ИМ, – КАК ДНИ НЕБА НАД ЗЕМЛЕЙ.

Что имеется в виду?

«Дабы продлились дни» означает постоянное возвышение до мира Бесконечности. Надо подняться по 125 ступеням, чтобы полностью завладеть этой страной. Все огромное желание, которое находится внутри человека, он должен раскрыть, проявить, исправить и существовать в нем уже на совсем ином уровне.

НЕ БОЙСЯ СВОИХ ВРАГОВ

Практически мы заканчиваем главу «Вследствие».
/22/ И ЕСЛИ СТРОГО СОБЛЮДАТЬ БУДЕТЕ ВСЕ ЗАПОВЕДИ ЭТИ, КОТОРЫЕ Я ЗАПОВЕДУЮ ВАМ ИСПОЛНЯТЬ, ЧТОБЫ ЛЮБИЛИ ВЫ БОГА, ВСЕСИЛЬНОГО

ВАШЕГО, И ШЛИ ВСЕМИ ПУТЯМИ ЕГО, И ПРИЛЕПИЛИСЬ К НЕМУ...

Прилепились: двекут – слияние с Творцом.

/23/ ТО ИЗГОНИТ БОГ ВСЕ НАРОДЫ ЭТИ ПЕРЕД ВАМИ, И ИЗГОНИТЕ ВЫ НАРОДЫ, КОТОРЫЕ МНОГОЧИСЛЕННЕЕ И СИЛЬНЕЕ ВАС.

Изгнать народ – значит, исправить все свои внутренние эгоистические желания, которые называются «70 народов мира».

/24/ КАЖДОЕ МЕСТО, НА КОТОРОЕ СТУПИТ НОГА ВАША, ВАШИМ БУДЕТ – ОТ ПУСТЫНИ И ЛИВАНА, ОТ РЕКИ ЭТОЙ, РЕКИ ЕВФРАТ, И ДО МОРЯ КРАЙНЕГО БУДУТ ГРАНИЦЫ ВАШИ.

Имеются в виду все свойства, которые заключаются внутри так называемой Земли Израиля – от Нила до Евфрата.

Это и могут быть материальные границы Эрец Исраэль?

Не думаю, что вообще будут какие-то материальные границы: сказано, что Эрец Исраэль распространится на весь мир. Все человечество обретет высокие духовные свойства и поэтому будет существовать в условиях, которые называются Земля Израиля.

Земля – на иврите эрец – желания. Исраэль (яшар эль, исра эль) – прямо к Творцу. То есть Эрец Исраэль – желания, направленные прямо к Творцу. Таким образом, Высшая сила будет проявляться во всех наших желаниях.

Границы в Торе даются конкретно для того источника, через который в мир приходит Высшая сила. Затем она будет разливаться по всему миру, по всем желаниям.

После входа в Эрец Исраэль уже начинается новый этап?

Далее Тора не говорит ни о чем, речь идет только о первой ступени исправления. И если человек ее исправил, то дальше уже будет действовать правильно.

И последние три строки:

/25/ НИКТО НЕ УСТОИТ ПЕРЕД ВАМИ, СТРАХ И УЖАС ПЕРЕД ВАМИ НАВЕДЕТ БОГ, ВСЕСИЛЬНЫЙ ВАШ, НА ВСЮ СТРАНУ, ПО КОТОРОЙ ПРОЙДЕТЕ ВЫ, КАК ОБЕЩАЛ ОН ВАМ.

То есть не бойся никаких своих желаний, которые в тебе восстают, которые тебе кажутся несбыточными и страшными. Страхи и все, что рисует тебе твой неисправленный эгоизм, ничего не стоят. Это все необходимо только для того, чтобы ты смог вызвать еще большее явление высшего света, уравновесить неисправные желания и таким образом подняться выше.

Специально возникают такие огромные желания, которые очень трудно исправить. Но исправляя их, человек поднимается, действительно, в мир Бесконечности.

Но если он поднимается, то перед ним будут расступаться все народы?

Да. Так случается именно тогда, когда человек правильно понимает, как привлечь высший свет.

Глава «Смотри»

ПОЧЕМУ «СМОТРИ», А НЕ «СЛУШАЙ»?

Глава Торы «Рээ» – «Смотри» – начинается так: СМОТРИ, Я ПРЕДЛАГАЮ ВАМ СЕГОДНЯ БЛАГОСЛОВЕНИЕ И ПРОКЛЯТИЕ. БЛАГОСЛОВЕНИЕ – ЕСЛИ ПОСЛУШАЕТЕ ЗАПОВЕДЕЙ БОГА… А ПРОКЛЯТИЕ – ЕСЛИ НЕ ПОСЛУШАЕТЕ… И СОЙДЕТЕ С ПУТИ, КОТОРЫЙ Я УКАЗЫВАЮ ВАМ СЕГОДНЯ, И ПОЙДЕТЕ ЗА БОГАМИ ЧУЖИМИ, КОТОРЫХ ВЫ НЕ ЗНАЛИ.

Тора предостерегает: если сойдешь с пути сближения с Творцом, единственной высшей силой природы, то ошибешься, следуя за так называемыми чужими богами.

Ты пойдешь за другими силами природы, которых не знал, то есть не принимал их во внимание как определяющие, основополагающие, решающие. Если теперь отдашь им предпочтение, увидишь их управляющими, тогда, естественно, на тебя ляжет «Мое проклятие».

Что значит – проклятие? Не следует считать, что кто-то сверху посылает тебе наказание. На самом деле, ты сам вызываешь на себя огонь. Отойдя от единственно верной силы, самой высшей, под которой находятся все остальные, производные от нее, ты вызываешь искажение системы управления и тут же почувствуешь на себе все последствия своих действий. Это и есть проклятие.

Почему глава называется «Рээ» – «Смотри»? Почему смотри, а не слушай?

Зрение является нашим самым сильным ощущением, самым доказательным источником наших знаний.

Ты должен все постичь зрением, то есть своим самым высшим познанием. Ведь даже в суде свидетелем может быть только тот, кто сам видел и не только слышал.

Почему Он говорит: «Я предлагаю», а не приказываю? Здесь как бы дается человеку свобода воли?

Человек формирует себя, строит в подобие Творцу, постоянно направляя себя, выбирая из всех вариантов, сил, возможностей единственно правильную – самую высшую, к которой идет.

Что касается свободы воли, то она дана нам свыше. Что значит «дана», если это свыше? Свобода заключается именно в выборе. В нашем земном понимании свобода – это делать все, что хочу, море всевозможных побочных занятий ради собственного удовольствия.

В духовном – свобода одна: есть истина, к которой стремишься. Здесь необходимо создать вокруг себя такое маленькое общество, чтобы оно продвигало тебя к цели. В этом и состоит свобода.

ГОРА ПРОКЛЯТИЙ И БЛАГОСЛОВЕНИЙ

И ВОТ, КОГДА ПРИВЕДЕТ ТЕБЯ БОГ, ВСЕСИЛЬНЫЙ ТВОЙ, В СТРАНУ, В КОТОРУЮ ТЫ ВСТУПАЕШЬ, ЧТОБЫ ОВЛАДЕТЬ ЕЮ, ТО ДАШЬ БЛАГОСЛОВЕНИЕ НА ГОРЕ ГРИЗИМ, А ПРОКЛЯТИЕ НА ГОРЕ ЭЙВАЛЬ…

Почему благословение и проклятие дается на горах?

Гора – от слова ирурим – сомнения. Человек всегда находится в сомнениях. Одни сомнения ведут его по правильному пути – с их помощью он возвышается. И есть другие сомнения: человек падает, идет на соглашательство со своей эгоистической природой.

Потому и говорится: тут – вознаграждение, а там – наказание. Тут – благословение, а там – проклятие. Так и идет.

На самом деле в духовном речь ведется об одной горе. Где спотыкаешься и падаешь, там и поднимаешься. На одной и той же горе – и проклятия, и благословения.

Нет иного кроме, как с помощью правильной работы над проклятиями, прийти к благословению. Ведь желание – одно, постепенно ты исправляешь его: спотыкаешься – исправляешь, снова спотыкаешься – и снова исправляешь. Так и продвигаешься.

Написано, что эти горы находятся

ЗА ИОРДАНОМ, ПО ДОРОГЕ К ЗАХОДУ СОЛНЦА, В СТРАНЕ КНААНЕЕВ...

Можно объяснить, почему говорится – «по дороге к заходу солнца»?

На заходе солнца наступает следующая ступень развития человека, начало его нового состояния. Эту ступень всегда надо считать добрым знаком: ты закончил предыдущее состояние, и сейчас перед тобой находится новое.

Начинается новое состояние с вечера, с тьмы, когда ничего не известно. С заходом солнца приходят сумерки, ты не видишь и не можешь различить правду и ложь, правильным путем идешь или нет.

В этом случае человек должен понять, каким образом надо двигаться. Тут он и делает выбор, то есть идет «верой выше знания».

Вера выше знания – очень серьезный духовный принцип. Только если действительно будем идти верой выше знания, то сможем понять различия между двумя состояниями: благословением и проклятием. Ведь все решается не на уровне наших земных предпочтений или пониманий, а именно возвышением над нашим эгоизмом. Решение принимается вопреки всему земному – нашей логике, нашему отношению ко всему происходящему.

Потому и говорится, что горы находятся по дороге к заходу солнца, в сумерках, в темноте.

ОВЛАДЕТЬ – ЭТО ЗНАЧИТ ИСПРАВИТЬ

Далее написано:

ИБО ВЫ ПЕРЕХОДИТЕ ИОРДАН, ЧТОБЫ ПРИЙТИ И ОВЛАДЕТЬ СТРАНОЙ, КОТОРУЮ БОГ, ВСЕСИЛЬНЫЙ ВАШ, ДАЕТ ВАМ, И ОВЛАДЕЕТЕ ВЫ ЕЮ, И ПОСЕЛИТЕСЬ В НЕЙ. И СТРОГО ИСПОЛНЯЙТЕ ВСЕ УСТАНОВЛЕНИЯ И ЗАКОНЫ, КОТОРЫЕ Я ПРЕДЛАГАЮ ВАМ СЕГОДНЯ.

«Переходите Иордан, чтобы прийти и овладеть страной», то есть желанием, которое можем исправить. Надо помнить, что мы не в состоянии исправить все желания одновременно.

В данном случае речь идет только о частичном исправлении нашего желания, которое называется Исраэль. Из огромного количества желаний, из всей нашей природы только его мы можем устремить к Творцу.

Потому и говорится, что мы – малый народ. Лишь маленькую часть человеческого естества можем направить на духовное развитие. Все остальное исправится в конце пути в состоянии конечного исправления.

Сначала надо исправить маленькую часть – народ Израиля, а потом и все остальные народы мира.

Прийти и овладеть страной означает зайти в Землю Израиля, то есть в те желания, которые можно исправить, и начинать воевать с собой, уничтожая в себе все эгоистические намерения. Это называется «воевать с семью народами, населяющими эту землю».

Все желания, которые завоюете, то есть исправите, сможете собрать в одно огромное желание и раскрыть в нем Творца.

Все происходит не для того, чтобы овладеть этой страной и жить в ней, а существует именно в интересах мира…

Тора – лишь первая часть, о том, что будет потом, в ней не написано. Но в «Пророках», «Святых писаниях», в каббалистических книгах повествование идет дальше.

В Торе сказано, каким образом через 2000 лет изгнания, в условиях сегодняшнего дня, мы должны снова привести себя к состоянию наших духовных предков и увлечь за собой все остальное человечество.

Наша задача – не только начинать исправлять себя, маленькую часть всего созданного эгоизма, но и весь огромный эгоизм народов мира.

Продолжаем:

ВОТ УСТАНОВЛЕНИЯ И ЗАКОНЫ, КОТОРЫЕ СТРОГО ИСПОЛНЯЙТЕ В СТРАНЕ, КОТОРУЮ ДАЛ БОГ, ВСЕСИЛЬНЫЙ ОТЦОВ ТВОИХ, ТЕБЕ, ЧТОБЫ ОВЛАДЕЛ ТЫ ЕЮ, ВО ВСЕ ДНИ, ЧТО ВЫ ЖИВЕТЕ НА ЗЕМЛЕ: УНИЧТОЖЬТЕ ВСЕ МЕСТА, ГДЕ НАРОДЫ, КОТОРЫЕ ВЫ ИЗГОНЯЕТЕ, СЛУЖИЛИ БОГАМ СВОИМ НА ГОРАХ ВЫСОКИХ, И НА ХОЛМАХ, И ПОД КАЖДЫМ ЗЕЛЕНЫМ ДЕРЕВОМ.

Человек должен уничтожить все свои эгоистические желания, намерения, мысли, теории.

ТЕОРИИ, ПОСТРОЕННЫЕ НА ПЕСКЕ

Бааль Сулам в книге «Последнее поколение» пишет, что даже в последнем поколении, когда все люди будут собираться вместе и приближаться к Творцу, религии могут оставаться.

Что это значит? Ведь если сравнить религии с каббалой, они говорят о совершенно других формах.

Людям раскроется, что их прежнее мировоззрение было ошибкой. Все религии, каждая со своим отношением к высшей силе, к судьбе, к своему предназначению в этом мире, будут трансформированы в настоящую духовную работу, которая описана в науке каббала. Это поймет большинство людей.

Человечество пройдет такие состояния в своем развитии, что полностью откажется от всех религиозных культов и практик. В последних поколениях мы видим, что так происходит в иудаизме и в христианстве. В исламе это осуществится через особую трансформацию.

Человек желает получше устроиться в своей жизни и обеспечить себе хорошее существование в будущем мире, после смерти. Практически только это и руководит всеми религиями.

Если в течение своей жизни люди не думали бы о вознаграждении в земном мире и в будущем, после своей смерти, то никакой религии не было бы. Она создана и существует только ради этого, потому человек и держится за нее!

Очень хороший психологический подход: есть, ради чего жить, зарабатывай на эту жизнь и заранее создавай себе хорошие условия в будущем. Там ты пробудешь вечно, так что в этом мире стоит даже убить себя и, тем самым, заслужить вечную жизнь, – то, что есть в радикальном исламе.

Постепенно эти взгляды исчезнут, человечество прийдет к новому осознанию.

Что говорит каббала? Нет вознаграждений и наказаний, которые вы себе выдумали. Нет будущего мира и этого мира в том виде, как вы представляете его.

Религии держится только на вере в вознаграждение и страхе наказания в этом мире и в будущем – это выдумано людьми. На самом деле ничего этого нет ни в иудаизме, ни в христианстве, ни в исламе.

То, что зиждется на вере в вознаграждение и наказание в этом или будущем мире, направлено против каббалы, ведь каббалисты полностью отрицают и практически доказывают, разъясняют, что ничего этого нет.

И все же Бааль Сулам говорит, что люди могут оставаться в своих религиях?

Постепенно религии превратятся, я бы сказал, в культурное наследие человечества. Мы и сейчас видим, как религия соотносится с культурой, как воплощается в живописи, музыке, литературе. Мы будем изучать ее как историю: люди верили и рисовали.

В иудаизме изображения запрещены, потому что нельзя воспроизвести высшую силу, она трансцендентальна. И как только понимаешь, что изобразить ее никак невозможно, то сразу воспринимаешь все эти представления как прошлое человечества, как ранние этапы его развития.

Меня не пугают всевозможные картины, – человечество развивалось на религиозных сюжетах. Поскольку в иудаизме и исламе запрещены изображения, вместо этого люди выражали себя в других формах. Необходимо понять, если человек не связывает их со своей судьбой и с высшей силой, то остается лишь культура, не более того.

И СТОЛБЫ ИХ СОКРУШИТЕ ТОЖЕ

В главе «Смотри» говорится:

УНИЧТОЖЬТЕ ВСЕ МЕСТА, ГДЕ НАРОДЫ, КОТОРЫЕ ВЫ ИЗГОНЯЕТЕ, СЛУЖИЛИ БОГАМ СВОИМ НА ГОРАХ ВЫСОКИХ, И НА ХОЛМАХ, И ПОД КАЖДЫМ ЗЕЛЕНЫМ ДЕРЕВОМ.

Что это за уточнения: «На горах высоких, и на холмах, и под каждым зеленым деревом»?

Речь идет о том, чему поклонялись люди – в низинах, в долинах, в горах, на холмах, или спиной к деревьям.

Человек способен молиться на что угодно. В книге «Реперторий гомеопатических препаратов» изучаются всевозможные побуждения человека и как их лечить. Там описываются очень необычные побуждения, например, человек молится на хвост коня. Или начинает относиться к моче как к божеству.

Мы должны понимать, что человек подвержен всевозможным внутренним флуктуациям, в нем гуляют различные сомнения, силы, сумеречные состояния.

Возьмем явления или объекты природы. Дерево – это такое состояние, которому люди много поклонялись. Но если говорить о внутренней работе человека, то Древо познания добра и зла является уже олицетворением того, что из чего-то вырастает что-то. То есть познание – это плод Древа жизни.

И дальше:

И РАЗБЕЙТЕ ЖЕРТВЕННИКИ ИХ, И СОКРУШИТЕ СТОЛБЫ ИХ, И СВЯЩЕННЫЕ ДЕРЕВЬЯ ИХ СОЖГИТЕ

ОГНЕМ, И ИЗВАЯНИЯ БОГОВ ИХ СРУБИТЕ, И УНИЧТОЖЬТЕ ИМЯ ИХ С МЕСТА ЭТОГО.

Люди должны развиваться через возведение пирамид, храмов, других религиозных сооружений, которые строят во всех странах мира. Более того, до сегодняшнего дня они продолжают соревноваться за то, чей храм выше, красивее, надежнее и способен создать в людях особые ощущения.

Это все естественно для религий и необходимо для человека, ибо должен он осознать свой неправильный путь, чтобы потом увидеть правильный.

«Сокрушите столбы их» – что это означает во внутренней работе человека?

Только после того, как создал в себе всевозможные намерения, движения, определил цели и убедился в их несостоятельности, ты можешь их сокрушить и взамен построить здание, которое называется Храм Творца.

Это здание не является физическим сооружением, оно – внутреннее, создается в сердцах людей, которые каждое свое желание уподобляют кирпичику. Из них и складывается единое здание: все желания объединяются вместе, находят между собой контакт, – и в них раскрывается Творец.

Говорится, «священные деревья их сожгите огнем». Что такое священные деревья во мне?

Священные деревья во мне – это знания, мысли, достижения, то есть все, к чему человек устремлялся в течение своей тысячелетней истории.

Сжечь священные деревья означает не оставлять ничего материального внутри себя. Пепел – самая последняя неживая стадия, состояние, до которого все должны дойти.

Сказано:

И ИЗВАЯНИЯ БОГОВ ИХ СРУБИТЕ, И УНИЧТОЖЬТЕ ИМЯ ИХ С МЕСТА ЭТОГО.

Изваяния богов во мне – это то, что я определяю для себя как цели, которых хочу достигнуть, которым поклоняюсь, придаю им важность. Человеку необходимо полностью уничтожить их в себе.

Все они являются реперными точками, с помощью которых я двигаюсь: сделать это, достичь, выполнить и так далее. Но когда я ставлю перед собой одну единую цель и все мое устремление направлено к ее раскрытию и достижению, тогда все остальные цели подлежат уничтожению.

Тогда я срубаю богов, которых построил в себе: мои заработки, карьера, пенсионные фонды – все, из чего складывается моя жизнь?

То, что человеку необходимо для его животного существования, должно оставаться. Он обязан об этом думать и любыми путями обеспечивать себя, чтобы не упасть на руки общества. Все остальное – отдавать только достижению общей цели.

Написано: «Уничтожьте имя их с места их». Что значит – уничтожить имя?

Имя – это название. Раньше, двигаясь неправильным путем, ты в чем-то преуспевал и считал это духовным достижением. Настало время с этим расстаться.

Надо увидеть совершенно иные, духовные, образы в себе, в своем исправленном желании.

Сначала ты почувствуешь духовные образы частично, а потом и цельный образ Творца – свойства отдачи и любви. Именно оно будет заполнять все наши желания, которые должны быть отформатированы так, чтобы эманировать только свойство отдачи и любви.

КИНО ПОД НАЗВАНИЕМ «ЖИЗНЬ»

Глава «Смотри» начинается очень красиво: «Смотри, Я предлагаю вам сегодня благословение и проклятие. Благословение – если будешь слушать Мои заповеди, проклятье – если нет».
Обратите внимание, что первое слово – смотри. Почему смотри, а не слушай, – мы с вами уже говорили. И продолжаем:

НЕ ДЕЛАЙТЕ ПОДОБНОГО ДЛЯ БОГА, ВСЕСИЛЬНОГО ВАШЕГО. НО ТОЛЬКО К МЕСТУ, КОТОРОЕ ИЗБЕРЕТ БОГ, ВСЕСИЛЬНЫЙ ВАШ, ИЗ ВСЕХ КОЛЕН ВАШИХ, ЧТОБЫ ВОДВОРИТЬ ТАМ ИМЯ СВОЕ, К ЭТОМУ ОБИТАЛИЩУ ЕГО ОБРАЩАЙТЕСЬ И ТУДА ПРИХОДИТЕ.

Обязательно надо четко понимать, что имеется в виду под храмом, жертвоприношениями и под всей работой, которая происходит здесь.

Вся наука каббала рассказывает нам об этом. И в первую очередь объясняет, что любая духовная работа не подразумевает никаких физических действий! Все должно происходить только в желании человека.

Каббала имеет дело только с тем, что создано, – с желанием. Лишь оно может управляться свыше Творцом и снизу человеком. Ничего другого не существует.

Кажется, что нас окружает материальный мир. На самом деле он – призрачный и существует только в наших внутренних переживаниях и представлениях. Как пишет Бааль Сулам во «Введении в Книгу Зоар», на обратной стороне нашего мозга, со стороны затылка существует экран. Он проецирует на себя все наши мысли, чувства и таким образом рисует некую картину, якобы, реальность, которую мы представляем себе и, якобы, видим.

На самом деле мы ничего не видим. Перед нами, вроде бы, находится стол, стены, мир, звезды, галактика, – но ничего нет, все это только представляется.

Речь идет об очень непростой, конечно, системе. Выйти за пределы наших обычных земных чувств и начать ощущать верно, то есть предоставить человеку правильный взгляд на мир – это и есть задача каббалы. Потому и называется каббала наукой, это наука о правильном восприятии истинной реальности: какова она, на чем основана и как проявляется.

Творцом не предусмотрено никакого обращения к человеку, побуждения к физическим действиям. Весь окружающий нас мир является призрачным. Так и сказано в Книге Зоар, что когда человек проходит в ощущение Высшего мира, то начинает понимать, что все предыдущее было как во сне.

Человек обретает духовное зрение и при этом остается существовать между нами, ощущая и этот, и другой мир. Тот объем, который он воспринимал в своих земных свойствах, называется олам а-медумэ – придуманный, наведенный на него воображаемый мир.

Мир, который он раскрывает в своих духовных свойствах, называется истинным миром.

Между этими мирами существует связь. Человек ощущает всю иллюзию этого мира и всю истинность Высшего. Все, что находится в Высшем мире, то есть по ту сторону нашего восприятия, нашей иллюзии, влияет на картину мира, которую мы рисуем себе, и таким образом постепенно подгоняет нас к раскрытию Высшего истинного мира.

Все дано человеку, чтобы он делал что-то не при помощи рук, ног, голоса и других возможностей своего физического тела, а только чтобы выполнял действия в своем желании. Ведь именно желание является истинным материалом творения, и ничего не создано, кроме него.

СВЯЗАТЬ ПРИЧИНУ И СЛЕДСТВИЕ

Тогда как быть с заповедями, которые предназначены для физического выполнения?

Когда речь идет о физических заповедях, храмах и других религиозных сооружениях, о службах и предписаниях, то имеется в виду только их духовное выполнение в наших желаниях и намерениях.

Сказано: «Я не желаю от вас дворцов и драгоценных одежд! И не желаю чванства, которое приводит лишь к насилию и к борьбе за власть! Я желаю от вас только чистоты сердца, то есть работы над своими желаниями».

Мы должны четко понять, что значит духовный корень и каково его следствие в нашем мире, как он воздействует на наше восприятие, вынуждая ощущать определенные физические, якобы, образы в наших пяти органах чувств. «Якобы», потому что все существует действительно, как сон, и подчас кажется реальностью еще большей, чем сама реальность.

Надо понимать, что это – наводки высшего источника, духовного корня, который, как очень хитрый киномеханик, крутит перед нами кино под названием «Жизнь».

Нам кажется, что мы находимся в теле, взаимодействуем, движемся и прочее. Но стоит немножко очнуться, то сразу же обнаруживается, что все было во сне, как и сказано в Книге Зоар.

Почему так произошло, зачем нам крутили это кино, почему оно было таким разнообразным, богатым на краски, на звуки, почему оно захватывало нас? Мы все поймем, когда будем находиться в контакте с корнем, то есть с источником, а не следствием.

На самом деле мы ощущаем очень маленькое воздействие, узкое и по глубине восприятия, и по его спектру, но нам оно кажется чем-то необычным. История человечества, семья, дом, страны, иммиграция – все прокручивается только в моем маленьком эгоизме, в той микроскопической точке, посредством которой я воспринимаю этот мир.

Как только эгоизм начинает показывать себя в полную силу, тогда в развивающемся эгоизме я начинаю ощущать другие картины мира, уже исправленные.

Ведь эгоизм может расширяться, только лишь исправляясь! И кроме маленькой точки, я смогу представить себе еще и Высший мир.

Выходит, что человек начинает путь исправления и у него расширяется эгоизм?

Да! Человек начинает постигать корни всего происходящего с ним и со всем миром, видеть систему, как взаимодействовать с ней, как ускорять ее развитие, расширять, демонстрировать и так далее. В результате возникает понимание корня и следствия, – я могу влиять на корень и таким образом изменять следствие.

Изменить наш мир я не могу. Воздействовать на него можно только, запустив свое влияние на корень нашего мира. Поэтому, находясь в этом мире, мы видим, что у нас ничего не получается, мы не в силах что-либо сделать!

Когда человечество придет к полной отрешенности, депрессивности, абсолютному бессилию, тогда оно будет в состоянии услышать, что на самом деле есть верный путь к изменению мира. Не через эгоизм, который управляет нами, а путь, который позволяет нам управлять своим эгоизмом.

Тогда мы сможем начать раскрывать истинный мир. Тогда мы поднимемся к нашим храмам и всевозможным атрибутам в них.

ГДЕ ПОСТРОИТЬ ХРАМ?

НЕ ДЕЛАЙТЕ ПОДОБНОГО ДЛЯ БОГА, ВСЕСИЛЬНОГО ВАШЕГО. НО ТОЛЬКО К МЕСТУ, КОТОРОЕ ИЗБЕРЕТ БОГ, ВСЕСИЛЬНЫЙ ВАШ, ИЗ ВСЕХ КОЛЕН ВАШИХ, ЧТОБЫ ВОДВОРИТЬ ТАМ ИМЯ СВОЕ, К ЭТОМУ ОБИТАЛИЩУ ЕГО ОБРАЩАЙТЕСЬ И ТУДА ПРИХОДИТЕ.

Это разговор о храме? О каком месте говорится?

Храм находится в сердце человека. Это не Иерусалим или любое другое место в Израиле. Возводить храм не означает строить некое сооружение в Иерусалиме, целовать его камни и стены, как это делают сегодня.

Один-единственный раз я был с моим великим Учителем рабби Барухом Ашлагом в Иерусалиме возле Стены Плача. Он остановился метра за два до нее, посмотрел и спокойно, не задержавшись, двинулся обратно. Не ощущая никакой святости в этих камнях, он даже близко к ней не подошел.

В поведении Рабаша явно ощущалась полная отрешенность от камней, от географического места и от всей другой внешней атрибутики. Маленького простого человека, напротив, тянет к этому, ему, как младенцу, необходима в руках знакомая игрушка, чтобы чувствовать себя спокойно.

Абсолютно не нужна борьба за место, где стоял Храм, за стену, за Храмовую гору, за все раскопки внизу. Разве что сделать там музей и приводить туда людей на экскурсию.

Нам надо воспитывать человека, чтобы он почувствовал, что у него есть отношение к нашему общему храму – к единению сердец. Наш общий храм – это душа.

Написано: «К месту, которое изберет Бог, Всесильный ваш». Что такое – место?
Это – построение Храма в наших сердцах и из наших сердец.

Место – это желание! Так оно называется в каббале, потому что только в исправленное желание, то есть в правильное место, можно получить высший свет, раскрытие Творца. Я обязан устремить к Нему все свои чаяния.

«Из всех колен ваших, чтобы водворить там имя Свое, к этому обиталищу Его обращайтесь и туда приходите». Что это значит?
Общая душа разделяется на двенадцать колен, потому что она состоит из четырехбуквенного имени юд-кей-вав-кей – АВАЯ, так называемая, или Яхве, как по-русски изображают. Каждая из четырех букв состоит из трех линий: правая, левая и средняя.

Четыре на три – двенадцать. Поэтому сказано: двенадцать колен, то есть двенадцать видов всевозможной работы по исправлению желания, в результате которой они должны соединяться в одно целое.

Место, где вместе работают все двенадцать колен, и должно называться Храмом. В нем – обиталище Творца.

Творец находится там, где соединяются желания, чаяния, над-эгоистические устремления человечества. Сказано: «И дом Мой домом молитвы наречется для всех народов мира».

Речь идет о Третьем Храме. О двух предыдущих так не говорилось, потому что они, будучи предварительными, должны быть разрушены и потом восстановиться в Третьем Храме, построенном в наших сердцах.

В какое крутое время мы живем!

Ну, оно еще не крутое, потому что мы только начинаем распространять эту идею на весь мир. И пока ее услышат, должно пройти время. Но толчок дан. Мы уже «поехали» в этом направлении.

Когда я был молодым и находился рядом с моим Учителем, казалось, что «вот-вот здесь и сейчас это случится!», а сейчас я понимаю, что надо идти и работать.

Тысячелетиями каббалисты трудились над этим, они не входили в панику, депрессию, отчаяние, – не было ничего подобного. Каждый знал, что должен положить свой камешек, чтобы сложить общую картину: привлечь людей, рассказать, показать, хотя бы немножко их сформировать, направить на видение будущего состояния, где в нашем общем сердце можно раскрыть единого Творца.

Мы живем в прекрасное время, когда действительно совершаем переход из небытия, то есть из абсолютного скрытия Высшего мира! Мы начинаем о нем говорить! Мы начинаем разрабатывать методику! Мы начинаем ее действительно распространять, как на себя, так и на народы мира.

Конечно, на распространение методики каббалы требуется время. У моих учеников будут свои ученики, – и так это пойдет дальше, в этом я абсолютно уверен. Когда это воплотится на практике, зависит от нашей настойчивости.

ГЛАВА «СМОТРИ»

ЕДИМ И ПЬЕМ ПЕРЕД ТВОРЦОМ

Продолжим:
И ЕШЬТЕ ТАМ ПРЕД БОГОМ, ВСЕСИЛЬНЫМ ВАШИМ, И РАДУЙТЕСЬ ВСЯКОМУ ПРОИЗВЕДЕНИЮ РУК ВАШИХ, ВЫ И СЕМЕЙСТВА ВАШИ, КОТОРЫМИ БЛАГОСЛОВИЛ ТЕБЯ БОГ, ВСЕСИЛЬНЫЙ ТВОЙ.

«Вы и семейства ваши» – имеются в виду все силы вашей души: главные, второстепенные, третьестепенные и прочие.

Семейство включает в себя, во-первых, жену – исконное желание человека, затем идут его дети – то, что он порождает из своих действий, и далее – другие родственники. Иначе говоря, семейство – это то, что он включает в себя как желание: первичное, вторичное, третичное и так далее. Иначе говоря, это – ступени развития человека.

«Ешьте там пред Богом» означает поглощение или восприятие высшего света, Творца, Его ощущение. Речь не идет, естественно, о земных трапезах.

Или выражение «вот вам плоть Бога и вот вам кровь Бога», – понятно, что ничего этого не существует и нет никаких намеков на буквальное восприятие этой атрибутики. Когда говорят «ешьте», то имеется в виду антиэгоистический экран.

В каббале все объясняется очень просто, поэтому лично у меня и у основной части моих учеников уже не возникает никаких ассоциаций с земными действиями.

«И ешьте там перед Богом Всесильным вашим, и радуйтесь всякому произведению рук ваших» означает, что мы должны достичь такого состояния в нашем желании, когда сможем наполнить его.

«Есть и пить»: свет хохма – еда, свет хасадим олицетворяет питье. Наполнение нашего желания будет называться святым, если оно реализуется лишь ради Творца, и в этом Его раскрытие.

«И радуйтесь всякому произведению рук ваших».

Руки – это эгоистические желания, которыми человек стремится подгрести под себя весь мир.

Если нашими эгоистическими руками мы действуем альтруистически, то есть создаем альтруистические намерения на наши действия, тогда поглощаем, воспринимаем, раскрываем Творца в святости, чтобы войти с Ним в контакт, в сближение, в слияние, в свойство отдачи.

«Возрадуйтесь» – это уже раскрытие Творца. Ведь «радуйтесь произведению рук ваших» не означает действий нашими физическими руками, речь идет о желании.

Мы раскрываем Творца в наших исправленных, правильно составленных между собой желаниях. Творец является производной от того, что мы способны составить между собой из наших частичек – .

Правильная конфигурация определенной связи между нами дает нам образ общей отдачи и любви, называемый Творцом, изменилась конфигурация – ощущаем другой образ. Поэтому и говорится в Книге Зоар и других источниках, что Творец проявляется между нами то в одном образе, то в другом. Но всегда это – не вещественные образы.

ГЛАВА «СМОТРИ»

ЧЕРЕЗ ОШИБКИ К ИСПРАВЛЕНИЮ

И дальше:
НЕ ДЕЛАЙТЕ ВСЕГО ТОГО, ЧТО МЫ ДЕЛАЕМ ЗДЕСЬ СЕГОДНЯ, – КАЖДЫЙ ВСЕ, ЧТО ЕМУ КАЖЕТСЯ ПРАВИЛЬНЫМ. ИБО НЕ ПРИШЛИ ВЫ ЕЩЕ К МЕСТУ ПОКОЯ И В УДЕЛ, КОТОРЫЙ БОГ, ВСЕСИЛЬНЫЙ ТВОЙ, ДАЕТ ТЕБЕ.

По мере своего развития в течение сорока лет пустыни человек постепенно входит в правильную работу со своими желаниями, которая называется вхождение в Землю Израиля.

Человек переделывает эту землю, то есть желание (слово эрец – земля происходит от рацон – желание) под отдачу и любовь, что называется служением Творцу. При этом он начинает окончательно понимать свои предыдущие ошибки, непонимание разного рода в то время, когда шел своим разумом.

Человек осознает, каким образом его вели свыше. Творец специально проводил его через ошибки и непонимания, чтобы через них он увидел все проблемы и определил правильные действия.

Невозможно ничего раскрыть, если перед этим не ошибешься. Чтобы правильно прийти к пониманию какого-то явления, необходимо знать его с обеих сторон: с правильной и неправильной.

Тогда скажите: то, что мне сейчас кажется правильным, является неправильным?

Я не могу сказать так. Мы наставляем человека только в общем направлении. Главное, мы даем ему методику исправления. А что и каким образом он проходит – в это входить нельзя.

Во внутренние проблемы, исправления, ощущения, движения человека никто не имеет права вмешиваться, в том числе и учитель, и тем более ученик относительно другого ученика. Ты смотришь со стороны, наблюдаешь, понимаешь, что только так он может развиваться, и ждешь. Бывает, ждешь и 10, и 20, и 30 лет.

Постепенно, каждое мгновение происходят изменения, но войти в это и предложить: «Дай я тут за тебя закончу или что-то сделаю», – нельзя.

Существует много видов поддержки, помощи со стороны учителя, о которых не знает ученик. Но это делается не явным образом: ученику даже кажется, что он заброшен, и учитель не хочет ему помочь.

У меня даже было так: я страдал, переживал, был в напряжении, ничего не мог с собой сделать, а Рабаш смеялся мне прямо в лицо.

Но все-таки вы были очень близки, постоянно находились с ним рядом.

Это ничего не значит. Духовная работа остается работой, здесь нет никаких привилегий или действий учителя в помощь ученику. Иначе ученик не справится. Он должен быть самостоятельным во всех своих желаниях и свойствах и правильно на сто процентов использовать их на отдачу.

Весь процесс зависит от преданности ученика учителю, группе, цели. Отсюда он приходит к преданности Творцу.

Продолжим.

ГЛАВА «СМОТРИ»

НЕ ДЕЛАЙТЕ ВСЕГО ТОГО, ЧТО МЫ ДЕЛАЕМ ЗДЕСЬ СЕГОДНЯ, – КАЖДЫЙ ВСЕ, ЧТО ЕМУ КАЖЕТСЯ ПРАВИЛЬНЫМ. ИБО НЕ ПРИШЛИ ВЫ ЕЩЕ К МЕСТУ ПОКОЯ И В УДЕЛ, КОТОРЫЙ БОГ, ВСЕСИЛЬНЫЙ ТВОЙ, ДАЕТ ТЕБЕ.

Что такое место покоя?

Покой – это исправленное состояние. Человек крутится в нем как белка в колесе, потому что перед ним раскрываются бесконечные возможности реализовать свойство отдачи, любви, исправления.

Никаких сомнений у него уже нет?

Еще какие сомнения возникают в человеке! Иначе он превратится в животное. Скрытие всегда остается. Цимцум алеф – первое сокращение не аннулируется.

ЖЕРТВА – ЭТО ПРИБЛИЖЕНИЕ К ЛЮБВИ

Недельная глава «Смотри» предупреждает: «Смотри, что перед тобой – благословение или проклятие».

ОСТЕРЕГАЙСЯ, НЕ ПРИНОСИ ЖЕРТВ ВСЕСОЖЖЕНИЯ ТВОИХ В ЛЮБОМ МЕСТЕ, КОТОРОЕ УВИДИШЬ. А ТОЛЬКО НА МЕСТЕ, КОТОРОЕ ИЗБЕРЕТ БОГ В ОДНОМ ИЗ КОЛЕН ТВОИХ, ТАМ ПРИНОСИ ЖЕРТВЫ ВСЕСОЖЖЕНИЯ ТВОИ И ТАМ ДЕЛАЙ ВСЕ, ЧТО Я ЗАПОВЕДУЮ ТЕБЕ.

Здесь есть несколько очень важных точек.

Жертва – на иврите курбан происходит от слова каров – приближение. Моя жертва – это мое приближение к свойству отдачи и любви. Я жертвую своим эгоизмом, вытаскиваю его из себя, начинаю ломать и менять его. Это – жертва, с одной стороны.

Но, с другой стороны, моя жертва олицетворяет собой приближение. В той мере, в которой могу обратить эгоизм на отдачу и любовь, я приближаюсь к Творцу.

Я обязан это делать с радостью?

Обязательно! Иначе не получится. В духовном человек должен действовать в своем желании, в отличие от материального, когда он может сделать что-то вопреки ему.

Здесь необходимо достичь состояния, когда я сам желаю убить свой эгоизм в его настоящем виде, начинаю его изменять, выворачивать наизнанку. Работаю во имя того, кто находится вне меня, включая моих самых ужасных ненавистников, врагов, отвратительных типов, о которых не могу думать без содрогания.

В каббале героем называется тот, кто может изменить себя относительно этих «уродов», то есть изменить их в себе, ведь все они находятся во мне, это мои внутренние свойства.

Не кто-то внешний, а мои внутренние уродства так рисуют мне абсолютно правильное идеальное свойство. Поэтому здесь я должен правильно сопоставить себя с тем, что есть во мне и вне меня. И прийти к пониманию: то, что находится вне меня, показывает мне, кто я такой внутри себя. Эта работа и называется жертвоприношением, это и есть курбан.

ГЛАВА «СМОТРИ»

НЕ В СВОЮ ОБЛАСТЬ – НЕ ВХОДИ

Написано:
НЕ ПРИНОСИ ЖЕРТВ ВСЕСОЖЖЕНИЯ ТВОИХ В ЛЮБОМ МЕСТЕ, КОТОРОЕ УВИДИШЬ.

Человек не имеет права сам выбирать, какие свойства должен изменить в себе. Он может действовать только так, как указывает высшая ступень, называемая Творцом. На том месте, где нахожусь, я не в состоянии понимать, что делать дальше.

Так же и в нашей жизни: только с высшей ступени я могу управлять низшей, понимать, что надо делать. Поэтому любое действие, которое я совершаю над собой, называется вера выше знания.

Человек поднимается на следующую ступень и ощущает, воспринимает ее в себе выше своего эгоизма. После того, как полностью абсорбировал себя на этой ступени, он обращается к своей настоящей ступени, к своему эгоизму и начинает правильно формировать его.

Без связи с высшей ступенью я даже не дотрагиваюсь до своей природы, потому что всегда буду лишь формировать ее под себя, лепить из нее, как из глины, нелепые игрушки, фигурки для поклонения, которые называются верованиями.

Поэтому указано: не входи не в свою область! Слушай, что тебе сказано с высшей ступени, в ней ты найдешь указание. Эта высшая ступень относительно твоей настоящей называется Творец. Верой выше знания ты прилепляешься к ней и получаешь разъяснение, что делать на своей ступени.

Кто и как может это ощутить?

Давайте подумаем о том, может ли маленький ребенок точно знать, как следует поступать в том или ином случае? Казалось бы, он должен выслушать учителя или родителей и потом безоговорочно выполнить, осознавая, что сам он ничего не понимает на своей ступени. В нашем мире это было бы идеальным поведением.

Однако оттого, что мы не сомневаемся в правильности своих поступков, ежесекундно каждый из нас и все вместе мы совершаем сплошные ошибки в нашем поведении, в намерении, в мыслях, в решениях.

Естественно, вследствие этого мы абсолютно ничего не делаем правильно! Поскольку не исходим из высшей ступени, то все время двигаемся методом проб и ошибок, получаем удары, которые хотя и исправляют нас, но воздействуют через инстинкты, а не через разум. Поэтому на следующей ступени, в новом состоянии мы снова действуем так же, руководствуясь своим, а не высшим пониманием.

На самом деле каждый раз надо приподниматься на следующую ступень, – это называется идти «верой выше знания». И тогда человек получит новое знание, ибо находится в ощущении высшей ступени и ею руководствуется. Именно таким образом надо идти.

Дальше следует продолжение:

ОСТЕРЕГАЙСЯ, НЕ ПРИНОСИ ЖЕРТВ ВСЕСОЖЖЕНИЯ ТВОИХ В ЛЮБОМ МЕСТЕ, КОТОРОЕ УВИДИШЬ. А ТОЛЬКО НА МЕСТЕ, КОТОРОЕ ИЗБЕРЕТ БОГ В ОДНОМ ИЗ КОЛЕН ТВОИХ, ТАМ ПРИНОСИ ЖЕРТВЫ ВСЕСОЖЖЕНИЯ ТВОИ И ТАМ ДЕЛАЙ ВСЕ, ЧТО Я ЗАПОВЕДУЮ ТЕБЕ.

Существует двенадцать критических точек: сверху исходят хохма, бина, зэир анпин, малхут, которые делятся на три линии. Получается, двенадцать конкретных точек: каждая должна быть исправлена в соответствии со своим свойством.

Поэтому каждое из двенадцати колен имеет свой конкретный узел, в котором сначала исправляет свое свойство, а потом – общее.

На это есть особые даты, то есть состояния системы, которые называются: новолуние, новый год, будний день, шаббат и так далее.

Все колена идут раздельно, затем в какой-то момент соединяются, потом снова двигаются раздельно и опять соединяются. Так происходит в каждой подсистеме, в любой части всей общей системы, называемой «душа».

Что означает четырехбуквенное имя Творца и три линии в каждой букве?

Четырехбуквенное имя Творца необходимо, чтобы работать с эгоизмом во всей его глубине. Мы изучаем, что развитие эгоизма идет по четырем стадиям, они называются четыре стадии развития прямого света. Это – толщина эгоизма.

Когда мы говорим об исправлении, то тут уже не просто четыре стадии, а каждая из них делится еще на три линии: правую, левую и среднюю.

Левая линия – это сам эгоизм, правая – сила света для его исправления, средняя линия – место, где он должен находиться в исправленном состоянии.

Другими словами, каждая из четырех стадий в глубине эгоизма состоит из неисправленной части, силы, которая ее исправляет, и исправленного состояния.

Можно сказать, что четырехбуквенное имя Творца – это как бы сверху вниз, а движение по трем линиям – снизу вверх, то есть это путь исправления снизу.

Как написано:

А ТОЛЬКО НА МЕСТЕ, КОТОРОЕ ИЗБЕРЕТ БОГ В ОДНОМ ИЗ КОЛЕН ТВОИХ, ТАМ ПРИНОСИ ЖЕРТВЫ ВСЕСОЖЖЕНИЯ ТВОИ И ТАМ ДЕЛАЙ ВСЕ, ЧТО Я ЗАПОВЕДУЮ ТЕБЕ.

На самом деле жертвоприношение находится в определенном месте, а именно – между всеми. В каждом колене есть свое особое состояние, свое свойство.

ВХОД ДЛЯ ТЕХ, У КОГО РАЗБИТО СЕРДЦЕ

Продолжаем:

НО СКОЛЬКО УГОДНО ДУШЕ ТВОЕЙ МОЖЕШЬ РЕЗАТЬ И ЕСТЬ МЯСО, ПО БЛАГОСЛОВЕНИЮ БОГА, ВСЕСИЛЬНОГО ТВОЕГО, КОТОРОЕ ОН ДАЛ ТЕБЕ, ВО ВСЕХ ВРАТАХ ТВОИХ; НЕЧИСТЫЙ И ЧИСТЫЙ МОГУТ ЕСТЬ ЭТО, КАК ОЛЕНЯ И КАК БАРАНА.

Со своими исправленными свойствами человек может подходить к получению на отдачу и к правильному использованию своего желания получать, чтобы, получая, работать на отдачу Творцу.

Врата – так называется свойство в человеке, которое раскрывает ему величие Творца. Ворота – на иврите шаар, но это слово имеет еще и другое значение, а именно, оценка Творца.

Разные свойства эгоизма (двенадцать колен) по-разному оценивают Творца. Поэтому существует двенадцать ворот, и каждое из колен должно идти через свои ворота и иметь свое знамя. Они даже не имеют права смешиваться между собой.

Ворота предназначены как для того, чтобы входить в дом, так и выходить. В данном случае мы говорим о воротах выхода к Творцу?

Да. Ворота работают на вход и на выход, потому что человек должен и войти в святость (кодеш), и обязательно выйти из кодеш. Иначе он не сможет возобновить свою работу.

Говорится, что из этих выходов строится движение, Тора. «Кэ мицион йоце Тора» – «Из Циона выйдет Тора». Йоце, еция – выход. Именно из выхода строится новый свет, появляются новые желания. Свет входит, возбуждает желание, выходит – и в человеке возникают новые желания.

Говорится, «можешь резать и есть мясо…, нечистый и чистый могут есть это, как оленя и как барана». Что это означает?

Мясо – самая эгоистическая часть в поглощении. Это получение света хохма в наше настоящее желание получать – то, что человек поглощает своими самыми эгоистическими желаниями.

Это можно сделать в воротах своих, то есть заходить на кодеш и поглощать ради отдачи, естественно.

Насчет оленя и барана – тут вообще сложно. Их забивают не так, как режут домашних животных: овцу, корову и так далее. Оленя можно убивать из лука, например. И при этом они все равно остаются кошерными.

«Нечистый и чистый могут есть». Чистый – человек в состоянии полного исправления. Нечистый – тот, кто понимает, что находится в еще неисправленном состоянии, но все равно входит сюда, чтобы очиститься. О других людях вообще не говорится в Торе.

Всегда речь идет только о человеке, имеющем огромное устремление уподобиться Творцу и увидеть себя, Его и все мироздание в истинном состоянии. Только о тех, у кого разбито сердце, как пишется в Торе.

КРОВЬ БЕЛОГО ЦВЕТА?

Дальше есть короткая фраза:

ТОЛЬКО КРОВИ НЕ ЕШЬТЕ, НА ЗЕМЛЮ ВЫЛИВАЙ ЕЕ, КАК ВОДУ.

Кровь – это высшая форма жизни, света. Мы не можем принять ее в себя, потому что она существует в нашем самом большом эгоистическом желании, которое исправляется только в конце.

Исправление этого желания возможно, когда мы подходим к границе 6000 лет нашего развития – 6000 ступеней, начиная от Адама. Причем это реализуется не нами: приходит сверху свет и исправляет желание. Мы лишь подготавливаем его.

Это действие называется рав паалим вэ мекабциэль – явление Машиаха, высшего света. Исправляется самая низкая, самая тяжелая эгоистическая часть и наполняется светом под названием «кровь».

Другими словами, кровь – это база, на которой стоит эгоизм. Поэтому самое главное при употреблении мяса – освободить его от крови.

Все свойства, обряды, связанные с кровью, с проверкой на кровь, с ее выходом и так далее существуют только потому, что это – жизнь, естественная для нашего эгоизма, и мы можем исправить ее только на самом последнем этапе.

Есть такие понятия, как «чистая или нечистая кровь» – вокруг чего это вращается?

То же самое. Все вращается вокруг того, как можно и как нельзя употреблять кровь, как очищаться от нее и одновременно использовать кровь, чтобы с ее помощью развиваться. Ведь если кровь – основа жизни, то без нее существовать нельзя.

Как же это делать? Например, из матки кормящей женщины кровь поднимается наверх, в грудь, превращается в молоко, пригодное для вскармливания младенца.

Внутри организма кровь проходит исправление: из красной превращается в белую, то есть из свойства получения (кровь) переходит в свойство отдачи и любви (молоко) – вскармливание.

В каббале очень много рассказывается о крови. Вся наша жизнь крутится вокруг этого: рождение, зачатие... – все!

КОЭНУ ОТДАЙ МААСЕР

Дальше идет перечисление:

НЕЛЬЗЯ ТЕБЕ ЕСТЬ ВО ВРАТАХ ТВОИХ ДЕСЯТИНЫ ХЛЕБА ТВОЕГО, И ВИНА ТВОЕГО, И ОЛИВКОВОГО МАСЛА ТВОЕГО, И ПЕРВЕНЦЕВ КРУПНОГО И МЕЛКОГО СКОТА ТВОЕГО, И ВСЕХ ОБЕТОВ ТВОИХ, КОТОРЫЕ ТЫ ДАЕШЬ, И ДОБРОВОЛЬНЫХ ДАРОВ ТВОИХ, И ПРИНОШЕНИЙ РУК ТВОИХ.

Речь идет о десятине (маасер). Все перечисленное надо отдавать, потому что оно относится к коэнам.

Коэн – это часть твоего эгоизма, которую ты не можешь использовать правильно и поэтому должен от нее отказаться.

Обычно маасер мы используем на распространение каббалы. Люди всегда отдавали его, потому что десятую самую эгоистическую часть своего эгоизма человек сможет исправить только по завершению полного исправления, то есть в конце 6000 лет. До этого – никак.

Так говорят, что и в нашем мире десятая часть дохода не приносит пользы людям, которые не отдают десятину, с этим они ничего не могут сделать. Она уходит на какие-то глупости.

ГОСУДАРСТВЕННЫЕ ЧИНОВНИКИ ЛЕВИТЫ

Написано:

ОСТЕРЕГАЙСЯ, НЕ ОСТАВЛЯЙ ЛЕВИТА ВСЕ ДНИ ТВОИ НА ЗЕМЛЕ ТВОЕЙ.

ГЛАВА «СМОТРИ»

Левиты – это свойства, которые относятся к Храму. Они находятся на всей Земле Израиля, не имеют своего участка, потому что их функция – обслуживать население. Они собирают налоги, обучают людей, занимаются развитием населения, созданием государственной структуры и так далее.

Это – чиновники, это власть, налогообложение, структура управления страной и все прочее. Левиты – это бюрократия, но которая построена на подобии низших ступеней высшим.

Они не сидят, выдумывая законы, вытаскивая их в своих интересах неизвестно откуда. Левиты изучают высшие свойства ступеней и как подтянуть себя, народ, государство к более высокому состоянию.

Левиты в тебе выше желания народа, они должны быть более возвышенными.

Продолжаем:

КОГДА РАСШИРИТ БОГ, ВСЕСИЛЬНЫЙ ТВОЙ, ПРЕДЕЛЫ ТВОИ, КАК ОБЕЩАЛ ОН ТЕБЕ, И ТЫ СКАЖЕШЬ: «ПОЕЛ БЫ Я МЯСА», – ПОТОМУ ЧТО ДУША ПОЖЕЛАЕТ МЯСА, ТО СКОЛЬКО УГОДНО ДУШЕ ТВОЕЙ ЕШЬ МЯСА.

Ты дойдешь до такого состояния, что сможешь принимать ради отдачи даже самые большие высшие света – раскрытие Творца. Это и означает: «…расширит Бог, Всесильный твой, пределы твои».

Ты сможешь ради отдачи принимать великий свет, то есть огромнейшие наслаждения. Когда получаешь его не ради себя, а для передачи всем остальным, то у тебя появляется возможность это сделать – сила и помощь Творца. Тогда можешь есть мяса, сколько хочешь.

НЕ ТАЩИ БАРАШКА В ИЕРУСАЛИМ

Глава «Смотри» начинается так: «Я предлагаю вам сегодня благословение и проклятие». Будешь хорошо себя вести – получишь благословение.

Человек и маленькая группа, в которой он себя исправляет, представляет собой мини-человечество таким, каким оно сложилось еще в Древнем Вавилоне. Сейчас, после всех падений и подъемов, люди заканчивают свое исправление, поднимаясь над эгоизмом, и создают между собой правильную среду, правильное общество.

Естественно, в конце их исправления требования ужесточаются. Поэтому говорится: не просто «смотри», а «смотри!». Не выполнишь – плохо будет.

Человек уже подготовлен к тому, чтобы действительно серьезно относиться к духовному возвышению, подняться на следующий уровень своего существования, выйти за ограничения материального предметного мира и начать существовать в мире свойств.

Это и есть Эрец Исраэль – мир свойств, намерений, качеств, которые не имеют никакого отношения к тому, что мы сейчас ощущаем. Когда человек туда входит, он постепенно теряет ощущение нашего предметного мира и остается в нем, как бы отрываясь от своего тела.

Тело уже не воспринимается им как что-то необходимое. Оно как бы еще привязывает его к остальным, еще не вошедшим в ощущение высшего состояния. Но, в принципе, все мы постепенно туда войдем.

Относительно двенадцати колен, которые приблизились к Эрец Исраэль. Никто из них не поворачивает назад, все направлено только туда, как бы ни пугали, что бы ни сказали?

На этом отрезке пути никакого отступления уже нет. У каждого из них существует свой путь, своя методика, средства связи. Но все они направлены, заточены на Землю Израиля.

Написано:

ЕСЛИ ДАЛЕКО БУДЕТ ОТ ТЕБЯ МЕСТО, КОТОРОЕ ИЗБЕРЕТ БОГ, ВСЕСИЛЬНЫЙ ТВОЙ, ЧТОБЫ ВОДВОРИТЬ ТАМ ИМЯ СВОЕ, ТО ЗАРЕЖЬ ИЗ КРУПНОГО И ИЗ МЕЛКОГО СКОТА ТВОЕГО, КОТОРЫЙ ДАЛ ТЕБЕ БОГ, КАК Я ЗАПОВЕДАЛ ТЕБЕ, И ЕШЬ ВО ВРАТАХ ТВОИХ СКОЛЬКО УГОДНО ДУШЕ ТВОЕЙ.

Если Храм находится далеко от тебя, то не стоит взваливать себе на шею барашка и тащить в Иерусалим, чтобы отдать его там. Не только барашка, но и десятину ты должен отдавать местным представителям – коэнам в том месте, где находишься. И они уже передадут это дальше.

Допустим, человек живет на расстоянии 100–200 километров от Иерусалима и, может быть, только раз в несколько лет мог позволить себе посетить Иерусалимский Храм. Но на месте у него имелось все: обслуживание, обучение, развитие, школы.

В то время существовала очень серьезная организация всей жизни. Каждый человек должен учиться, выполнять определенные обязательства перед обществом, сдавать налоги, все учитывалось государственными служащими – левитами и коэнами. И не надо было ездить в Иерусалим, чтобы пополнить государственную казну.

Если говорить о духовной работе человека, то все мы находимся в единой системе. Через силовой центр этой системы проявляется и распространяется высший свет, скрытый от нас.

Ты не обязан быть в центре системы, твое место там, где находишься, чтобы быть подключенным к окружающей тебя системе, чтобы составлять с ней интегральное соединение и правильно контактировать.

Я – ЭТО ВСЕ, А ВСЕ – ЭТО Я

Что такое «во вратах твоих»?

Ворота означают условия, по которым ты связываешься с общей системой: ты влияешь на нее, она влияет на тебя, ты отдаешь ей все, чтобы она функционировала правильно, и она обеспечивает тебя необходимым для существования в ней.

Ворота – это мощность твоего соединения, подключения к общей системе душ, чтобы организовать общую душу – Адам. Имеется в виду внутреннее подключение, а не проявление физических законов или чего-то подобного. Даже когда мы говорим о десятине и прочих вещах, например, мезузах на воротах, речь идет о чисто духовных свойствах, желаниях, контактах.

Написано:

ГЛАВА «СМОТРИ»

ТОЛЬКО КАК ЕДЯТ ОЛЕНЯ И БАРАНА, ТАК ЕШЬ ЭТО; НЕЧИСТЫЙ И ЧИСТЫЙ ВМЕСТЕ МОГУТ ЕСТЬ ЭТО.

Правильно соединить части единой души означает собрать их вместе и включить в единое целое таким образом, чтобы в нем циркулировало общее знание, общее мнение, общая вера, общее питание, то есть взаимная отдача и получение друг от друга.

Когда единая система желаний и намерений, то есть сердец и разума, правильно работает и соединяется, то каждый ощущает всю систему.

Каждый через всех соединен со всеми, каждый ощущает себя не только частичкой системы, но и самой системой – Адамом. Все, что находится здесь, – это я. И все, что создано, – это я.

Я ощущаю, что Творец создал лично меня. Почему? Потому что в этой системе я питаю каждый осколок души, к которым подсоединяюсь, и одновременно получаю от них. Выходит, что мое включение на отдачу и получение насколько индивидуально, настолько и уникально, – ведь это делаю я. Так обстоит дело и с твоей стороны, и с его, и со стороны каждого.

Каждый ощущает себя, как одно целое. Единый Творец, имеющий полный открытый контакт с единым творением, то есть с каждой из 600 тысяч частичек, составляющих душу.

Поэтому нельзя перепрыгивать через ступени? Очень хочется этого, но тебе говорят: «Прежде еще много ступеней надо пройти».

До того, как ты ощутишь себя единым творением, стоящим против Творца. Это и есть душа каждого, то есть ощущение полного абсолютного контакта с

Творцом. Другими словами, это и есть духовная ступень человека.

Иногда я вижу это в нашей жизни, например, когда женщина требует от мужчины, чтобы он принадлежал ей полностью, как будто у него нет ничего: ни мозгов, ни рук, ни жизни, ни работы, ни мыслей, – она инстинктивно желает проглотить его.

В принципе, такое желание раскрывается в человеке относительно Творца. Человек считается женской получающей частью относительно Него. Так это работает. И мы должны достичь такого состояния. Но реализовать его можно только на духовном уровне, по-другому не получится.

В ЧИСТОМ ПОНИМАЮ, ЧТО Я НЕЧИСТЫЙ

ТОЛЬКО КАК ЕДЯТ ОЛЕНЯ И БАРАНА, ТАК ЕШЬ ЭТО; НЕЧИСТЫЙ И ЧИСТЫЙ ВМЕСТЕ МОГУТ ЕСТЬ ЭТО.

Как понять – нечистый и чистый вместе?

Нечистый – такого вообще нет. Нечистый говорится относительно того, кто проходит период очищения. Это есть в каждом человеке и не означает, что один человек чистый, а другой – нечистый.

В каждом из нас пробуждаются переменные состояния, потому что все время мы находимся в процессе исправления от полного разрушения в начале творения до полного исправления в конечном итоге.

Человек обязан привести к полному объединению все свои состояния, чистые и нечистые, которые, кстати, работают одновременно. Так мы изучаем в науке каббала: «Все прегрешения покроет любовь», – прегрешения остаются, а любовь их покрывает.

Ни в коем случае не уничтожай прошлые нечистые состояния, а просто образуй над ними чистые, – вместе они приводят тебя к контакту с Творцом.

Творец существует между ними. Так в сэндвиче между двумя ломтиками хлеба внутри находится наполнение. В духовном наполнение – это ощущение Творца, контакт с Ним, а то, что снаружи с двух сторон – это наше чистое и нечистое состояние.

Исходя из того, что Вы говорите, разве можно находиться в чистом состоянии? Ведь в чистом моментально возникает ощущение нечистого?

Естественно! Это необходимо для того, чтобы продолжить исправление!

Существуют оба состояния – чистый и нечистый. Нам надо поддерживать их постоянно меняющимися, как в колесе. Поэтому все наше продвижение так и называется – офаним (офен – колесо). Так мы продвигаемся: то, что внизу, поднимается наверх, а то, что наверху, опускается вниз. Поэтому нет ничего, что не поднималось бы и не опускалось одновременно.

Человек должен чувствовать, что самое основное – соединить вместе плохие и хорошие состояния, ночь и день. Тогда он не замечает плохих и хороших состояний, а работает над тем, чтобы они оба были устремлены к связи. И получается, «нечистые и чистые едят в одном месте».

НЕ ЕШЬ СВОЮ ДУШУ

И опять о крови:

НО СТАРАЙСЯ НЕ ЕСТЬ КРОВИ, ИБО КРОВЬ – ЭТО ДУША; НЕ ЕШЬ ЖЕ ДУШИ ВМЕСТЕ С МЯСОМ. НЕ ЕШЬ ЕЕ, НА ЗЕМЛЮ ВЫЛИВАЙ ЕЕ, КАК ВОДУ. НЕ ЕШЬ ЕЕ, ЧТОБЫ ХОРОШО БЫЛО ТЕБЕ И СЫНАМ ТВОИМ ПОСЛЕ ТЕБЯ, ИБО ЭТИМ СДЕЛАЕШЬ ТЫ УГОДНОЕ БОГУ.

Кровью называется самое великое свечение, наполнение желания – свет хохма на его самом высоком уровне. До своего полного исправления мы не в состоянии получить его, то есть, говоря аллегорически, употреблять в пищу кровь.

Кровь – это четвертая часть света, четвертая часть желания. Употреблять его нельзя, потому что мы не можем ощущать в себе огромные желания, наполненные самым большим светом, и одновременно чувствовать слияние с Творцом – на отдачу. Это находится выше наших желаний.

Отсюда исходит требование все очищать. Именно поэтому кошерование основано на строгих правилах забоя животных и извлечении крови из мяса.

Говорится, кровь – это душа. Объясните, что это значит?

Есть пять уровней души: нэфеш, руах, нэшама, хая, йехида. Самая основная – это «дам зэ нэфеш» (кровь – это душа). В переводе с иврита слово дам означает кровь, нэфеш – душа.

Кровь – это самая низкая часть, поэтому ее нельзя употреблять. Принять такое наполнение с намерением отдачи невозможно, так как у нас нет сил, чтобы сопротивляться такому большому эгоизму. Такое состояние существует до полного исправления. После него мы сможем перейти на другие законы.

Поскольку мы коснулись этой темы, дайте Ваше определение души, если можно.
Душа – это наше желание наполниться, которое проходит исправление и связано с желаниями других людей. При этом связь настолько крепкая, что между нами не возникает никаких барьеров.

Общее желание, которое воспринимается как одно, называется сосудом души. Ощущение, которое мы раскрываем в нем, называется светом души, наполнением.

Но надо обратить внимание, что мы должны сортировать свои желания и наполнения и все время следить за тем, чтобы они были направлены только на взаимную отдачу между нами и далее – на общую отдачу Творцу.

КАЖДЫЙ ПРАВ

Говорится, что «все прегрешения покроет любовь». Где здесь душа?
Сосуд души строится таким образом, что все изначальные отрицательные свойства остаются в нем, а над ними делаются исправления. Именно раскрытие эгоизма, его пороков и затем его исправление дает ощущение глубокой связи между нами.

В природе можно найти множество таких примеров. Также и в обычной жизни видим, как из-за нашего эгоизма все время возникают различные проблемы в семье, среди друзей и так далее.

Мы не сможем быть уверенными, что связаны друг с другом, до тех пор, пока наш эгоизм последовательно не исправится через ссоры, противоречия и исправления, следующие за ними.

Для взаимного включения необходимо последовательное раскрытие всех наших проблем и их исправление. На всех уровнях мы мочалим друг друга и себя, пока, наконец, не поймем, что продолжать так уже невозможно: каждый прав.

Те, кто продвигаются, ощущают всевозможные противоречия настолько, что не могут совладать с ними. Именно таким образом их учит общая система, общая душа, чтобы они поняли, где на самом деле находятся и каким образом найти правильную связь между собой.

Все время мы возвращаемся к тому, что «все прегрешения покроет любовь»?

Всегда. До самого конца. Только после того, как над всеми прегрешениями раскрывается одна единая любовь (это невероятное состояние!), человек может быть уверен, что он – действительно праведник. Невозможно достичь состояния праведника, если не прошел все раскрытие грешника в себе.

Это раскрывается Творцом – ничего нового тут нет, ведь все исходит из источника наших душ. Все грешные деяния существуют внутри человека. И он обязан их раскрыть! Это происходит не сразу, ступенчато. В соответствии с местом, где человек находится, ему даются определенные свойства, возможности и взаимоотношения с миром, которые начинают его раскрывать, обвинять и прочее. Тут он и должен быть в связи с Творцом, в благодарности к Нему, то есть покрывать любовью все, что дано ему.

Человек не получает того, что не может выдержать. Вначале Творец ставит его в определенные обстоятельства, внутренние и внешние, чтобы он мог возвыситься над злом, преодолеть, покрыть его любовью. И лишь затем идет раскрытие зла.

НО СТАРАЙСЯ НЕ ЕСТЬ КРОВИ… НЕ ЕШЬ ЕЕ, ЧТОБЫ ХОРОШО БЫЛО ТЕБЕ И СЫНАМ ТВОИМ ПОСЛЕ ТЕБЯ, ИБО ЭТИМ СДЕЛАЕШЬ ТЫ УГОДНОЕ БОГУ.

Что означают – твои сыновья?

Речь идет о следующих ступенях, следующих состояниях человека, которые называются его сыновьями.

И СВЯТОСТЬ ОБРАЩАЕТСЯ В ПОРОК

ТОЛЬКО СВЯТЫНИ ТВОИ, КОТОРЫЕ БУДУТ У ТЕБЯ, И ОБЕТЫ ТВОИ ВОЗЬМИ И ПРИХОДИ НА МЕСТО, КОТОРОЕ ИЗБЕРЕТ БОГ.

Что такое – мои святыни, мои обеты?

Святыни – это все дорогое, что есть в тебе, все решимот, свойства, силы, чаяния, которые ты должен раскрыть и привести к новому контакту с Творцом. Таким образом постепенно возвышаешься.

Здесь человеку следует постоянно анализировать и выбирать свои самые наивысшие состояния и приводить их к соединению с Творцом. Все это необходимо лишь для того, чтобы убедиться, что его святыни вдруг из возвышенных состояний обращаются в низкие, а то, что было достижением на прошлой ступени, становится прегрешением на следующей. Все хорошее, возвышенное, мои самые чудесные порывы соединиться, любить ближнего предстают передо мной как порочные.

Так происходит постоянно, как только я начинаю контакт со своей новой ступенью, следующим раскрытием Творца. Это называется: «святость низшей ступени обращается в низость высшей ступени».

Где здесь мои обеты, обещания?

Мои обеты – это то, что я считал в себе незыблемым. Все это превращается в абсолютную труху! Я вижу, как улетучиваются все мои установки, отношения, определения, правила, мое понимание и восприятие этого мира. Ничего в них нет: никакой правды, никакой ценности, никакой духовности. Вдруг обнаруживается: то, что я считал моим контактом с духовным, представляет собой абсолютный ноль!

Но при этом открывается следующая ступень, то есть я иду верой выше знания, готов отторгнуть от себя все, что было раньше моим «я», и возвыситься над ним.

Что такое «вера выше знания»?

Вера выше знания означает состояние, в котором свойства Творца, отдачи и любви я принимаю выше того, что существует сейчас во мне. Я готов взять ценности, совершенно противоположные моему сегодняшнему состоянию в желаниях и в намерениях, и работать в них.

При этом на своей прошлой ступени я стою двумя ногами! И именно поэтому должен подняться над ней. Так каждая следующая ступень абсолютно обратна предыдущей.

Получается, никаких законов не существует?

Только этот закон: подъем в отдаче выше получения. На каждой ступени открываются свои законы. Все прошлое совершенно стирается, – и человек строит новую ступень!

Тогда можно сказать, что все повторения, которые содержатся в Торе, – это каждый раз следующие ступени? Например, в одной и той же главе уже третий раз говорится о крови.

Конечно! Все повторения происходят оттого, что Тора – это последовательное напоминание, якобы, об одном и том же. Но это совершенно не так!

ЗАКОНСЕРВИРОВАТЬ СЕБЯ ОТ ЭГОИЗМА

В главе «Смотри» сказано:
СМОТРИ, Я ПРЕДЛАГАЮ ВАМ СЕГОДНЯ БЛАГОСЛОВЕНИЕ И ПРОКЛЯТИЕ.

И ПРИНОСИ ЖЕРТВЫ ВСЕСОЖЖЕНИЯ ТВОИ, МЯСО С КРОВЬЮ, НА ЖЕРТВЕННИК БОГА, ВСЕСИЛЬНОГО ТВОЕГО: КРОВЬ ЖЕ ДРУГИХ ЖЕРТВ

ТВОИХ СЛЕДУЕТ ВЫЛИТЬ У ЖЕРТВЕННИКА БОГА, ВСЕСИЛЬНОГО ТВОЕГО, А МЯСО ЕШЬ.

Мы уже говорили, что кровь – это самая низкая эгоистическая ступень, которую труднее всего исправить. Поэтому ее надо удалять. Мясо олицетворяет животный уровень, самое сильное проявление эгоизма.

Все законы кашрута, как и все религиозные законы, предписанные Торой, основаны только на этом. Есть предписания, как пить и есть, как готовить еду, сколько выдерживать в соли, сколько варить, какие виды неживой, растительной и животной природы можно употреблять в пищу и так далее.

Существует огромное количество законов, но все они сводятся к одному: я ем – это значит, что я получаю наслаждение ради Творца. Параллельно это наслаждение соответствует наполнению сосуда моей души высшим светом.

Когда в земных понятиях описывается, как правильно забивать скот, как его свежевать, как кашировать, то есть делать пригодным для еды, удалять из мяса кровь, замачивать его, засаливать, как варить и есть – речь не идет о мясе, скоте или человеке, который будет употреблять его в пищу. На самом деле говорится о том, образом человек может принять очень большой свет – уровня хохма, причем принять его ради отдачи.

Тора объясняет, как человек должен подготовиться к получению высшего света. Он обязан, во-первых, убить в себе животное и разделать его – осознать все свои внутренние желания, свойства, мысли, намерения. Затем отделить плохое от хорошего – разрубить тушу.

Далее требуется засолить мясо, то есть окунуть в соль. Это значит, законсервировать так, чтобы больше не портилось. Замочить определенным образом, приготовить в определенной посуде определенное количество времени, чтобы получить не полусырое, а полностью сваренное мясо.

Все перечисленное означает, что эгоистическое желание и наполняющий его свет должны быть обработаны соответствующим образом и полностью подходить друг к другу, как со стороны желания, так и со стороны света.

Только после соблюдения всех этих правил желание готово к употреблению. Сказано: и тогда ты можешь принести это к коэну, то есть к своему самому высокому состоянию, в котором связываешься с Творцом. Благодаря тому, что сделал над собой такие исправления: убил в себе животное, разделал и приготовил его, – сейчас ты можешь употребить это желание на отдачу.

Поскольку отдача не относится к животному уровню, то таким образом ты и строишь духовного человека из себя – из животного, которого убил.

Очень подробно вся цепочка действий рассказывает нам о духовных свойствах, следствия которых существуют в нашем мире именно в обиходном, обычном виде.

Великий каббалист РАМБАМ написал свою поваренную книгу, исходя из этой связи – причина и следствие? Что и как готовить, сколько раз жевать, какое настроение должно быть при этом и так далее?

Обязательно! Никто из великих мудрецов Торы ничего не писал из своей головы, а только из наблюдения, из постижения Высшей системы, Высших сил, Высшего управления!

Моше написал Тору, как историю похождений по Синаю в течение сорока лет. На самом деле речь идет не о событиях земной жизни, а о духовном продвижении. То же самое РАМБАМ и все другие каббалисты. Каждый брал для себя какую-то особую, близкую ему форму изложения и через земные понятия описывал духовные состояния.

Но что интересно, когда ты излагаешь это на земном уровне, то получаешь законы, соблюдая которые общество становится совершенно другим. Оно становится вечным! Оно становится более здоровым, предохраняя, консервирует себя от внутренних проблем.

НЕ ПОДНЯЛСЯ – ЗНАЧИТ УПАЛ

Скажем, если без лишних раздумий идти по поваренной книге РАМБАМа, то приходишь к духовному постижению?

Этот уровень называется домем лэ кдуша – неживой святой уровень. Несмотря на то, что человек не понимает, что и зачем делает, но даже если он просто выполняет законы, то этим охраняет себя, то есть уже возникает некоторая подсветка свыше. Но задача, цель не в этом.

Тут есть всего лишь минимальный уровень для сохранения, поэтому он называется «духовно неживой». За ним идут растительный, животный уровень и человек, там уже требуются от нас определенные усилия по изменению своего внутреннего состояния.

А первый уровень – домем дэ кдуша – не требует ничего, кроме одного: «Законсервируйся». Передали тебе эту традицию, – выполняй ее неукоснительно. Причем если ты ее не соблюдаешь, то падаешь с этого уровня. А выполнять ее – это постоянно работать против непрерывно растущего эгоизма. Чтобы компенсировать нисхождение эгоизма, все время надо подниматься. Ты не можешь просто оставаться на неживом уровне, невозможно быть духовно неживым.

Почему народ Израиля упал со своего уровня? Потому что мудрецы, преподавая на духовно неживом уровне, старались подтянуть людей к большим ступеням, чтобы они сами могли идти вперед и духовно расти. Народу же казалось, что достаточно быть такими же, как отцы и деды: «Разве я не должен быть таким же, как мой дед?! Я все выполняю так же, как и он...». При этом человек даже не ощущает, что он уже не способен ничего выполнить.

Так происходит нисхождение поколений, вплоть до того, что мы видим сегодня. И причина тому – люди оставили духовный подъем. Ведь без духовной компенсации нашего растущего эгоизма невозможно оставаться даже на том же постоянном уровне, не говоря уже о подъеме.

«ПОЦЕЛУЙ ЭТУ ПАЛКУ»

Продолжаем главу «Смотри»:
КОГДА ИСТРЕБИТ БОГ, ВСЕСИЛЬНЫЙ ТВОЙ, НАРОДЫ, К КОТОРЫМ ТЫ ИДЕШЬ, ЧТОБЫ ИЗГНАТЬ ИХ ОТ СЕБЯ, И ТЫ ИЗГОНИШЬ ИХ, И ПОСЕЛИШЬСЯ В

СТРАНЕ ИХ, ОСТЕРЕГАЙСЯ, ЧТОБЫ НЕ ПОПАЛ ТЫ В ЛОВУШКУ, СЛЕДУЯ ИМ, ПОСЛЕ ТОГО, КАК УНИЧТОЖЕНЫ ОНИ БУДУТ ПЕРЕД ТОБОЙ, И ЧТОБЫ НЕ ОБРАЩАЛСЯ ТЫ К БОГАМ ИХ, ГОВОРЯ: «КАК СЛУЖАТ НАРОДЫ ЭТИ БОГАМ СВОИМ, ТАК БУДУ ДЕЛАТЬ И Я».

Народы – это свойства, которые находятся внутри человека. Когда начинаешь входить в раскрытие Земли Израиля, обнаруживаешь страшнейшие проблемы! В тебе проявляются такие злые свойства, называемые народами мира, которые растаскивают тебя по частям.

Человек должен быть очень осторожен. Перед ним разворачивается новый уровень постижения, с одной стороны, но, с другой – одновременно раскрывается и уровень проклятия.

Сказано: даю тебе возвышение и нисхождение. Или подъем или падение. Или благословление, или проклятие. Так и начинается глава «Смотри».

Все идет параллельно. Ты не можешь подняться по духовным ступеням, если при этом не будешь раскрывать в себе огромные, страшные, очень неприятные эгоистические пласты и исправлять их.

Именно на исправлении строится подъем. Человек, который продвигается в постижении духовного мира, должен радоваться, что его эгоизм растет, что он становится все хуже.

Он чувствует, что плох с другими? И ничего не может с собой сделать?

У него вообще пропадает желание к духовному возвышению. Он ничего не желает, становится грубым и резким. В его жизни возникают всякие проблемы. Весь мир и себя он видит гадким. И ничего не может с этим сделать.

Эгоистическая ступень раскрывается в человеке внутренне на себя и внешне на все остальное, вплоть до Творца.

Тут он должен понять, что уровень эгоизма, который в нем поднимается сейчас, намного больше, чем до вхождения на так называемый эгоистический уровень Земля Израиля. Существующие там народы и есть эгоистические свойства человека, которые соответствуют подъему на эту землю. Здесь ему придется серьезно работать над собой.

Самое главное – осознать, что все делается для духовного подъема, в том числе падения, невзгоды, проблемы, которые валятся на него со всех сторон. Человека начинают разоблачать в страшных вещах: украл, на кого-то наговорил и прочее.

Вдруг со стороны окружающего общества возникают всевозможные претензии к нему, нелюбовь, ненависть, пренебрежение – все то, что в нашем мире серьезно задевает, ударяет по его «я». Причем, это может быть и со стороны семьи: жены, детей, друзей, родственников.

В этом состоянии важно понять, что Творец все посылает из любви к тебе, из желания привлечь к Себе. Надо научиться «целовать палку».

Страшно, когда это все «по мясу» проходит! Можешь ли ты в этот момент оправдать Творца?

Когда эти беды задевают нашу плоть в буквальном смысле слова, никто ничего не может сделать. Но зато потом человек начинает немножко задумываться, сопоставлять одно с другим, потихонечку осознавать, – и результатом станет еще один шажок вперед. Так он продвигается.

Всякий раз раскрытие зла говорит, что впереди подъем.

Но в каждый данный момент ты не можешь никак оправдать Его, как ни старайся. На это сказано: «Нет праведника в своей земле, то есть в Земле Израиля, который бы сделал добро и перед этим не согрешил». Все грехи заготовил для нас Творец и постепенно раскрывает их перед нами.

Можно говорить красиво, когда все хорошо. Но если находишься внутри ощущений в момент прегрешения, то понимаешь, что, хотя это все – твой мир и ты внутри него, но посмотреть на ситуацию извне не можешь.

Люди становятся абсолютно полными ее участниками, и невозможно им что-то сказать даже со стороны. Окунаясь в так называемый грех, мы ничего сделать не можем, у нас нет никакой свободы воли.

Свобода воли заключается лишь в том, чтобы заранее создать себе такое окружение, такую атмосферу, которая, несмотря на наше падение, издали своей подсветкой помогала бы быстрее подняться и начать духовный подъем, то есть сократить эту паузу.

КОГДА ИСТРЕБИТ БОГ, ВСЕСИЛЬНЫЙ ТВОЙ, НАРОДЫ, К КОТОРЫМ ТЫ ИДЕШЬ...

Интересное начало. Почему Бог истребит, а не я сам уничтожу свои эгоистические желания – народы?

Человек ничего не может сделать сам. Наоборот, он соглашается со своими эгоистическими желаниями, готов жить их жизнью.

Говорится: «народы, к которым ты идешь», – имеется в виду, что ты идешь к Эрэц Исраэль. Но, когда входишь в Землю Израиля, то есть в намерение ради отдачи и любви ко всем, то наталкиваешься на свои злые свойства. Они начинают раскрываться, и ты видишь, что на самом деле хочешь думать только о себе, – тебе плевать на других! Развлекаться, красиво жить, получать удовольствия для себя, другими словами ощущать, что жизнь удалась.

В ЧЕМ ЛОВУШКА?

...И ПОСЕЛИШЬСЯ В СТРАНЕ ИХ, ОСТЕРЕГАЙСЯ, ЧТОБЫ НЕ ПОПАЛ ТЫ В ЛОВУШКУ, СЛЕДУЯ ИМ, ПОСЛЕ ТОГО, КАК УНИЧТОЖЕНЫ ОНИ БУДУТ ПЕРЕД ТОБОЙ, И ЧТОБЫ НЕ ОБРАЩАЛСЯ ТЫ К БОГАМ ИХ, ГОВОРЯ: «КАК СЛУЖАТ НАРОДЫ ЭТИ БОГАМ СВОИМ, ТАК БУДУ ДЕЛАТЬ И Я».

Почему так написано? Ведь враги уничтожены, и ты уже живешь в той стране.

Человек стремится избавиться от своих эгоистических свойств, и поэтому больше всего его тянет именно к ним.

Если уничтожаешь кого-то снаружи, то эгоизм тебе в этом помогает, а если в себе – то тут уже другой разговор. Кажется, все: я их убил и сжег, и растер, и пепел развеял по ветру, – и все равно опять раскрываю эгоизм в себе.

Что это? Вдруг я попал в ловушку? Нет, это помощь свыше, чтобы все время мы исправлялись и искали в себе эгоизм. Так перед Песахом ищут квасное: с зажженной свечой проверяют все темные углы и закоулки в доме, – не остался ли в тебе эгоизм, хамец так называемый. В каждой сфире мы ищем неисправленную малхут.

НЕ ДЕЛАЙ ТАК БОГУ, ВСЕСИЛЬНОМУ ТВОЕМУ, ИБО ВСЕ, ЧТО МЕРЗКО ДЛЯ БОГА, ТО, ЧТО НЕНАВИДИТ ОН, ДЕЛАЛИ ОНИ БОГАМ СВОИМ; ВЕДЬ ДАЖЕ СЫНОВЕЙ СВОИХ И ДОЧЕРЕЙ СВОИХ СЖИГАЮТ ОНИ НА ОГНЕ БОГАМ СВОИМ.

Если говорить о человеке, то, что это?

Если говорить о человеке? В конечном итоге эгоизм умирает, ведь он все проигрывает. Дочери и сыновья – это будущие свойства, будущие действия человека, его состояния. Надо следить, чтобы они оставались живыми, а не мертвыми, не сжигать их, не убивать.

Наши состояния, желания должны проходить исправление, после чего они уже правильно идут вперед. В противном случае, ты сам убиваешь своих детей, сжигаешь их, как написано, отдаешь богам своим, то есть эгоистическим желаниям.

И предупреждение:

ВСЕ, ЧТО Я ЗАПОВЕДУЮ ВАМ, СТРОГО ИСПОЛНЯЙТЕ; НЕ ПРИБАВЛЯЙ К ЭТОМУ НИЧЕГО И НИЧЕГО НЕ УБАВЛЯЙ ОТ ЭТОГО.

Мы знаем, что измерения духовных действий всегда должны быть очень четкими. Не может человек сделать меньше или больше.

Если направил на отдачу меньше того, что мог, значит, пожадничал, недодал от себя. Если – больше, значит, необдуманно привлек к этому действию свой неисправленный эгоизм.

Надо отрезать точно по грани, определяя, что до этого предела я могу делать на отдачу, а дальше этого состояния – уже нет. И тогда произойдет четкое разграничение – не больше и не меньше.

Это решается в голове духовного парцуфа. Душа имеет головную и телесную часть. Головная часть решает проблемы, а телесная их реализует.

Может ли телесная часть не соглашаться с головой?

Нет, такого быть не может. Но подтверждение того, что ты реализуешь, должно быть именно в материальной, в телесной части.

Не прибавляй и ничего не убавляй – абсолютно четкое, заранее выверенное действие. В своей головной части человек должен четко знать, что может позволить себе в теле. В нашем мире достигнуть этого трудно, а духовный путь построен только на этом расчете.

Если в голове четко делаешь расчет– не больше и не меньше, значит, с тобой в теле точно ничего не произойдет. Ты не пойдешь в клипу ни правой, ни левой линии – ни туда и ни сюда.

ПРОВЕРКА ОТ ТВОРЦА

Далее:

ЕСЛИ ВОССТАНЕТ В СРЕДЕ ТВОЕЙ ПРОРОК ИЛИ СНОВИДЕЦ И ДАСТ ТЕБЕ ЗНАМЕНИЕ ИЛИ ЧУДО,

И ПОЯВИТСЯ ЗНАМЕНИЕ И ЧУДО, О КОТОРОМ ОН ГОВОРИЛ, ЧТОБЫ СКАЗАТЬ: «ПОЙДЕМ ЗА БОГАМИ ИНЫМИ, КОТОРЫХ ТЫ НЕ ЗНАЛ, И БУДЕМ СЛУЖИТЬ ИМ», – ТО НЕ СЛУШАЙ СЛОВ ПРОРОКА ЭТОГО ИЛИ СНОВИДЦА ЭТОГО, ИБО ИСПЫТЫВАЕТ ВАС БОГ, ВСЕСИЛЬНЫЙ ВАШ, ЧТОБЫ УЗНАТЬ, ЛЮБИТЕ ЛИ ВЫ БОГА…

Все, что происходит, приходит от Творца. А Он – очень ревнивый. Он все время посылает всевозможные соблазны, чтобы мы доказали, что преданы Ему. Причем искушения возникают на совершенно ровном месте, в таком виде, что мы не можем не согласиться с ними.

Ученые, общественные деятели обращаются ко мне: «Не может исходить это от Творца, невозможно, чтобы Он так делал! Смотри, у нас есть доказательства самого Творца! Мы будем слушать, извини, не тебя, а самих себя».

Причем, кто это говорит? На первый взгляд, посторонние люди, а на самом деле – мои свойства во мне. В этот момент у меня нет никаких аргументов, а доказательство и власть, наоборот, есть именно у тех свойств и сил, которые уводят меня в сторону.

Доказательства, явные и ясные, и я вижу их?

Да, мне кажется, что это говорит не эгоизм, а как бы правильные желания, правильные свойства.

Отчего произошло разрушение Первого и Второго Храма? Разве люди знали, что идут эгоистическим путем?! Ни в коем случае! Это уже в истории мы читаем разные версии.

Тогда люди считали, что действуют абсолютно верно, что иначе нельзя, что таким образом они делают добро и приближаются к Творцу. Ведь они были на высоком духовном уровне! Они назывались «кциним», то есть являлись воинствующей частью общества. Первосвященники, не какой-то плебс.

Тут надо понимать, что Творец играет с нами в очень серьезную игру, а мы заранее должны заручиться внешней поддержкой.

Сегодня состояние изменилось, мы находимся в другой тенденции. Во времена Первого и Второго Храмов существовало абсолютно четкое направление – привести народ к разбиению, к разрушению, к распылению, к смешиванию с народами мира.

Сейчас, противоположным образом – необходимо собрать и оформить народ в единую систему и привести его к распространению единства изнутри наружу. Выходит не сам Творец, а Его сила. Объединение начинает постепенно эманировать и распространяться на все народы мира.

Человечество должно поменять направление мышления, парадигму. Необходимо очень многое исправить, в том числе каждому из нас лично. В этом и заключается выбор между духовным путем и эгоистическим земным существованием.

Мы привыкли к прямым доказательствам, к опытам, к научной практике, которая показывает реальные результаты. А сейчас наука разводит руками?

Да, благодаря науке, мы подходим к тому, что оказываемся перед стеной, не зная, что делать дальше.

Причем это проявляется на всех уровнях. Перестают работать простые земные науки, которыми человек занимается тысячи лет. Это будет очень интересно.

Мы уже чувствуем сейчас, что потихонечку теряем вожжи управления реальностью. Но вскоре окажемся в мире, в котором вдруг исчезает даже понимание того, где мы находимся, чего хотим.

Мы увидим, что и вожжей в наших руках нет, и кони куда-то запропастились (то есть системы, которыми мы когда-то управляли). Их нет, мы их не видим. Что-то вокруг крутится, но все воспринимается, как во сне.

Куда же нормальному человеку податься? Ведь он уже привык так жить! Как ему перевернуть мировосприятие, что сделать с мозгами?!

Не знаю, что сказать. Только в науке каббале можно найти ответ на вопрос, что происходит с человечеством, что люди должны делать, чтобы понять и действительно взять всю систему управления в свои руки, стать творцами своей судьбы и приблизиться к цели, к которой необходимо дойти.

УБЕЙ СНОВИДЦА В СЕБЕ

Потрясающая глава «Смотри». Оказывается, как ни смотри, а все результаты, которые видишь, все, что показали тебе предсказатели, сновидцы, даже то, что сбылось перед твоими глазами, – это все неправда.

Человек не может верить ни одному из своих свойств и чувств, ни своим мыслям, ни расчетам – ничему. Он должен просто отменить всего себя до состояния нуля, приклеится к высшему управлению и оттуда начать все получать.

Высшее управление, постепенно раскрываясь, будет входить в него, и только в этой мере человек сможет понять, как соответствовать этой системе. Тут начинается работа сначала с отдающими желаниями, а потом с получающими.

Дальше говорится, как надо поступить со сновидцем.

А ПРОРОК ТОТ ИЛИ СНОВИДЕЦ ТОТ СМЕРТИ ДОЛЖЕН БЫТЬ ПРЕДАН...

Да, убей сновидца в себе. Иначе он все время будет подзуживать, убеждать, чтобы ты верил его опытам и результатам и шел в неправильном направлении. Другими словами, ты должен искоренить все свойства в себе, которые уводят с пути.

Сновидцы – это основа, на которой базируется в человеке отсутствие доверия к Творцу, к вере выше знания. Все, что есть в человеке, может быстро меняться на абсолютно противоположное. Причем в таком виде, что сейчас невозможно поверить, что так может быть.

Допустим, очень интересные открытия в квантовой физике отрицают существование времени, пространства, движения и так далее. И происходит, что, хотя человек в своем макромире абсолютно не согласен с микромиром, он вынужден его принять, потому что результаты пограничных опытов с микромиром обязывают его.

Человек не понимает, но пытается логически присоединить к этому новому знанию свой разум. Иногда, пусть с трудом, ему это удается. Но только отчасти, полного понимания процессов не будет никогда. Еще немножко и ученые поймут, что и они дальше идти не могут, они упрутся в стену.

Ведь мы не можем чувственно представить себе события, которые происходят вне времени, вне пространства и тесно связаны между собой, хотя находятся на расстояниях миллиардов световых лет. Свет движется миллиарды лет! И параллельно ему маленький человечек копошится на своей Земле.

Ужасное состояние: видеть всю и космогоническую, и земную картину и понимать, что мы наделали со своим маленьким животным эгоизмом.

Дальше говорится, что мы, наверное, не виноваты в этом. Ведь для чего пришел этот пророк или сновидец?

А ПРОРОК ТОТ ИЛИ СНОВИДЕЦ ТОТ СМЕРТИ ДОЛЖЕН БЫТЬ ПРЕДАН ЗА ТО, ЧТО ГОВОРИЛ ОН ПРЕСТУПНОЕ ПРОТИВ БОГА, ВСЕСИЛЬНОГО ВАШЕГО, ...ЧТОБЫ СБИТЬ ТЕБЯ С ПУТИ, ПО КОТОРОМУ ПОВЕЛЕЛ ТЕБЕ БОГ, ВСЕСИЛЬНЫЙ ТВОЙ, ИДТИ; ИСКОРЕНИ ЖЕ ЗЛО ИЗ СРЕДЫ ТВОЕЙ.

Творец так устроил, чтобы ты сам мог попросить (не сделать!), а попросить своего исправления.

Творец нигде не заявляет, что человек грешен. Он говорит: «Я создал зло», а роль человека – просить Его об исправлении. Просить, чтобы Творец исправил зло, которое Он сам же и создал.

Человек должен быть посредине. Его задача – почувствовать определенное свойство или явление и определить его как зло, если оно не существует в Творце или не приносит пользу окружающему обществу. Вопреки своему эгоизму, человек может понять, что стоит за этим свойством – добро или зло. И затем попросить Творца, чтобы Он исправил его.

Все очень просто и ничего другого не надо! Если ты так делаешь, то считаешься праведником.

«РУБИТЬ СЕБЕ НОГИ И РУКИ…»

Выходит, что Творец создал во мне пророка и сновидца. Зло, которое Он мне показывает, то, что я вижу, как реальность, тоже от Него. И Он же говорит: «Убей его!» Но с помощью самого Творца. Для чего Он доводит меня до просьбы?

Мне надо попросить, то есть решить, действительно ли я хочу избавиться от данного свойства или явления.

Тут человеку необходимо понять, что это свойство является вредным, ведь оно не находится в Творце, и с его помощью невозможно наполнять окружающих, делать им добро. Только осознав это, можно просить Творца уничтожить в тебе данные свойства.

Какие свойства? В твоем представлении они самые лучшие, это – самые близкие желания, наполнения, настоятельно востребованные свойства, без которых, кажется, вообще не можешь существовать. Уничтожить их практически равносильно расставанию с жизнью, как выполнение требования: убей себя.

Так и сказано, что «Вы будете семь раз на дню рубить себе ноги и руки».

Имеется в виду в духовном смысле рубить. Например, руки символизируют наши свойства получения…

Чтобы ощутить огромное наслаждение в слиянии с Творцом, человек готов убивать в себе эгоистические свойства получения, причем не один раз, а в течение многих дней жизни по многу раз в день, что намного тяжелее, чем рубить себе руки и ноги.

Но, с другой стороны, это очень легко достигается, если выполнять советы каббалистов правильно: то есть в группе, под влиянием высшего света.

Наука каббала дается для того, чтобы обеспечить прекрасное, особое восхождение, когда вместе с товарищами ты можешь реализовать уничтожение эгоизма. Ты должен войти в Землю Израиля, то есть в группу, уничтожить семь народов, которые там существуют, то есть подняться над всеми разногласиями между вами, и в итоге завладеть прекрасной страной.

Дальше начинается перевертыш. Только что речь шла о сновидце, пророке, а сейчас говорится:

ЕСЛИ СТАНЕТ ПОДГОВАРИВАТЬ ТЕБЯ БРАТ ТВОЙ, СЫН МАТЕРИ ТВОЕЙ, ИЛИ СЫН ТВОЙ, ИЛИ ДОЧЬ ТВОЯ, ИЛИ ЖЕНА ТВОЯ, ИЛИ ДРУГ ТВОЙ ЗАДУШЕВНЫЙ, ТАЙНО, ГОВОРЯ: «ПОЙДЕМ И БУДЕМ СЛУЖИТЬ БОГАМ ИНЫМ, КОТОРЫХ НЕ ЗНАЛ НИ ТЫ, НИ ОТЦЫ ТВОИ», – ИЗ БОГОВ НАРОДОВ, ЧТО ВОКРУГ ВАС, БЛИЗКИХ К ТЕБЕ ИЛИ ДАЛЕКИХ ОТ ТЕБЯ, ОТ ОДНОГО КРАЯ ЗЕМЛИ ДО ДРУГОГО, … НЕ ЩАДИ ЕГО, И НЕ ЖАЛЕЙ ЕГО, И НЕ ПРИКРЫВАЙ ЕГО, НО УБЕЙ ЕГО; РУКА ТВОЯ ПЕРВАЯ ДА

ГЛАВА «СМОТРИ»

НАСТИГНЕТ ЕГО, ЧТОБЫ УМЕРТВИТЬ ЕГО, А РУКА ВСЕГО НАРОДА – ПОСЛЕ.

Тут есть очень много всяких точек. «Брат твой, сын матери твоей, сын твой» – идет постоянное приближение к моему «я».

Самые близкие люди – имеются в виду самые близкие свойства, которые есть в тебе.

Я бы перенес это на учеников. Духовный учитель уходит из нашего мира, и остаются его ученики. Они находятся под всевозможными огромными влияниями: своими личными внутренними, семейными, общественными, мировыми и так далее.

Каким образом ученики должны стеречь себя, чтобы идти по пути, который им передал, заповедал их учитель? Каким образом они могут удержаться в той же системе, в которой находятся при нем? Это большая проблема.

ЧТОБЫ ГРУППА СОХРАНИЛАСЬ

После смерти моего Учителя Рабаша я обнаружил, что среди его учеников существует множество мнений и некоторые из них начали трактовать его по-своему. Поэтому первое, что я сделал, – отошел от всех.

Ни в коем случае я не осуждаю их, не говорю, что они неправы. Просто каждый понимал по-своему, отсюда появились разногласия. Ничего страшного здесь нет.

Такие проблемы есть и будут возникать также и внутри группы. Допустим, жены станут объяснять мужьям, как и что надо делать. А мужья под их влиянием потеряют серьезный внутренний стержень – пояснения своего учителя, который каждое утро выстраивал их в правильном направлении.

Между учениками могут возникнуть всевозможные осложнения, они будут по-разному трактовать методику каббалы, действия в мире, особенно по распространению. В соответствии со своим характером каждый станет тянуть в свою сторону – ведь мы занимаемся реализацией каббалы.

Нашей группе тяжелее, чем тем, кто не находится в состоянии реализации. Что стало с учениками Рабаша после его ухода? Кто-то больше занимается Талмудом, другой – написанием статей. Кроме того, произошло разбиение между ними: один занимается в Ашдоде, второй – в Бней-Браке, третий – в Иерусалиме, четвертый – еще где-то. Все это возможно, пока не выходишь на широкую публику.

Когда обращаешься к людям, то они влияют на вас, а вы, в свою очередь, в разных видах воздействуете на других. Это большой источник проблем.

Единственное, что в этом случае может помочь, – продолжать серьезно заниматься, ни на день не прекращать учебу, ставить наши уроки каждое утро, как мы делаем сегодня, и выходить на все акции распространения.

Каждый может иметь свою группу или несколько групп, которым преподает. И неважно, если эти группы будут возносить его как маленького праведника. Главное – двигаться вперед.

Даже находясь в разрозненности, в распространении разными путями, они постепенно увидят, что, пусть разными словами, на разных языках, они говорят об одном и том же.

Самое главное – изучать источники, как мы это делаем сегодня. Поменьше трактовать самим, а поднимать весь наш архив, изучать то, что проходили вместе, и распространять науку каббала в соответствии с теми событиями, с теми состояниями, которые будут актуальны в обществе. А все остальное придет свыше, конечно.

Может быть, этого разрыва не случится?

Мы знаем, что это обязательно произойдет. Будет очень много центробежных сил, которые разрывают группу, и очень мало центростремительных, которые собирают ее в единое целое. Так было всегда у всех групп.

Каким образом можно избежать этого? Только лишь жестким управлением со стороны единого руководства, которые вместо меня будут управлять всей мировой группой Бней Барух.

Эта руководящая группа обязана организовывать работу, исходя из следующих установок:
- обязательно обучать тому же и так же, как мы это делаем сегодня;
- не включать никаких собственных трактовок, только обсуждение в кругах;
- распространять.

Внешние действия остаются теми же: трапезы, праздники и так далее. Так что, все заготовлено и можно продолжать.

Пока еще я тут, мы вместе, и мы продолжаем. Но если меня не станет, то лично я спокоен за свое духовное наследие. Мы отпечатали и распространили все книги Рабаша и Бааль Сулама, напечатали все, что можно издать по каббале. В нашем архиве существует более двадцати тысяч записей уроков и так далее.

Есть, чем заниматься, и есть люди, которые могут продолжить. Если они будут взаимосвязаны в одно общее целое, то проблем не должно быть.

НЕТ У СУДЬИ БОЛЕЕ, ЧЕМ ЕГО ГЛАЗА

ЕСЛИ СТАНЕТ ПОДГОВАРИВАТЬ ТЕБЯ БРАТ ТВОЙ, СЫН МАТЕРИ ТВОЕЙ, ИЛИ СЫН ТВОЙ, ИЛИ ДОЧЬ ТВОЯ, ИЛИ ЖЕНА ТВОЯ, ИЛИ ДРУГ ТВОЙ ЗАДУШЕВНЫЙ, ТАЙНО, ГОВОРЯ: «ПОЙДЕМ И БУДЕМ СЛУЖИТЬ БОГАМ ИНЫМ, КОТОРЫХ НЕ ЗНАЛ НИ ТЫ, НИ ОТЦЫ ТВОИ», – ИЗ БОГОВ НАРОДОВ, ЧТО ВОКРУГ ВАС, БЛИЗКИХ К ТЕБЕ ИЛИ ДАЛЕКИХ ОТ ТЕБЯ, ОТ ОДНОГО КРАЯ ЗЕМЛИ ДО ДРУГОГО, ... НЕ ЩАДИ ЕГО, И НЕ ЖАЛЕЙ ЕГО, И НЕ ПРИКРЫВАЙ ЕГО, НО УБЕЙ ЕГО; РУКА ТВОЯ ПЕРВАЯ ДА НАСТИГНЕТ ЕГО, ЧТОБЫ УМЕРТВИТЬ ЕГО, А РУКА ВСЕГО НАРОДА – ПОСЛЕ.

Скажите еще раз, что это внутри человека: брат твой, сын матери твоей, сын твой, дочь твоя, жена твоя?

Брат твой, сын матери твоей, или сын твой, или дочь твоя, или жена твоя, или друг твой задушевный – все это личные свойства человека, самые близкие ему.

Глава «Смотри»

Человек – это маленький мир, внутри которого существует все. В его личном, внутреннем мире он видит те же разбиения, что и снаружи.

Ведь в науке каббала мы изучаем, что все, что видим извне, – это копия, отражение нашего внутреннего состояния, на самом деле снаружи ничего нет.

Твои близкие подговаривают тебя служить другим богам:

...ИЗ БОГОВ НАРОДОВ, ЧТО ВОКРУГ ВАС, БЛИЗКИХ К ТЕБЕ ИЛИ ДАЛЕКИХ ОТ ТЕБЯ, ОТ ОДНОГО КРАЯ ЗЕМЛИ ДО ДРУГОГО...

Человек не имеет права верить никаким авторитетам, никаким теориям, методикам, верованиям, религиям, – ничему не верить и ничего не принимать на веру ни голословно, ни с доказательствами. Надо лишь идти по пути объединения так, как мы это изучаем, с условием, что нет у судьи более, чем его глаза.

Судья – это человек, который хочет судить себя и понять на самом деле, где он и что он из себя представляет.

Мои глаза – это мой материальный разум, что означает абсолютно чистое доказательство, в нем нет ничего сверхъестественного, никаких убеждений со стороны.

Здесь должно быть понимание каббалы как науки, которая должна реализоваться в нашем мире и привлечь человека к духовному развитию абсолютно четким образом. Тут главное – ни во что не верить, не поддаваться никаким авторитетам.

Надо держаться только вместе и идти в одном и том же направлении. Как пишет Бааль Сулам в одном из своих писем: чуть-чуть меняешь угол – и тут же отходишь от цели. Следует учитывать, что по мере своего продвижения ты идешь вперед и с отклонением в сторону, и поэтому не попадаешь в цель.

Представь, что ты должен лететь на какую-то планету. В самом начале выбираешь направление с учетом своего местоположения, нажимаешь на кнопку и – вперед. Но если вдруг случилось отклонение всего лишь на полградуса, то уходишь неизвестно куда.

Далее говорится, что делать с близкими твоими, которые уводят тебя от цели.

...И НЕ ЩАДИ ЕГО, И НЕ ЖАЛЕЙ ЕГО, И НЕ ПРИКРЫВАЙ ЕГО, НО УБЕЙ ЕГО; РУКА ТВОЯ ПЕРВАЯ ДА НАСТИГНЕТ ЕГО, ЧТОБ УМЕРТВИТЬ ЕГО, А РУКА ВСЕГО НАРОДА – ПОСЛЕ.

Все, что есть в тебе, все твои дополнительные свойства должны согласиться с тем, что ты убиваешь в себе определенное злое начало.

«Рука всего народа – после» означает, что необходимо проанализировать свое эгоистическое побуждение не только исходя из своих поступков, но и привести в порядок с этим исправлением все свои свойства, называемые семья, родные, весь мир, все убеждения.

Иначе говоря, необходимо привести всех к согласию, что я, никого не слушая, убиваю свой эгоизм.

И ПОБЕЙ ЕГО КАМНЯМИ, ЧТОБ УМЕР ОН, ИБО ХОТЕЛ ОН ОТВРАТИТЬ ТЕБЯ ОТ БОГА ВСЕСИЛЬНОГО ТВОЕГО, КОТОРЫЙ ВЫВЕЛ ТЕБЯ ИЗ СТРАНЫ ЕГИПЕТСКОЙ, ИЗ ДОМА РАБСТВА.

Что такое побить камнями его?

Лев а-эвен (каменное сердце) – это самая настоящая казнь. Камнем (эвен) называется то, что невозможно изменить. Человек берет свои свойства и с их помощью убивает в себе злое побуждение.

Камень означает, что ты ни с чем не считаешься, кроме своего неживого состояния. Не принимаешь во внимание никакие убеждения эгоизма, никакие его свойства, никакие фокусы.

Ты четко действуешь по каббалистической методике, должен выполнять точно, что прописано, не доверяя при этом ни своим глазам, ни своим ушам, ни своему разуму. Такой уровень выполнения называется домэм – неживой уровень, камень.

Ничем невозможно столкнуть тебя с пути – именно этим ты добиваешь злое начало.

УСЛЫШАТ, УЖАСНУТСЯ И... СОГЛАСЯТСЯ С ТОБОЙ

Написано:

А ВЕСЬ ИЗРАИЛЬ УСЛЫШИТ И УЖАСНЕТСЯ, И НЕ СТАНУТ БОЛЕЕ ДЕЛАТЬ ТАКОГО ЗЛА В СРЕДЕ ТВОЕЙ.

Когда все увидят, что ты поступаешь именно так кардинально, жестким образом, тогда и поймут, что иначе делать нельзя, и с этим согласятся.

Почему написано: «услышит и ужаснется»? Потому, что Творец будет уже с тобой.

До этого все будут кричать на тебя, вопить, таскать в разные стороны: «Почему?! Так нельзя! Да ты что?!»

Возьми камень, разбей голову этой змее, и все сразу скажут: «Правильно!» Они тут же раскроют, что ты сделал в своем исправлении, в анализе проблемы и способе ее решения.

Все услышат и ужаснутся тому, что ты упрямо шел и, в конце концов, разбил голову змее. Это называется «вера выше знания», то есть верить вопреки всем разумным доводам, которые во мне бьются изнутри.

Все вокруг проклинают, говорят: «Какая глупость!», а я стою на своем. Почему?! Нет ответа. Внутри самого меня относительно меня нет ответа. Знаю только одно: так поступали мои учителя, так требует от меня Творец, так я это понимаю. Я лично, без всякого вмешательства извне!

Очень жесткий подход!

Таков путь истины – самый жесткий, неприятный и, казалось бы, самый глупый, неразумный. Ведь разум исходит из нашего уровня, поэтому здесь нам надо добавить от более высокой ступени.

Высшая ступень – это вера выше разума. Это что значит? Когда я поднимаюсь на нее против своего разума.

ИСПРАВЛЕНИЕ – НА ОСТРИЕ МЕЧА

В главе «Смотри» мы остановились в очень интересном месте. Если придет пророк или сновидец и скажет, и чтобы ты ему поверил, докажет, что все обстоит так, как он говорит, то ты должен его убить. И далее продолжение темы:

ГЛАВА «СМОТРИ»

ЕСЛИ УСЛЫШИШЬ ТЫ, ЧТО В ОДНОМ ИЗ ГОРОДОВ ТВОИХ, КОТОРЫЕ БОГ, ВСЕСИЛЬНЫЙ ТВОЙ, ДАЕТ ТЕБЕ, ЧТОБЫ ЖИТЬ ТАМ, ВЫСТУПИЛИ ЛЮДИ НЕГОДНЫЕ ИЗ СРЕДЫ ТВОЕЙ И СОВРАТИЛИ ЖИТЕЛЕЙ ГОРОДА СВОЕГО, ГОВОРЯ: «ПОЙДЕМ И БУДЕМ СЛУЖИТЬ БОГАМ ИНЫМ, КОТОРЫХ ВЫ НЕ ЗНАЛИ», – А ТЫ ВЫЯСНЯЛ, И ИССЛЕДОВАЛ, И РАССПРАШИВАЛ ХОРОШО, И ОКАЗАЛОСЬ, ЧТО ВЕРНО ЭТО, СОВЕРШЕНА МЕРЗОСТЬ В СРЕДЕ ТВОЕЙ, – ТО ПЕРЕБЕЙ ЖИТЕЛЕЙ ТОГО ГОРОДА ОСТРИЕМ МЕЧА, УНИЧТОЖЬ ЕГО И ВСЕ, ЧТО В НЕМ, И СКОТ ЕГО ОСТРИЕМ МЕЧА.

Тору нельзя трактовать буквально, потому что она говорит о духовных свойствах, о духовных состояниях человека. Слова: «перебей всех жителей острием меча» не означают, что в материальном мире так произошло на самом деле. Никогда такого не было.

Что значит «совратились люди»? Они начали падать с уровня беззаветной отдачи и любви к ближнему, на котором самым главным являлись интересы общества, то есть в первую очередь, – «мы». Свое собственное «я» каждым всегда подавлялось, не оно говорило в человеке.

Потому сказано: если вдруг появляются люди, которые не только начали руководствоваться своим эгоизмом, но и втягивать в это других, утверждать, что именно так надо действовать, то их необходимо «убивать».

Имеется в виду – убивать не людей, а побуждения в человеке. Каждый сам в себе убивает эгоистические намерения. И общество должно об этом заботиться, беспокоиться, предупреждать такие состояния.

Необходимо понимать, что человечество идет к исправлению. И поэтому все казни в Торе – это наказания за проявившиеся эгоистические свойства, которые необходимо исправлять через воздействие окружающей среды, давление, воспитание.

Говорится: «негодные люди из среды твоей». Среда твоя – это те, кто живет по принципу «Возлюби ближнего, как самого себя». И вдруг они повернулись к другим богам, к другим ценностям, то есть к себе, поэтому называются тут негодными людьми.

Почему далее написано: «А ты выяснял и исследовал, и расспрашивал хорошо…»?

Конечно. Не просто идешь и действуешь против них. Надо выяснить их внутренний порыв, их позыв, к чему это идет, откуда пришло, почему у человека появилась такая слабость. Ведь в каждом из нас эгоизм обновляется каждую секунду.

Вместе с тем, надо четко понимать, что делать дальше. Это очень большая работа общества – постоянно стоять на страже каждой личности, помогать, вдохновлять, укреплять, поддерживать.

Почему «перебей острием меча»?

Перебей – это значит, искорени в себе намерения. Желания остались верными, а намерения обратились в эгоистические, поэтому их надо просто вырезать.

Есть четыре вида желаний: неживое, растительное, животное, человеческое. В зависимости от уровня его нужно или убить мечом, или сжечь, или побить камнями, или удушить.

Прежде всего, надо понять, к какому уровню относится желание, поэтому следует расспросить человека, выяснить, помочь ему определить, что это такое.

Сам ты не можешь вырвать из него эгоистические намерения, не можешь забраться в него и переключить, перенаправить его намерение с ради себя на ради других. Твоя работа – сделать так, чтобы он сам произвел в себе такие изменения. Это и называется исправлением.

Причем невозможно это осуществить напрямую, только косвенным путем, в том числе и в самом себе тоже. Человек должен захотеть избавиться от эгоистического намерения. Избавление как раз и совершается различными казнями.

ВТОПЧИ ПРОШЛОЕ В ЗЕМЛЮ

А ВСЮ ДОБЫЧУ ЕГО СОБЕРИ НА СРЕДИНУ ПЛОЩАДИ ЕГО, И СОЖГИ ОГНЕМ ГОРОД И ВСЮ ДОБЫЧУ ЕГО ПОЛНОСТЬЮ, – ЭТО УГОДНО БОГУ, ВСЕСИЛЬНОМУ ТВОЕМУ, – И ДА БУДЕТ ОН НАВЕКИ ГРУДОЙ РАЗВАЛИН, НЕ БУДЕТ ОН ОТСТРОЕН ЗАНОВО.

Что значит: «собери на средину площади его, и сожги огнем город и всю добычу его полностью»?

Когда есть группа товарищей, направленных на духовную работу, то внутри нее на соединение между собой собираются прошлые намерения, которые раньше казались хорошими и правильными. Но сейчас вдруг стало понятно, что они эгоистические.

Аппаратный анализ выявления эгоизма и альтруизма все больше проявляется в этой группе и показывает:

то, что раньше казалось нормальным, правильным, на самом деле является эгоистическим.

Совместное желание группы товарищей называется «город», «площадь».

Почему говорится: «…и будет он навеки грудой развалин, не будет он отстроен заново»?

Никогда не брать намерения, которые стали в человеке эгоистическими, и не использовать их снова. Он обязан сделать все, чтобы не вернуться к ним.

Никогда не возвращаться к прошлому состоянию – только таким образом идут вперед, к полному исправлению.

И снова предупреждение:

И ДА НЕ ПРИЛИПНЕТ К РУКЕ ТВОЕЙ НИЧЕГО ИЗ УНИЧТОЖАЕМОГО.

Если человек стремится к собственному исправлению или участвует в исправлении своих товарищей, то ни в коем случае нельзя увлекаться, чтобы не приклеилось к нему ничего из «хорошего», что, кажется, было у них.

Есть в мире такие группы людей, внутри которых существует крепкая связь, настоящая дружба, преданность друг другу, как внутри семьи, – так по законам Коза Ностра живут мафиозные структуры. Но в них нет высшей составляющей, все направлено на себя, все, казалось бы, правильные отношения отдаляют человека от цели творения.

Любые самые великие, якобы, мысли, поступки, крепкая взаимопомощь – эти и все другие достижения следует уничтожить, потому что человек не в

ГЛАВА «СМОТРИ»

состоянии видеть эгоистическое зло внутри их. Здесь надо идти верой выше знания.

СЫНЫ ВЫ БОГУ, ВСЕСИЛЬНОМУ ВАШЕМУ: НЕ ДЕЛАЙТЕ НА СЕБЕ НАДРЕЗОВ И ПЛЕШИ НЕ ДЕЛАЙТЕ НАД ГЛАЗАМИ СВОИМИ ПО УМЕРШИМ…

Какая тут связь с тем, о чем мы только что говорили: «И да не прилипнет к руке твоей ничего из уничтожаемого»?

Человек умертвляет в себе эгоистические желания и намерения. В нем не должно остаться от них никаких воспоминаний, записей, чтобы не скорбел он по ним, чтобы исчезло всякое впечатление от них.

Эгоистические желания умерли – и все. Втопчи их в землю, зарой так, чтобы не возвращаться к ним и не оглядываться назад. Никаких возвратов в прошлое.

МОЕ ДВУХЭТАЖНОЕ СОСТОЯНИЕ

Дальше в главу «Смотри» без всякого, казалось бы, перехода вдруг входит кашрут:

НЕ ЕШЬ НИКАКОЙ МЕРЗОСТИ. ВОТ ЖИВОТНЫЕ, КОТОРЫХ МОЖЕТЕ ВЫ ЕСТЬ: БЫК, ОВЦА И КОЗА, ГОРНАЯ КОЗА, ОЛЕНЬ, И СЕРНА, И КОЗЕРОГ, И САЙГА, И БУЙВОЛ, И ЛОСЬ. И ВСЯКОЕ ЖИВОТНОЕ С РАЗДВОЕННЫМИ И РАСЩЕПЛЕННЫМИ НАДВОЕ КОПЫТАМИ, ОТРЫГИВАЮЩЕЕ ЖВАЧКУ, – ТАКОЕ ЖИВОТНОЕ МОЖЕТЕ ЕСТЬ.

Исправление построено на действии, которое называется цимцум бэт – второе сокращение.

Второе сокращение означает, что все свои силы, все свойства мы используем только на отдачу другим. Мы организуем такое сообщество, где никто не работает ради себя, а только на общее дело.

В отличие от Творца, человек является желанием получать, то есть ощущать наслаждение, когда наполняется. Чем? Пища, секс, семья, богатство, слава, власть, знания – все материальные виды получения удовольствия.

Их особенность заключается в том, что они находятся в нас и являются временными и ограниченными по объему. И мы уже видим, что наполнить человека невозможно.

Духовное наполнение подразумевает создание совсем иного сосуда, который не находится в тебе. Если ты наполняешь других, но при этом ощущаешь, что они – не другие, а ты сам (как твои дети, допустим), то тогда у тебя существует неограниченная возможность их наполнять и при этом наслаждаться даже больше, чем если бы ты брал себе.

Чего мне не хватает для построения такого сосуда? Всего лишь ощущения, что все в мире: посторонние, чужие, далекие – мои самые дорогие существа, дороже меня самого. Это можно представить себе по нашему отношению к своим детям. Если речь идет о спасении ребенка, мать готова на все.

Значит, все дело в том, чтобы чужих, удаленных от меня, совершенно не относящихся ко мне людей, представить очень близкими на самом деле. Здесь и возникает проблема.

ГЛАВА «СМОТРИ»

Если я отношусь к ним, как к своим детям и внукам, то остаюсь на том же животном уровне, как любой человек в нашем мире. И это не называется духовным исправлением.

Духовное исправление заключается в том, что все мироздание человек начинает ощущать, как зависящее от него, а всех людей не просто как своих близких, а как часть его самого.

Нельзя рассказать об этом словами, потому что в нашем мире не существует адекватных впечатлений. Здесь мы приходим к состоянию, которого, в конечном итоге, достигнут все люди под воздействием высшего света.

Вследствие занятия каббалой, вследствие сближения между нами в каббалистическом сообществе под воздействием методики объединения, которую мы реализуем с самыми посторонними людьми, возникает особая, положительная сила. Она существует в природе, но скрыта от нас.

Называется она силой Творца, поэтому и говорится, что Творец скрыт. Никто не знает Его, не чувствует, не видит.

Но если мы пытаемся соединиться, как родные, то тогда вызываем Его проявление, и эта положительная антиэгоистическая сила начинает строить между нами связи.

При этом не аннулируется наше эгоистическое взаимное противостояние друг другу. Более того, над ним строится связь, которая показывает, что мы являемся одним общим целым.

В результате получается как бы сэндвич – два уровня отношений. На низшем уровне я по-прежнему ненавижу остальных, нахожусь с ними в конкуренции, отталкиваю их даже еще больше, чем раньше. А на уровне выше вдруг начинаю ощущать с ними общность, цельность, единение, взаимность.

Таким образом, две взаимно противоположные системы отношений между мной и остальными людьми создают во мне духовную систему, которая называется «все прегрешения покроет любовь».

В моем внутреннем «двухэтажном» состоянии верхний уровень, на котором я желаю отдавать другим, заботиться о них, называется вера – свойство отдачи, любви, ощущение ближнего как себя. Оно находится над моим прежним эгоистическим отношением к ним как к людям чужим, противоположным, моим противникам.

Это и есть реализация призыва Торы «Возлюби ближнего, как себя». Но при этом – «Все прегрешения покроет любовь». Получается, ты его возлюбил, но твоя любовь покрывает все прегрешения. Другими словами, она не аннулирует твой эгоизм, а только лишь покрывает его сверху.

Оба слоя существуют одновременно. Когда они взаимодействуют, то дают возможность человеку ощутить Высший мир между двумя свойствами: отторжения и ненависти, с одной стороны, притяжения и любви – с другой. К этому ведет нас Тора.

КОПЫТО, РАЗДЕЛЕННОЕ ПОПОЛАМ

Где здесь цимцум бет? Как он соотносится с условиями кашрута – употреблять в пищу мясо животных, которые являются одновременно парнокопытными и жвачными?

Цимцум бет (второе сокращение) заключается в том, что благодаря соединению высшего свойства света (отдачи и любви) с моим низшим свойством (получать, наслаждаться только ради себя) в человеке произошло разделение желаний.

Есть желания слабые, которые называются желаниями отдачи, хотя мы в них ничего не собираемся отдавать. И есть более грубые – желания получения.

Маленькие желания можно использовать в работе с другими людьми: помогать им, влиять, правильно относиться к ним. А большие желания – невозможно, поэтому мы сокращаем их в себе, то есть не используем. Это и есть цимцум бет – второе сокращение.

В этом и заключается разделение на кошерных и некошерных животных. Кошерные – значит, годятся в пищу, то есть это желания, в которых существуют признаки годности к употреблению на отдачу. На животном уровне – это корова, овца, бык, коза, олень и так далее.

Таких животных много. Все они отличаются по признаку мафрис парса – раздвоенного копыта. Их разделенное пополам копыто говорит о том, что существует четкое разделение между свойствами отдачи и получения. И даже если они работают со своим свойством получения, оно у них настолько маленькое, что действует как бы на отдачу. Кроме того, у них все время происходит срыгивание – замкнутый цикл потребления пищи.

В нашем мире эти признаки кошерности – парнокопытность и жвачность являются внешними следствиями второго сокращения.

Интересно, что в Торе прямо назвали этих животных: сайга, лось, серна…

В Торе не раз поименно перечисляются животные, годные в пищу. Тора написана и дана три тысячи лет назад, с тех пор люди открыли огромное количество новых земель, видов животных, растений и так далее.

Но новых видов кошерных животных среди них не появилось. То же самое связано с птицами, рыбами, растениями.

Дальше в этом отрывке написано:

И ВСЯКОЕ ЖИВОТНОЕ С РАЗДВОЕННЫМИ И РАСЩЕПЛЕННЫМИ НАДВОЕ КОПЫТАМИ, ОТРЫГИВАЮЩЕЕ ЖВАЧКУ, – ТАКОЕ ЖИВОТНОЕ МОЖЕТЕ ЕСТЬ. НО ЭТИХ НЕ ДОЛЖНЫ ВЫ ЕСТЬ ИЗ ОТРЫГИВАЮЩИХ ЖВАЧКУ И ИМЕЮЩИХ РАЗДВОЕННЫЕ И РАСЩЕПЛЕННЫЕ КОПЫТА: ВЕРБЛЮДА, И ЗАЙЦА, И ДАМАНА, ТАК КАК ЖВАЧКУ ОТРЫГИВАЮТ ОНИ, НО НЕТ У НИХ РАЗДВОЕННЫХ КОПЫТ, НЕЧИСТЫ ОНИ ДЛЯ ВАС.

Если одна из составляющих кошерности отсутствует, то мясо этого животного нельзя употреблять в пищу. Например, верблюд – известно, что это жвачное животное, но является непарнокопытным. Его можно использовать для внешних нужд, для перевозок, допустим, но не есть.

Всегда в Торе говорится об исправлении эгоистических желаний человека, то есть о том, как использовать их с правильным намерением. Ведь желания наполниться остаются, они не исчезают.

Человек делает на них сокращение и приводит себя к состоянию, когда ищет возможности работы с этими желаниями. Те из них, которые он может обратить в желание ради отдачи, называются кошерными, то есть годными для отдачи другим.

В нашем мире эти свойства в своем грубом виде находятся в животных, в рыбах, в птицах. Есть также законы относительно растений, каким образом их можно есть.

Другими словами, из всего, что окружает человека, он должен выбирать только то, что может использовать с намерением ради отдачи.

То же самое касается посуды, связанной с употреблением еды, на нее тоже распространяются определенные законы кошерности. Разделение мясного и молочного и прочее, включая дом, двор, город и, естественно, весь мир. К этому нам и надо прийти.

СВИНЬЯ – ЭТО ПРЯМОЙ ОБМАН

Продолжаем исследование темы кашрута:
А СВИНЬЯ, ХОТЯ КОПЫТА У НЕЕ РАЗДВОЕНЫ, НО НЕ ОТРЫГИВАЕТ ОНА ЖВАЧКУ, НЕЧИСТА ОНА ДЛЯ ВАС; МЯСА ИХ НЕ ЕШЬТЕ И К ТРУПАМ ИХ НЕ ПРИКАСАЙТЕСЬ.

Тут идет олицетворение человеческого желания, которое построено на двух линиях – с одной стороны, парнокопытное животное, но, с другой – нет отрыжки, то есть применяет ради себя. Это хуже, чем однокопытное для себя: конь, допустим.

Свинья олицетворяет такое желание: вроде бы, существуют две линии, но обе следуют эгоистической методике поведения. Прямой обман человека.

Далее:

ВОТ ЭТИХ МОЖЕТЕ ЕСТЬ ИЗ ВСЕГО, ЧТО В ВОДЕ: ВСЕХ, У КОГО ЕСТЬ ПЛАВНИКИ И ЧЕШУЯ, МОЖЕТЕ ЕСТЬ. НО ВСЕХ ТЕХ, У КОГО НЕТ ПЛАВНИКОВ И ЧЕШУИ, НЕ ЕШЬТЕ, НЕЧИСТЫ ОНИ ДЛЯ ВАС.

Все, что живет в воде и имеет плавники и чешую, можно употреблять в пищу. Надо обратить внимание, что тут не идет речь о животных, которые существуют и в воде, и на суше.

Плавник олицетворяет собой отторжение света. На иврите плавник – это снапир: сне-ор – ненавидящий свет.

Чешуя (на иврите каскасим) – покрытие типа экрана, пользуясь которым человек может отторгнуть от себя свет, приходящий к нему.

Плавник больше относится к цимцум алеф (первое сокращение), а снапир – к цимцум бет (второе сокращение). Отсюда в нашем мире рыбы, которые не имеют плавников и чешуи, а также лягушки, устрицы и все прочие морские продукты не являются кошерными.

Что такое во мне рыба без чешуи и плавников? Что они означают во внутренней работе человека?

Рыба без чешуи и плавников – это оголенное желание, которое не в силах противостоять высшему наслаждению, принимает его и этим полностью отрезает себя от Творца, не может уподобиться Ему.

Все, что находится в воде, то есть в свете хасадим, в принципе, может быть очень близко к нам. Поэтому рыба даже не требует кошерования.

Мясо годится к употреблению, если животное забить, освежевать и откашировать по определенному закону: выпустить из него кровь и прочее. Относительно рыбы нет таких правил. Можно купить ее у любого рыбака, неважно, как он ее добыл: поймал в сети, или она уснула у него в лодке, или он подцепил ее на крючок, или оглушил.

Не нужно особенно выпускать из рыбы кровь, потому что тут другой вид желания. Это свойство находится в воде. Поэтому кровь ее не считается кровью, и мясо ее не нуждается в кошеровании. Брось ее прямо в котел и вари, лишь бы были плавники и чешуя. Понятно, что не надо употреблять их в пищу, но они должны быть на этой рыбе.

Продолжаем:
ВСЯКУЮ ПТИЦУ ЧИСТУЮ МОЖЕТЕ ВЫ ЕСТЬ. ВОТ ТЕ, КОГО НЕЛЬЗЯ ВАМ ЕСТЬ ИЗ НИХ: ОРЛА, И ГРИФА, И МОРСКОГО ОРЛА, И ШУЛЯТНИКА, И СОКОЛА, И КОРШУНА ПО РОДУ ЕГО. И ВСЯКОГО ВОРОНА ПО РОДУ ЕГО, И СТРАУСА, И СОВУ, И ЧАЙКУ, И ЯСТРЕБА ПО РОДУ ЕГО, И СЫЧА, И ИБИСА, И ФИЛИНА, И ПЕЛИКАНА, И СИПА, И БАКЛАНА, И АИСТА, И ЦАПЛЮ ПО РОДУ ЕЕ, И УДОДА, И ЛЕТУЧУЮ МЫШЬ.

Идет поименное перечисление. Кроме названных, всех остальных можно употреблять в пищу. Интересно, что в Торе содержится абсолютно четкое знание природы, что в ней есть, что будет и не будет.

Кстати, как правило, птицы, рыбы, животные, которых нельзя употреблять в пищу, чаще всего являются хищными.

Поразительно, что в процессе исторического развития других нечистых птиц или животных не появилось, и в будущем не раскроются никакие другие виды, которые соответствуют категории нечистых.

Откуда берется такая уверенность, что никаких новых видов не появится в будущем?

Каббалисты, которые пишут Тору, прекрасно понимают, где находятся. Они видят насквозь Высший мир и наш мир, знают причины и следствия того, что в нем есть и чего нет. Для них нет абсолютно никаких преград в видении, в постижении, в осознании и в ощущении. Ведь они находятся вне времени и вне пространства.

Тогда почему иногда Вы говорите, что у каббалистов все время есть сомнения, и они постоянно стоят перед выбором?

Выбор делается только лишь относительно себя, своих поступков, меры, насколько каббалист может подняться выше себя каждый раз. Но то, что раскрывается, постигается им в идеале, абсолютно четко и верно.

Дальше в главе «Смотри» говорится:

И ВСЯКОЕ ЛЕТУЧЕЕ НАСЕКОМОЕ НЕЧИСТО ДЛЯ ВАС, НЕЛЬЗЯ ИХ ЕСТЬ.

Да. Никаких насекомых нельзя есть, кроме саранчи, из-за ее духовного корня.

В Египте люди спокойно набирали котелки саранчи, варили, жарили и ели. Летит она стаями, поэтому ловить ее просто. И говорят, очень вкусно в поджаренном виде. Кстати говоря, в саранче содержится много хорошего белка. Биологи считают, что это – очень полезная пища.

Что это за желание во мне называется «саранча»?

Саранча – это как бы злой посланник Творца. Перемещается крупными стаями на далекие расстояния, покрывает большие территории, вредит посевам.

Саранча – это всегда беда, особенно в древние времена, когда после ее налета ничего не оставалось на полях, и человеку совершенно не на что было рассчитывать.

Что олицетворяет собой желание «саранча»? Это нечто, что может рассматриваться только лишь как послание свыше: или удар, наказание, или, отчасти, благословение, когда ты можешь употреблять ее в пищу.

НЕ ЕСТЬ НИКАКОЙ МЕРТВЕЧИНЫ

ВСЯКУЮ ЧИСТУЮ ПТИЦУ МОЖЕТЕ ВЫ ЕСТЬ. НЕ ЕШЬТЕ НИКАКОЙ МЕРТВЕЧИНЫ...

Что это означает в духовной работе человека?

Не есть никакой мертвечины означает не использовать свои желания, которые не имеют экрана.

Мы разбирали на указаниях Торы, что нельзя употреблять в пищу. Это рыба без плавников и чешуи. Животные непарнокопытные и не имеющие отрыгивающего канала переваривания пищи, то есть у них нет отторжения, они принимают напрямую в себя, глотают пищу напрямую, как свинья, хотя у нее и есть внешний признак двух линий – парнокопытность. Нельзя есть птиц-хищников таких, как ястреб, сокол, коршун и так далее.

Все они олицетворяют желание в человеке схватить, утащить для себя. Другими словами, если хочешь знать, что можно есть, то, в первую очередь, вычеркни все, что бросается на других, чтобы наполнить себя.

Другими словами, речь идет о желаниях в человеке, которые используют других, съедают их. Мертвечина – это желание, направленное только для получения в себя.

Как определить, куда направлено данное желание – на меня или на других?

Мы должны понимать, что значат в нас эти желания: рыбы, животные, растения – все, что существует вокруг, на что они указывают, и как мы можем воспользоваться ими после того, как приведем в надлежащий вид.

Наши желания должны пройти так называемое кашированиe (пригодность к употреблению) – использоваться только во благо других. При этом употреблять ради себя можно лишь для того, чтобы существовать ради других.

Если ты действуешь относительно общества, и все твои действия продиктованы не собственным, а его благом, если ты естественно анализируешь свои мысли и поступки только относительно других, тогда сможешь четко определить направление твоего желания. И никак иначе.

И дальше:

НЕ ЕШЬТЕ НИКАКОЙ МЕРТВЕЧИНЫ, ПРИШЕЛЬЦУ, ЧТО ВО ВРАТАХ ТВОИХ, ОТДАЙ ЕЕ, И ПУСТЬ ОН ЕСТ ЕЕ, ИЛИ ПРОДАЙ ЧУЖЕЗЕМЦУ; ИБО НАРОД СВЯТОЙ ТЫ У БОГА, ВСЕСИЛЬНОГО ТВОЕГО.

Пришелец во вратах твоих – это те свойства, которые ты уже не считаешь своими, от которых избавляешься, выставляешь за пределы своего желания. Но в любом случае оно должно существовать, ведь весь мир находится внутри человека.

В нашем мире существует огромное количество народов, всевозможных групп, которые придерживаются разных законов и обычаев. Почему? Это указывает на то, из чего состоят наши желания.

Мы обязаны понимать, что внутри нас содержится огромное количество всевозможных желаний, расположенных по иерархии – от самых неисправных до самых высоких. Самые неисправные – те, которые можно исправить только в будущем, сегодня находятся на уровне так называемых диких народов. Вся иерархия устроена по принципу: возможность реализации этих желаний на благо других.

Пришельцы и чужеземцы могут как входить внутрь твоего дома, то есть тех желаний, с которыми ты уже работаешь на отдачу, так и находиться снаружи. Это зависит от того, насколько ты приближаешь и исправляешь их.

Можно назвать их «клипот» (нечистыми желаниями)?

Клипа – это желания, которые хотя и находятся за пределами твоего города, но все равно ты должен питать их.

На это существуют определенные действия, их необходимо кормить, но только в той мере, в которой они нужны, чтобы впоследствии исправиться и работать, как и все исправленные намерения, на отдачу.

Эта очень серьезная, огромная, глобальная система. Ее невозможно постичь разумом, можно только внутренне ощутить, когда она чувственно возникает в тебе. Именно в чувствах мы ощущаем все одним целым, разум на это не способен.

Попробуй описать словами свои отношения с группой или в семье. Ты несешь состояние в себе! Чтобы внешне представить его, потребуются тома, – и то всего не выразить.

Человеку кажется, что очень сложно, вообще невозможно достичь такого ощущения! Как к нему прийти?

Ничего сложного тут нет. Надо лишь пытаться воспроизвести его не в голове, а в чувствах. Человек должен стараться все вобрать в себя, – и тогда процесс идет естественным путем.

ГЛАВА «СМОТРИ»

НЕ ВАРИ КОЗЛЕНКА В МОЛОКЕ

Далее следует очень распространенная фраза:
НЕ ВАРИ КОЗЛЕНКА В МОЛОКЕ МАТЕРИ ЕГО.

Речь о том, что невозможно начинать исправление, если нет правильного разделения правой и левой линии.

Правая линия – это молоко, левая – мясо, кровь. Молочную и мясную пищу надо есть отдельно. Кроме того, необходим определенный временной зазор, чтобы перейти от молочного – к мясному и от мясного – к молочному. Вместе нельзя ни в коем случае, также как запрещено употреблять кровь животного.

На эту тему существует огромное количество законов. Это все – законы очищения эгоизма человека, которые объясняются на внешнем материале, потому что на внутреннем уровне никому ничего объяснить невозможно.

Понять способен только человек, который ощущает в желаниях соответствие внешних признаков и своего внутреннего духовного, морального, чувственного строения. Другие смотрят на рыбу, мясо, молоко – на все законы кашрута лишь с гастрономической точки зрения.

Человек, который чувствует, о чем идет речь, воспринимает всю эту гастрономию внутри себя. Он должен именно так разделывать себя изнутри на молочные, мясные, рыбные, птичьи и прочие желания, то есть на неживой, растительный, животный, человеческий уровень. Неживой – имеется в виду соль, вода, даже есть породы земли, которые можно употреблять в пищу.

Молочные свойства во мне – это свойства отдачи. Все животные (мясные) свойства во мне – свойства получения. Если их нельзя соединять вместе, то как тогда возникает средняя линия?

Сказано: «Не вари козленка в молоке матери его». Человек не имеет права соединять вместе правую и левую линию, свойство отдачи и свойство получения. Иначе получается, что ты словно замыкаешь плюс на минус, и происходит короткое замыкание.

Средняя линия возникает над ними! Когда ты хочешь и ту, и другую линию устремить вне себя на благо других, когда отдаешь от каждой из них, тогда обе линии соединяются, но не в тебе, а в том третьем, кому ты отдаешь.

Если ты отдаешь от себя, от твоей правой или левой линии, то каждая из них как бы теряет свои исходные свойства. Поэтому в получателе это ощущается, как отдача.

Это очень интересное свойство. Мы видим, что происходит в третьей линии, как облачение одного в другое на примере взаимного влияния духовных систем аба вэ има – отец и мать. Отец дает свойство хохма, а мать – свойство бина. Оба свойства противоположны, как мясное и молочное, но они соединяются вместе в нижней части, в так называемом – в зеир анпин. И в нем одеваются одно на другое.

Как может быть, что молоко добавляется в мясо и мясо в молоко? Оба противоположных свойства соединяются в третьем, а не в себе. На этом, кстати, построена и вся групповая работа, и все продвижение: вложить в другого, в котором реализуешься полностью и одновременно во всей своей противоположности.

ГЛАВА «СМОТРИ»

«И ЧЕКИ НЕ ДАВАЙ!»

Снова о десятине:

ОТДЕЛЯЙ ДЕСЯТИНУ ОТ ВСЕХ ПЛОДОВ ПОСЕВА ТВОЕГО, ВЫРАСТАЮЩЕГО НА ПОЛЕ ИЗ ГОДА В ГОД. И ЕШЬ ПРЕД БОГОМ, ВСЕСИЛЬНЫМ ТВОИМ, НА МЕСТЕ, КОТОРОЕ ОН ИЗБЕРЕТ, ЧТОБЫ ВОДВОРИТЬ ТАМ ИМЯ СВОЕ, ДЕСЯТИНУ ХЛЕБА ТВОЕГО, ВИНА ТВОЕГО, И ОЛИВКОВОГО МАСЛА ТВОЕГО, И ПЕРВЕНЦЕВ КРУПНОГО И МЕЛКОГО СКОТА ТВОЕГО, ЧТОБЫ НАУЧИЛСЯ ТЫ БОЯТЬСЯ БОГА, ВСЕСИЛЬНОГО ТВОЕГО, ВО ВСЕ ДНИ.

Речь идет о десятине внутри человека. Душа состоит из десяти частей, десятая часть малхут не подлежит исправлению со стороны человека. Поскольку она исправляется только в конце и только Высшей силой, то все, что относится к десятой части, надо отдавать Творцу, то есть направлять на образование, воспитание и так далее.

На нашем земном уровне десятина предназначена коэнам и левитам – тем государственным служащим, которые обслуживают население. На эти средства они организуют школы, воспитательные учреждения, социальные службы, храмы и прочее.

Десятина внутри нас – то, что стоит против нашей малхут. Эта десятая часть нашей души не может исправиться нами, и поэтому мы ее просто отдаем, сами с ней не работаем!

Десятая часть моего огромного желания является самой серьезной, самой эгоистической. То, что я мог бы получить в нее ради себя, привело бы к наслаждению, против которого невозможно устоять. Чтобы этого не случилось, надо от себя отдать.

Кажется, как я отдам, ведь это мое, я получил? Пока не подошел срок платить десятину, кажется: «Ну, нормально, не проблем». И вдруг ничего не можешь с собой сделать.

Это страшное дело. Очень тяжело это осуществить, на самом деле. Только лишь если человек находится в группе, он сможет серьезно отдавать.

Серьезно – значит, радостно, с правильным намерением. Это очень непросто! Ведь тут мы сталкиваемся с духовной помехой, не психологической и даже не денежной. Именно духовная помеха, то есть человек поставлен в состояние постоянной очень серьезной самопроверки.

Сколько денег мы выбрасываем на ветер! И на что вообще тратим их?! Но когда тебе надо отдать десятину, то есть произвести из себя духовное действие, то дается это очень непросто.

Рабаш говорил: «Лучше, если ты принесешь мне наличными, не делай платежное поручение на твоем счету в банке и чеки не давай». Наличными принеси, чтобы ты думал, отсчитывал дома, что должен принести и отдать. Это серьезная работа.

Дело не в жадности или скупости человека, ни в коем случае! Это духовная проблема, которая вообще не имеет никакого отношения к деньгам в нашем мире. Так реализуется программа: оторвать от себя десятую часть своих желаний, внутреннюю, – буквально по живому отрезать свойство своей души.

Говорят, что и пользы большой эта часть дохода не приносит, если ты не отдаешь ее?

Человек все равно проигрывает десятую часть того, что должен отдать на воспитание, преобразование человечества в духовное общество, ему на пользу это не идет!

И ТОГДА ИДТИ ЛЕГКО И БЛИЗКО К ТЕБЕ

В главе «Смотри»: «Смотри, Я предлагаю вам сегодня благословение и проклятие», – продолжается разговор о приношениях.
Перед входом в Эрец Исраэль народ проходит последнюю чистку, последние предстартовые волнения.

ЕСЛИ ЖЕ СЛИШКОМ ДЛИННА БУДЕТ ДЛЯ ТЕБЯ ДОРОГА, ТАК ЧТО НЕ СМОЖЕШЬ ТЫ НЕСТИ ЭТО, ИБО ДАЛЕКО БУДЕТ ОТ ТЕБЯ МЕСТО, КОТОРОЕ ИЗБЕРЕТ БОГ, ВСЕСИЛЬНЫЙ ТВОЙ, ЧТОБЫ ВОДВОРИТЬ ТАМ ИМЯ СВОЕ, КОГДА БЛАГОСЛОВИТ ТЕБЯ БОГ, ВСЕСИЛЬНЫЙ ТВОЙ, ТО ПРОМЕНЯЙ ЭТО НА СЕРЕБРО, И ВОЗЬМИ СЕРЕБРО ЭТО В РУКИ, И ИДИ В МЕСТО, КОТОРОЕ ИЗБЕРЕТ БОГ, ВСЕСИЛЬНЫЙ ТВОЙ.

«Если далеко будет от тебя место, променяй это на серебро», то есть вместо всех своих желаний, всех своих усилий ты должен создать экран. Серебро – на иврите кесеф, кисуф – это экран.

Променяй на серебро – создай экран, и тогда идти будет легко и близко к тебе. Ведь экран ты воздвигаешь над своими эгоистическими, еще неисправленными свойствами. Либо они уже исправлены, но еще не достигли нужного, достаточного уровня.

Ты должен отделить десятину, обменять ее на экран, и все время возвышать его, пока не достигнешь той точки, в которой экран действительно обратится в нужное свойство, подобное Творцу.

Куда человек несет пожертвование?

В нашем мире, говоря земным языком, – в Храм. Можно внести пожертвование, допустим, овцой или козленком, или обменять их на деньги. В действительности чаще всего так и было.

В духовной работе человека отделить десятину означает – обменять ее на экран и принести тому собранию, которое постоянно собирается в месте, называемом храмом.

Свойство храма – это объединение людей, которые полностью отрекаются от своего животного эгоизма. Отсюда – забой животных и совместная нескончаемая трапеза, которые символизируют отказ человека от своего животного уровня.

Храм представлял собой место наивысшего соединения народа. Люди постоянно приходили сюда, обсуждали, принимали решения, обучались, каким образом надо еще больше и лучше объединиться между собой.

На самом деле во всех других местах тоже были собрания, так называемые, миньяны (десятки), где люди собирались по три раза в день, чтобы объединиться.

Когда говорится, люди режут свое животное, то имеется в виду, что они, собираясь вместе и отменяя себя, идут на соединение?

Да, это глубокая внутренняя работа. Но одновременно они должны приносить пожертвования, потому что должны на что-то существовать. Так, например, мы платим за трапезу, а потом сидим вместе и устраиваем всевозможные упражнения по объединению.

Написано:

И ОТДАВАЙ СЕРЕБРО ЭТО ЗА ВСЕ, ЧЕГО ПОЖЕЛАЕТ ДУША ТВОЯ, ЗА КРУПНЫЙ И МЕЛКИЙ СКОТ, И ЗА ВИНО, И ЗА ХМЕЛЬНОЕ, И ЗА ВСЕ, ЧТО ЗАХОЧЕТСЯ ТЕБЕ, И ЕШЬ ТАМ ПРЕД БОГОМ, ВСЕСИЛЬНЫМ ТВОИМ, И РАДУЙСЯ ТЫ И СЕМЕЙСТВО ТВОЕ.

Отдать серебро, то есть влить свой экран в общий экран, и таким образом соединиться со всеми остальными в одно единое целое. Это и есть вся идея Храма.

ОТКРОЮТСЯ ЗАКРЫТЫЕ ВОРОТА

Продолжаем:

А ЛЕВИТ, КОТОРЫЙ ВО ВРАТАХ ТВОИХ, НЕ ОСТАВЛЯЙ ЕГО, ИБО НЕТ У НЕГО УЧАСТКА И УДЕЛА С ТОБОЙ.

В нашем мире левиты – это твои учителя. Человек должен содержать и поддерживать их.

В духовном смысле учителем является та часть парцуфа, которая не относится к исправлению и стоит выше его. Это высшие сфирот: хохма, бина, даат. Все время их надо поддерживать. Именно об этом и должен думать человек, заботиться о том, что находится в его голове, в его сознании, в его намерении.

Такие состояния называются коэны или левиты.

Что значит – во вратах твоих?

Врата – это твои врата, через которые ты входишь в Высший мир, в притяжение Высшего мира. Поэтому ты и должен заботиться о своем учителе – о левите во вратах твоих.

Речь идет не о том, что он нуждается в заботе. Наоборот, тебе необходимо заботиться о нем, чтобы пройти через эти ворота. Он научит тебя проходить через них, объяснит, что это за ворота, которые закрыты и специально откроются только при условии, что ты правильно подготовлен. Тогда из закрытых ворот они обращаются в открытые, то есть раскрывают тебе все, что находится за ними.

К десятине это имеет отношение?

Это имеет отношение ко всему. Десятина – та часть, от которой человек обязан отречься. С помощью данного условия он связывает себя с десятью сфирот. Затем есть еще и другие условия, выполняя которые он должен приносить всевозможные пожертвования от себя, то есть жертвовать своим эгоизмом.

«Не оставляй левита» – имеется в виду, что постоянно ты обязан следовать его указаниям. Левиты занимаются обучением народа, так это представлено в нашем мире. А в духовном означает, что в каждом существует точка левита, и задача человека – держать ее и подниматься к ней.

ГЛАВА «СМОТРИ»

ПОЖАЛЕТЬ СИРОТУ?

Дальше написано:
К КОНЦУ ТРЕХ ЛЕТ ВЫНЕСИ ВСЯКУЮ ДЕСЯТИНУ ПЛОДОВ ТВОИХ В ТОТ ГОД, И ПОЛОЖИ ВО ВРАТАХ ТВОИХ, ЧТОБЫ ПРИШЕЛ ЛЕВИТ, ИБО НЕТ У НЕГО УЧАСТКА И УДЕЛА С ТОБОЙ, И ПРИШЕЛЕЦ, И СИРОТА, И ВДОВА, ЧТО ВО ВРАТАХ ТВОИХ, И ПУСТЬ ЕДЯТ И НАСЫЩАЮТСЯ...

Пришелец, сирота и вдова – те свойства в нашей душе, или в нашем желании, которые мы должны исправить, именно отдавая им.

Они не могут быть исправлены, они специально существуют за счет других, чтобы дать возможность другим исправиться путем отдачи.

Очень интересно. Выходит, что это надо мне, а не пришельцу, вдове или сироте? Другими словами, это как раз мое исправление?

Конечно. Нет левитов, коэнов, нет простых людей, – нет никого. Есть одно общее кли, одно общее собрание людей, и нет разницы между ними.

Высшее управление специально создает такие слои населения, которые не могут сами себя обеспечить и, якобы, нуждаются в помощи других. Но на самом деле именно те, другие, нуждаются в том, чтобы поддерживать неимущие слои, – тем самым они исправляются.

Это совершенно переворачивает всю картину. Все создано так именно для меня и неимущие нужны мне, а не им нужен хлеб?

Да, конечно. Похоже на то, как мы относимся к маленьким детям.

Все зависит от того, кто на самом деле должен исправляться, что является самым главным в жизни. Высшая сила существует и специально ставит нас в такие условия, чтобы мы исправлялись, используя все, что она создает в человеческом обществе.

Выходит, что жалеть надо не сироту и не вдову, а именно того, кто не сумел от себя отделить?

Да, конечно! Пожалей сироту – имеется в виду, достичь в себе состояния жалости к нему. Речь не идет о том, что ты даешь ему и кормишь его.

ПЯТЬДЕСЯТ ЛЕТ ЗА ПОЛТОРА ГОДА

К КОНЦУ СЕМИ ЛЕТ УСТАНОВИ ОТПУЩЕНИЕ. И ВОТ В ЧЕМ ЗАКЛЮЧАЕТСЯ ОТПУЩЕНИЕ: ПУСТЬ КАЖДЫЙ ЗАИМОДАВЕЦ ПРОСТИТ ДОЛГ БЛИЖНЕМУ СВОЕМУ И НЕ ПРИТЕСНЯЕТ БЛИЖНЕГО СВОЕГО И БРАТА СВОЕГО, КОГДА ОБЪЯВЛЕНО ОТПУЩЕНИЕ ОТ БОГА.

Что значит «простить долг ближнего своего и не притеснять брата своего, когда объявлено отпущение»?

Когда ты соединяешься с другими, тогда нет долгов и никаких обязательств. Для этого существуют определенные моменты развития, то есть происходит как бы отпущение грехов.

На самом деле речь не идет об отпущении грехов. В процессе своего духовного роста люди достигают состояния третьего, седьмого, пятидесятого года, когда исправляются все их предыдущие, даже самые тяжелые неисправности.

Причем, тут мы говорим не о годах в нашем понимании, а о ступенях духовного развития. Пятьдесят лет, например, могут пройти и за полтора земных года.

Мы изучаем про Адама, что он и другие люди, описанные в Торе, жили восемьсот лет. Это не восемьсот земных лет, ведь даже и восемьдесят лет не жили в те времена. Надо понимать, что тут имеются в виду духовные ступени. Нельзя измерять историю и подсчитывать их возраст, исходя из человеческой логики.

Библия (Тора) нигде не говорит о земных свойствах и земных мерах измерения. Это все – только духовные состояния.

И даже когда говорится, что с тринадцати лет надо выполнять заповеди?

Мы соблюдаем традиции, потому что в этой жизни должны использовать определенные системы отсчета, но система эта – только земная.

На самом деле она исходит из духовной. Тот, кто достигает духовной ступени «тринадцать лет», выполняет эту заповедь. Тот, кто не достигает ее, не может выполнить. Речь ведется не о количестве лет, а о духовном уровне человека, который называется тринадцатилетие.

Получается, и в восемьдесят лет человек может не достичь своего совершеннолетия?

Конечно, если он просто жил на этой земле восемьдесят лет и, может быть, не прожил ни одного дня в своем духовном обличии. Он родился и существовал только на животном уровне, а не на уровне человек.

И написано:

ЧУЖЕЗЕМЦА МОЖЕШЬ ТЫ ПРИТЕСНЯТЬ, НО ДОЛГ БРАТА ТВОЕГО ПРОСТИ ЕМУ.

В другом месте в Торе было написано «не притесняйте чужеземца» и «пришедшего к вам». «Пришельцем был ты в стране египетской».

Снова возвращаемся к тому, что эти условия невозможно объяснить на материальном уровне, потому что все они меняются от места к месту, а по описанию в Торе – от ступени к ступени. Нельзя смотреть на это сугубо прагматично, с земной точки зрения, воспринимать, как закон. Все зависит от духовных ступеней, о которых пишется.

«Чужеземца можешь ты притеснять, но долг брата твоего прости ему». Что это значит на данной духовной ступени?

Долг брата – народ входит в Землю Израиля, и все становятся братьями.

Земля Израиля – это такое духовное состояние, когда весь эгоизм в какой-то мере исправлен, между людьми начинается абсолютно правильное взаимодействие, соединение, раскрытие Творца, то есть они являются братьями.

Чужеземцы – те, кто еще не готов к объединению и вообще не имеет права быть здесь. Чужеземец в Земле

Израиля – это просто клипа. Он там находится, потому что народ Израиля еще не зашел в эту землю.

Как только сыны Израиля входят сюда, то самим своим присутствием, войнами и другими действиями очищают ее от тех, кто там жил, то есть начинают работать с неисправленными желаниями.

Чужеземец или семь народов, находящихся в Земле Израиля, – это эгоистические желания самих евреев, которые входят на данный уровень.

В чем заключалась функция семи народов, живущих в Эрец Исраэль до вступления туда народа Израиля?

Ни в чем. Внутренне они находятся в каждом из людей, как нечистые, еще неисправленные, эгоистические силы, и проявляются только тогда, когда человек начинает бороться за то, чтобы подняться на этот духовный уровень.

Человек чувствует их, приближаясь к Земле Израиля и обнаруживая там семь народов – семь своих эгоистических свойств.

Интересно, что обычный человек с улицы никогда не согласится с тем, что природа людей – эгоистична. Он всегда говорит: «Какой я эгоист? Я – отдающий».

Да, человек, пока не двинулся в Эрец Исраэль, не в состоянии раскрыть эгоизм в себе.

НИЩЕГО БЫТЬ НЕ ДОЛЖНО

Написано дальше:

НО НЕ ДОЛЖНО БЫТЬ У ТЕБЯ НИЩЕГО, ИБО БЛАГОСЛОВИТ ТЕБЯ БОГ В СТРАНЕ, КОТОРУЮ БОГ, ВСЕСИЛЬНЫЙ ТВОЙ, ДАЕТ ТЕБЕ В УДЕЛ, ЧТОБЫ ОВЛАДЕЛ ТЫ ЕЮ...

Человек должен заботиться о том, чтобы исправлять все, находящееся на новом уровне «Земля Израиля», всех сближать и соединять. Поэтому он должен убить даже те народы, которые находятся там. Что значит «убить»? Убить эгоистическое начало их желаний, то есть не использовать. Таким образом, он исправляет их, и они остаются существовать в уже исправленном виде.

Что значит, «не должно быть у тебя нищего»?

Ты должен обеспечить своим экраном абсолютно всех, чтобы в соединении с тобой они могли получить высший свет.

В продолжение:

...И БУДЕШЬ ДАВАТЬ ВЗАЙМЫ МНОГИМ НАРОДАМ, А САМ НЕ БУДЕШЬ БРАТЬ ВЗАЙМЫ, И БУДЕШЬ ТЫ ВЛАСТВОВАТЬ НАД МНОГИМИ НАРОДАМИ, А НАД ТОБОЮ ОНИ ВЛАСТВОВАТЬ НЕ БУДУТ.

Намерение отдачи ради Творца, называемое Исраэль, должно постепенно распространяться на все другие народы, то есть на все остальные желания. Ведь весь мир – это одно неисправленное желание, один Адам, который прегрешил и сделал из себя абсолютно неисправленное существо – имеется в виду абсолютно неисправленное желание.

Все эти желания должны постепенно исправляться и приходить к единому общему состоянию.

Раньше вне Земли Израиля в египетском рабстве человек питал всех остальных, в том числе свои нечистые желания. Потом он захотел выйти из этого состояния и подняться к альтруистическим намерениям.

Он вышел из Египта и оказался на уровне, который называется сорок лет в пустыне, то есть оторвался от наполнения эгоистических желаний. И теперь входит в состояние, когда использует свои бывшие эгоистические желания только ради наполнения ближнего. Потому все они должны исправляться.

Это и значит, что «и будешь давать взаймы многим народам, а сам не будешь брать взаймы».

Ты ничего не должен брать от них. Ты должен только давать им взаймы, то есть исправлять их своим экраном. Ни в коем случае не перенимать никаких желаний от них, а просто действовать в них самих.

Таким образом и происходит поэтапное исправление других народов?

Да, распространением этой идеи и постепенным обучением всех остальных ты будешь «нести свет народам мира». Иначе говоря, властвовать над эгоистическими желаниями, которые над тобой властвовать не будут.

И дальше:

ЕСЛИ ЖЕ БУДЕТ У ТЕБЯ НИЩИЙ, ИЗ БРАТЬЕВ ТВОИХ, ГДЕ-ЛИБО ВО ВРАТАХ ТВОИХ В СТРАНЕ ТВОЕЙ,

КОТОРУЮ БОГ, ВСЕСИЛЬНЫЙ ТВОЙ, ДАЕТ ТЕБЕ, ТО НЕ ОЖЕСТОЧАЙ СЕРДЦА СВОЕГО И НЕ СЖИМАЙ РУКИ ТВОЕЙ ПЕРЕД БРАТОМ ТВОИМ НИЩИМ…

Человек в своем движении к общему исправлению понимает, что все желания, которые есть в нем, он обнаруживает в других. На самом деле, в других – это то же самое, что в себе, ведь все желания и свойства являются общими.

Создан один эгоизм, одно желание, которое надо исправить, и поэтому человек смотрит на все, проявляющееся в нем или в других, как на одно общее целое. Так все движутся вперед.

Ступени исправления – очень разные, каждая отличается от другой и по свойствам (качествам), и по уровню исправления. Есть множество ступеней вширь и множество вверх и вниз. Ведь в духовном состоянии, в духовном мире каждая мельчайшая частичка очень отличается от другой и имеет большое значение.

Так любой мастер воспринимает свое дело как целую науку. Например, музыкальные критики могут бесконечно спорить, казалось бы, о совершенно необязательных вещах. Например, на протяжении веков в их среде существуют сомнения и споры, поставил ли Паганини какую-то ноту в каком-то произведении. Простого слушателя это вообще не волнует, а для них – важно.

То же самое и в Торе. Все указания Торы рассчитаны на более тонкие исправления для тех, кто входит в Землю Израиля и, находясь в ней, начинает серьезно исправлять себя путем объединения. Они работают на получение ради отдачи, и поэтому здесь законы уже более четкие и жесткие.

ДАТЬ – МОЖНО. НО ТОЛЬКО ВЗАЙМЫ

...И НЕ СЖИМАЙ РУКИ ТВОЕЙ ПЕРЕД БРАТОМ ТВОИМ НИЩИМ, НО РАСКРЫВАЙ ЕМУ РУКУ СВОЮ И ДАВАЙ ЕМУ ВЗАЙМЫ ПО МЕРЕ НУЖДЫ ЕГО.

Что это значит?

Нищий – это нищий в даат, то есть в знании, в понимании того, где он находится и что делает.

Не сжимать руку перед ним, то есть дать ему возможность раскрыть систему, чтобы он мог в нее влиться и поднять ее своим еще неисправленным желанием.

Дать ему взаймы означает, что в состоянии, когда у него нет экрана, я должен дать ему с условием, что потом он вернет. Причем он отдает не только мне, но еще и всей системе.

Привлечение каждого нового желания привносит в общее огромное желание свою лепту. Даже если оно совсем небольшое, такое как ребенок, или нищий, или женщина, то есть желание, которое самостоятельно не может исправить себя, все равно получается, что отдача от них очень большая.

Интересно, что все время существует здесь понятие «взаймы», то есть он обязан вернуть все?

Конечно. Как же в духовном можно работать, не возвращая? Это уже будет эгоистическим действием.

Ни в коем случае нельзя отдавать просто так! Только взаймы! Ты должен помочь нищему, а если просто даешь, это не является помощью. Ты должен подписать с ним буквально контракт: «Я даю тебе на определенных условиях и только так и не иначе». У него должно быть знание, что он обязан вернуть.

Да он и сам, если хотя бы в чем-то исправлен, то ничего не возьмет себе. И берет только для того, чтобы исправить свое опустошенное желание и отдать его в общий котел.

Вообще в Земле Израиля невозможно обнаружить людей, берущих для себя, не на отдачу. Ведь в таком состоянии он уже не будет братом твоим нищим, он уже называется чужеземцем.

Далее:

ОСТЕРЕГАЙСЯ, ЧТОБЫ НЕ БЫЛО В СЕРДЦЕ ТВОЕМ ЗЛОГО УМЫСЛА: МОЛ, ПРИБЛИЖАЕТСЯ СЕДЬМОЙ ГОД, ГОД ОТПУЩЕНИЯ, И ЗАХОЧЕТСЯ ТЕБЕ СДЕЛАТЬ ЗЛО НИЩЕМУ БРАТУ ТВОЕМУ, И НЕ ДАШЬ ЕМУ; ОН ЖЕ ВОЗЗОВЕТ О ТЕБЕ К БОГУ, И БУДЕТ НА ТЕБЕ ГРЕХ.

На каждой ступени существуют свои препятствия. Несмотря на то, что на предыдущей ступени я был праведником, на следующей у меня появляется возможность идти в любую сторону – или в плохую, или в хорошую.

Здесь я снова пытаюсь анализировать себя: как поступать, как относиться ко всему. И опять оказываюсь перед седьмым годом или в сомнениях пятидесятого года. Начинается анализ, попытки решить проблемы, связанные с моими вновь открывающимися эгоистическими желаниями.

Это и означает, чтоб не было в сердце твоем злого умысла перед седьмым годом.

Например, я взошел на тридцатую ступень, потом на тридцать первую. На тридцать первой ступени снова я должен себя исправлять. Благодаря тому, что стою на уже исправленных тридцати ступенях и смотрю вглубь с их высоты, абсолютно четко я раскрываю в себе все эгоистические свойства, вижу себя еще более неисправленным.

Потому и говорится, чем выше продвигается человек, тем более неисправленным, более незнающим, более тупым он воспринимает себя?

Да. Нам кажется, что Тора все время повторяется, и мы ждем, когда прекратятся эти возвраты к одному и тому же. Они не закончатся до полного исправления, потому что каждый раз раскрываются новые горизонты эгоизма.

Но то, что я прошел тридцать ступеней, все равно остается во мне. Неправильно, если человек успокаивается на этом. Значит, он не достоин быть ни на одной из них.

ВХОД ДЛЯ СВОБОДНЫХ

Потрясающая глава «Смотри» (*ивр.* «Рээ»). **«Смотри, Я предлагаю вам сегодня благословение и проклятие», – так она начинается.**

В любой точке состояния человека перед ним лежит два пути.

«Смотри, Я предлагаю вам сегодня благословение и проклятие», – все время звучит эта фраза. Она действует в каждый момент времени, потому что у людей есть свобода воли.

Человек – это тот, кто понимает, ощущает, знает и способен реализовать свою свободу выбора. Если в каждый момент своего существования он видит, что у него есть два пути и ориентируется, где благословение и где проклятие, – то он человек. Если не способен это понять, то он – животное, которое подгоняется эволюционным развитием, как палкой, подталкивающей осла сзади.

Но он-то уверен, что является человеком.

Это всего лишь потому, что он немножко отличается от других животных. На самом деле, такое восприятие возникает оттого, что человек находится в скрытии и даже не понимает, что решает не он. Он – как кукла, которую посадили на руку артиста, и она думает, что способна решать.

Благословение и проклятие предлагается свободному человеку. Только тому, кто изучением и реализацией каббалы дошел до понимания, что два пути лежат перед ним: проклятие и благословение. И он может выбрать лишь одно из двух. Иного выбора нет, если он находится на уровне выявления и реализации свободы воли. А если он не воплощает ее на практике, тогда не является человеком.

Так и сказано: «Кулам ке беемот нидму» – все подобны животным. Кроме тех, кто с помощью каббалы доходит до уровня свободы воли.

БРОСАЕТ СВОИХ ДЕТЕЙ В БЕЗДНУ

Получается, что народ Израиля – сплошные каббалисты? Меня потрясает, как Моше готовит их ко входу в Эрец Исраэль...

Что значит войти в страну? Подняться в такое место, где люди будут реализовывать свободу воли не на уровне 40-летнего блуждания по пустыне. Находясь в определенных желаниях, которые называются бина – это высокая, непростая ступень, – в пустыне они реализовали свободу воли на слабеньком, можно сказать, детском уровне: слушайся, и все будет хорошо.

Сейчас они входят в состояние, которое называется Земля Израиля. Это самое страшное место в мире, самое ужасное, самое ненавистное, вызывающее в людях постоянные склоки и ярость. Земля, о которой сказано, что она поглощает живущих на ней, ведь они проваливаются прямо в нее.

С одной стороны, это – земля. С другой стороны, это – желание: земля – на иврите эрец, от слова рацон. Если ты правильно реализуешь это желание, то раскрываешь в нем Творца.

Человек из своего внутреннего состояния «пустыня» входит в состояние «Земля Израиля», поднимается к еще большим эгоистическим желаниям и может реализовать свою свободу воли на следующем, более тяжелом уровне. Перед ним раскрываются серьезные противопоставления между добром и злом, которые он обязан решать в себе.

Человек входит в Эрец Исраэль и открывает новые бездны и неисправности Он обязан исследовать их в себе и предпочесть любовь ненависти. Очень непростое состояние, потому что он платит за это своей животной свободой.

Тут разворачивается настоящая драма: практически стоишь перед ужасом! Моше, зная, что он не войдет в Землю Израиля, отправляет туда своих детей…

Это, конечно, страшное состояние, когда ты готов и хочешь идти вместе со всеми, но тебе непозволительно. Что с ними будет? Ты не знаешь. Отпускаешь их – и с этого момента они становятся самостоятельными.

На предварительном этапе, в пустыне, уровень намного ниже, чем в Земле Израиля. Все противоречия, раскрывающиеся в человеке в пустыне, были очень незначительными относительно следующего состояния.

Кроме того, в пустыне был Моше – посредник между народом и Творцом. На границе с Землей Израиля уже отсутствует связь с системой управления, так как нет Моше. А все они – его дети! В каком виде эта система раскроется перед ними?!

Действительно, тяжелые состояния. К сожалению, мы способны понять их только на нашем земном уровне, не на уровне духовной каббалистической ступени.

ЗАХОЧЕШЬ ДАТЬ – НЕ СМОЖЕШЬ

Приближаемся к концу главы «Смотри», написано: И ЗАХОЧЕТСЯ ТЕБЕ СДЕЛАТЬ ЗЛО НИЩЕМУ БРАТУ ТВОЕМУ, И НЕ ДАШЬ ЕМУ; ОН ЖЕ ВОЗЗОВЕТ О ТЕБЕ К БОГУ, И БУДЕТ НА ТЕБЕ ГРЕХ. ДАЙ ЖЕ ЕМУ, И ДА

ГЛАВА «СМОТРИ»

НЕ БУДЕТ ДОСАДНО ТЕБЕ, КОГДА ДАШЬ ЕМУ, ИБО ЗА ЭТО БЛАГОСЛОВИТ ТЕБЯ БОГ, ВСЕСИЛЬНЫЙ ТВОЙ, ВО ВСЕХ ДЕЛАХ ТВОИХ И ВО ВСЯКОМ НАЧИНАНИИ ТВОЕМ.

Не дашь нищему брату своему, не захочешь дать, но все равно – дай ему.

Не сможешь давать! Ничего не сделаешь – не сможешь. Такова нормальная человеческая психология.

Человек обязан пройти эти состояния, когда чувствует, что это – мой брат, но дать ему я не могу. Брат – не имеется в виду по кровному родству, а по внутренней близости. Он родной мне, практически, как сын. И я ощущаю, что не могу ему дать.

Были в истории такие злодеи, которые допускали, чтобы их дети умирали от голодной смерти. И они знали об этом. Не просто знали, но вызывали это. Причем не вследствие психологически больного состояния, поврежденной психологии, а от зла внутри.

«Захочется тебе сделать зло нищему брату твоему, – и не дашь ему»! Идет усиление: нищему, брату твоему.

«...он же воззовет к Богу, и будет на тебе грех. Дай же ему, и да не будет досадно... да не будет тебе досадно, когда дашь ему, ибо за это благословит тебя Бог, Всесильный...».
Что это такое?

Ты должен дать ему не только потому, чтобы не было на тебе греха, а дать от всего сердца, безответно, беззаветно, то есть без всякой прибыли для себя ни в этом, ни в будущем мире.

В духовной работе человека «нищий брат мой» – это любые действия отдачи, направленные или на людей, или на Творца.

Высший свет наполнения может пройти на них только через меня, поэтому люди и даже Творец всегда стоят против меня в виде нищих. В моих руках находится их наполнение.

Выходит, что свойство отдачи – всегда нищее?

Да, получается так. Разве сегодня я думаю о том, чтобы отдавать другим? Меня совершенно не интересует, что кто-то находится в плохом состоянии.

Даже если я замечаю, то все равно прохожу мимо, каким-то образом оправдав себя, чтобы не заниматься этой проблемой. Но если все-таки включаюсь в нее, то только при условии, что буду иметь выгоду. Пусть не в этом мире – в будущем. Или чтоб кто-то сказал обо мне: «Какой он милосердный».

Если нет выгоды для меня ни в этом и ни в будущем мире, то вообще я ничего не увижу, потому что смотрю на все через свое эгоистическое зрение. Вот в этом и проблема.

Отсюда такая огромная пропасть между богатыми и бедными?

Сегодня мы находимся в состоянии, в котором человек не может отдать от себя. Никак. Добавился на его счету в банке еще один ноль, в эту секунду он чувствует удовлетворение: счетчик щелкнул. И все – в следующее мгновение уже нет этой радости. Нужен еще один ноль. А то, что из-за этого могут погибать люди, он не ощущает.

Но Вы никогда не вините человека, что на его счету миллиарды денег...

Нет. Творца надо винить. Он сказал: «Я создал зло». И добавил: «И дал Тору для его исправления», то есть дал свет.

Свет Торы возвращает человека к источнику, то есть к Творцу. Применяй ее, и все зло обратишь в добро, и станешь подобным Ему – вечным и совершенным. Тогда перед тобой все раскроется, и ты выйдешь из рамок этого маленького мирка, и будешь существовать в совершенно другом измерении.

Выходит, что я богат, все в моих руках...

От каждого человека зависит богатство всех остальных, потому что через каждого из нас, как через трубочку, проходит свет на всех остальных. И никто никого не может заменить.

И продолжает:

ИБО НЕ ПЕРЕВЕДУТСЯ НИЩИЕ НА ЗЕМЛЕ, ПОЭТОМУ Я ЗАПОВЕДУЮ ТЕБЕ, ГОВОРЯ: РАСКРЫВАЙ РУКУ СВОЮ БРАТУ ТВОЕМУ, БЕДНЯКАМ ТВОИМ И НИЩИМ ТВОИМ В СТРАНЕ ТВОЕЙ.

Творец заповедует подсоединяться ко всем остальным и раскрывать, что можешь быть механизмом для их наполнения, частью общей системы, в которой ты наполняешь всех. Так должен делать каждый человек, потому что он уникален именно в этом.

Нищие же не переведутся до полного исправления, пока все не наполнятся друг от друга – один через другого. Перед каждым стоит задача – наполнить все остальное человечество, все души – это и есть нищие.

Что такое нищий во мне? Все остальные души – это я! Но я этого не ощущаю, пока не начинаю наполнять их. Тут приходит раскрытие, что это – мое, что они – мои. Ведь через каждого из нас, проходит свет на все души. Поэтому не может кто-то увильнуть от этой работы, каждый обязан выполнить свою миссию, в итоге которой достигается совершенство.

ОТДАЛ – ПОЛУЧИЛ ВДВОЙНЕ

Написано:

ЕСЛИ ПРОДАН БУДЕТ ТЕБЕ БРАТ ТВОЙ, ЕВРЕЙ ИЛИ ЕВРЕЙКА, ТО ПУСТЬ РАБОТАЕТ У ТЕБЯ ШЕСТЬ ЛЕТ, А В СЕДЬМОЙ ГОД ОТПУСТИ ЕГО НА СВОБОДУ.

Еврей – на иврите иуди, происходит от слова иуд – сближение. За шесть-семь лет работы эти желания настолько входят в тебя, что уже полностью являются твоей частью. Поэтому состояние, в котором они ниже тебя, не может продолжаться.

Шесть-семь лет означает исправление нижней части парцуфа.

Продан будет тебе брат твой – имеется в виду, что он полностью принадлежит тебе, и нет уже никакого различия между вами. Он – твоя личная часть, поэтому забота о нем и забота о себе становятся одним целым.

Отпусти его на свободу – это значит, что в определенных случаях он становится не твоей частью, а самостоятельной душой, отпочковывается от тебя.

ГЛАВА «СМОТРИ»

И указание:

А ОТПУСКАЯ ЕГО НА СВОБОДУ, НЕ ОТПУСКАЙ ЕГО С ПУСТЫМИ РУКАМИ.

Поскольку происходит рождение новой души, то ты обязан дать ей все, что необходимо до достижения ею совершеннолетия.

Она обязана получить наполнение на будущее, на весь отрезок, в течение которого будет исправлять себя и нуждаться в силах исправления.

А ОТПУСКАЯ ЕГО НА СВОБОДУ, НЕ ОТПУСКАЙ ЕГО С ПУСТЫМИ РУКАМИ. ДАЙ ЕМУ ОТ СКОТА ТВОЕГО, И ОТ ГУМНА ТВОЕГО, И ОТ ВИНОДЕЛЬНИ ТВОЕЙ...

И ПОМНИ, ЧТО РАБОМ БЫЛ ТЫ В СТРАНЕ ЕГИПЕТСКОЙ, И ОСВОБОДИЛ ТЕБЯ БОГ, ВСЕСИЛЬНЫЙ ТВОЙ; ПОТОМУ Я ЗАПОВЕДУЮ ТЕБЕ ЭТО СЕГОДНЯ.

Опять идет напоминание.

Это не напоминание. Дело в том, что все исходит из одного источника: отдавая кому-то, получаешь от Творца. В каббале ты явно видишь, что если что-то отдаешь другому, то к тебе приходит свыше новое.

Но ты должен отдавать другому не ради того, чтобы получить свыше, а ради отдачи другому.

Как уподобиться Творцу, как безвозвратно отдавать, зная, что если отдашь другому, то получишь назад во много раз больше, – тут возникает проблема.

Получается, ты всегда будешь богат, если будешь отдавать по-настоящему? Все время будешь наполняться для того, чтобы отдавать?

Естественно. Отдавая, ты освобождаешь себя от ненужного груза.

Если ты проникаешься желаниями других, поднимаешь их наверх, то получаешь вдвойне, чем должен передать им. Говорится, «старший наследует в два раза больше».

Значит, вечный двигатель практически существует при условии такой работы?

У нас есть вечный источник. Если мы к Нему подключаемся, то тоже становимся вечными.

Далее:

И БУДЕТ, ЕСЛИ СКАЖЕТ ОН ТЕБЕ: «НЕ УЙДУ Я ОТ ТЕБЯ», – ПОТОМУ ЧТО ПОЛЮБИЛ ОН ТЕБЯ И ДОМ ТВОЙ, ПОТОМУ ЧТО ХОРОШО ЕМУ У ТЕБЯ...

Тут есть два пути. Одна возможность: желание, которое было у тебя на правах раба или работника в течение какого-то времени, примыкает к тебе и становится одним целым с тобой.

Другая возможность – желание отходит от тебя и становится как бы самостоятельным. Но тогда ты должен вручить ему в дорогу все, что необходимо для самостоятельного развития.

«Полюбил он тебя» означает, что примыкает к тебе, то есть лишается своей самостоятельности и принимает твою. Но, в принципе, это ваше общее состояние, потому что он приносит тебе свои желания. И вы становитесь одним общим целым.

ГЛАВА «СМОТРИ»

ТОГДА ПРОКОЛИ ЕМУ УХО

И тогда говорится:

...ТО ВОЗЬМИ ШИЛО И ПРОКОЛИ УХО ЕМУ К ДВЕРИ, И БУДЕТ ОН ТЕБЕ РАБОМ НАВЕКИ. ТАК ЖЕ ПОСТУПАЙ И С РАБЫНЕЙ ТВОЕЙ.

Ухо – это свойство бины. Проколи – сделай там дырку, то есть хисарон, недостаток. При этом его свойство отдачи становится твоим, навеки.

Существует пять уровней духовного развития: человек, одежда, дом, двор, окружающий внешний мир. Дверной проем указывает на выход.

Проколи ухо к двери – он замыкается в твоем доме, остается во внутреннем уровне – это свойство, которое полностью находится в бине – гальгальта эйнаим.

Ему прокололи ухо, и он теперь примыкает к хозяину, как раб. Не уходит, не выходит. Свобода воли становится совместным состоянием.

Что лучше – выйти на свободу или остаться рабом?

Так делается не потому, что лучше или хуже. Речь идет о выяснении желаний, которые существуют в этой системе, насколько каждое из них нуждается в особом исправлении

Это зависит от определенного свойства желания, которое в данном случае называется раб, друг, брат. Именно таким образом он должен заранее себя исправить и сейчас достигнуть исправления, полностью примкнув к тебе.

И ПУСТЬ НЕ КАЖЕТСЯ ТЕБЕ ТРУДНЫМ, ЧТО ОТПУСКАЕШЬ ЕГО ОТ СЕБЯ НА СВОБОДУ, ИБО ПЛАТУ

ДВУХ НАЕМНЫХ РАБОТНИКОВ ОТРАБОТАЛ ОН У ТЕБЯ ШЕСТЬ ЛЕТ; И БЛАГОСЛОВИТ ТЕБЯ БОГ, ВСЕСИЛЬНЫЙ ТВОЙ, ВО ВСЕМ, ЧТО БУДЕШЬ ДЕЛАТЬ.

Почему «не кажется тебе трудным, что отпускаешь его на свободу»?

Отпусти, чтобы не было такого эгоистического желания. Если говорить не на духовном уровне, где все происходит между душами, а на уровне нашего мира, то действительно один раб отрабатывает своему владельцу за двух или больше рабов. Почему за нескольких?

Работая на тебя, «раб» поднимает свой МАН к тебе, а ты зарабатываешь в два раза больше! Свет для него ты проводишь через себя, поэтому получается, что он отработал тебе за двоих.

Дальше:

ВСЕХ ПЕРВЕНЦЕВ, КОТОРЫЕ РОДЯТСЯ У КРУПНОГО И МЕЛКОГО СКОТА ТВОЕГО, САМЦОВ, ПОСВЯЩАЙ БОГУ, ВСЕСИЛЬНОМУ ТВОЕМУ; НЕ РАБОТАЙ НА ПЕРВЕНЦЕ БЫКА ТВОЕГО И НЕ СТРИГИ ПЕРВЕНЦЕВ ОВЕЦ ТВОИХ.

Первый, родившийся на каждой ступени на любом уровне, – это кетэр, как бы представитель Творца в творении. Использовать его запрещено, потому что кетэр – свойство чистой отдачи. Нельзя наслаждаться им, получать от него выгоду, наоборот, следует поддерживать его, развивать, давать ему.

Поэтому не работай на первенце быка и не стриги первенцев овец, чтобы не получать выгоду для себя.

ГЛАВА «СМОТРИ»

Сказано, если первенец будет «хромой, слепой, с любым пороком, то не приноси его в жертву Богу». Разве кетэр может быть с пороком?

Все мы находимся на неисправленном уровне. Потому такие неисправленные состояния и существуют, но отношение к ним все равно должно быть особым.

ЕЩЕ НЕМНОЖКО ВЫШЛИ ИЗ ЕГИПТА

Дальше снова идет напоминание о праздниках:
СОБЛЮДАЙ МЕСЯЦ КОЛОСЬЕВ И СОВЕРШАЙ ПЕСАХ БОГУ, ИБО В МЕСЯЦЕ КОЛОСЬЕВ ВЫВЕЛ ТЕБЯ БОГ, ВСЕСИЛЬНЫЙ ТВОЙ, ИЗ ЕГИПТА НОЧЬЮ.

Песах – это такое состояние, в котором человек должен чувствовать себя постоянно выходящим из Египта. Каждый раз в нем раскрываются огромные эгоистические желания, и он пытается подняться над ними.

Этот праздник мы должны вспоминать до самого конца, пока есть еще неисправленные желания. Все время мы как бы вытаскиваем их и пытаемся с ними работать. Иначе говоря, постоянно выходим из Египта – еще немножко и еще немножко. И так на каждой ступени, каждый год в нашем мире.

НЕ ЕШЬ ПРИ ЭТОМ КВАСНОГО, СЕМЬ ДНЕЙ ЕШЬ ПРИ ЭТОМ ОПРЕСНОКИ, ХЛЕБ БЕДНОСТИ, ИБО ПОСПЕШНО УШЕЛ ТЫ ИЗ СТРАНЫ ЕГИПЕТСКОЙ…

Вдруг я обратил внимание: едим опресноки именно потому, что поспешно вышли? Мне необходимо все время ощущать, что вышли поспешно?

Да, настолько поспешно, что не успело закваситься тесто.

На самом деле, освобождение от эгоизма происходит мгновенно. Это действие высшего света совершается за одно мгновение, – и перед человеком раскрывается новый мир.

И ПУСТЬ НЕ ВИДНО У ТЕБЯ БУДЕТ ЗАКВАСКИ ВО ВСЕХ ПРЕДЕЛАХ ТВОИХ СЕМЬ ДНЕЙ, И ПУСТЬ НЕ ОСТАНЕТСЯ ИЗ МЯСА, КОТОРОЕ ТЫ ПРИНЕСЕШЬ В ЖЕРТВУ ВЕЧЕРОМ, ДО УТРА ПЕРВОГО ДНЯ.

Что такое во мне – «не видно будет квасного семь дней»?

В человеке не останется никакого эгоизма. Квасное – это эгоизм. В течение всего года мы пользуемся эгоизмом, чтобы исправлять его, работая с ним, а за неделю Песаха должны полностью оторваться от него.

Чтобы правильно работать с эгоизмом, с тем огромным желанием, которое называется Египет, человек должен отделиться от него: это именно неделя (семь дней). Потом можно начинать действия по исправлению, снова подтягивать его под себя. И так каждый год, потому что всякий раз происходит обновление.

Дальше:

НЕ МОЖЕШЬ ТЫ ПРИНОСИТЬ ПАСХАЛЬНУЮ ЖЕРТВУ ГДЕ-ЛИБО ВО ВРАТАХ ТВОИХ, КОТОРЫЕ БОГ,

ВСЕСИЛЬНЫЙ ТВОЙ, ДАЕТ ТЕБЕ; НО ЛИШЬ НА ТОМ МЕСТЕ, КОТОРОЕ ИЗБЕРЕТ БОГ, ВСЕСИЛЬНЫЙ ТВОЙ, ЧТОБЫ ВОДВОРИТЬ ТАМ ИМЯ СВОЕ...

Особые желания, которые называются «место», находятся там, где может раскрыться Высшая сила.

Есть желания вспомогательные, второстепенные, а есть основные, которые проявляются в результате правильных действий, правильных исправлений второстепенных желаний. Они и являются точками раскрытия Творца.

Самая главная точка называется Храм, святая святых в Храме и так далее. Есть точки более низкие, которые находятся в любом месте Земли Израиля. Все точки направлены к Творцу в общем желании, которое называется Землей Израиля – место, где десять человек собираются в дружбе и единении. Иначе не создать место, где может раскрыться Высшая сила.

Творец может раскрыться не только в Иерусалиме, но и среди любых десяти человек – мужчин, которые объединяются вместе над своим эгоизмом, чтобы уподобиться Творцу в своем единении.

Существует очень много рассказов о том, что именно в Иерусалиме люди делали друг другу много добрых дел, потому Храм и был построен тут. На самом деле Храм может быть создан в любом другом месте, где есть объединение.

И продолжает:

...ТЫ МОЖЕШЬ ПРИНОСИТЬ ПАСХАЛЬНУЮ ЖЕРТВУ ВЕЧЕРОМ, ПОСЛЕ ЗАХОДА СОЛНЦА, В ТО ВРЕМЯ, В КОТОРОЕ ВЫШЕЛ ТЫ ИЗ ЕГИПТА.

Выход из Египта означает отключение от эгоизма и подъем над ним, но это только первоначальная стадия, это еще не исправление эгоизма.

Продолжение исправления заключается в том, что каждый раз ты должен брать из эгоизма какую-то часть, ощущать, как выходишь из него и начинаешь исправлять на обратное свойство. Поэтому постоянно как бы выходишь из Египта.

Почему приносить пасхальную жертву вечером? Вечер – это состояние, в котором начинаешь ощущать, что в тебе происходит проявление зла. Причем, нового зла, потому что ночь – это начало суток, время проявления всех злых сил, которые ты собираешь и выявляешь. И потом наступает утро.

Утро – это не восход солнца, а твое точное ощущение, ты знаешь, как сейчас работать на отдачу с этими эгоистическими желаниями.

Сказано:

И ИЗЖАРЬ, И ЕШЬ НА МЕСТЕ, КОТОРОЕ ИЗБЕРЕТ БОГ, ВСЕСИЛЬНЫЙ ТВОЙ, И ВОЗВРАТИШЬСЯ УТРОМ, И УЙДЕШЬ В ШАТРЫ СВОИ.

ШЕСТЬ ДНЕЙ ЕШЬ ОПРЕСНОКИ, А В ДЕНЬ СЕДЬМОЙ – ПРАЗДНИЧНОЕ СОБРАНИЕ БОГУ, ВСЕСИЛЬНОМУ ТВОЕМУ, НЕ ДЕЛАЙ НИКАКОЙ РАБОТЫ.

Приходи на один день или на неделю – есть разные исправления.

Человек должен прийти к определенному желанию, к определенному состоянию, к определенной связи с другими, чтобы совершить исправление самых больших желаний. Мясо – это самое тяжелое животное желание.

На этом заканчивается праздник Песах, и можно вернуться к своим обычным исправлениям в течение всего года.

СЕМЬ НЕДЕЛЬ НЕ СТРИГИСЬ

Дальше говорится о празднике Шавуот:

СЕМЬ НЕДЕЛЬ ОТСЧИТАЙ СЕБЕ СО ВРЕМЕНИ, КОГДА ЗАНОСЯТ СЕРП НА КОЛОСЬЯ, НАЧИНАЙ СЧИТАТЬ СЕМЬ НЕДЕЛЬ. И СОВЕРШАЙ ПРАЗДНИК ШАВУОТ...

После Песаха начинается подготовка к лету, наступает пора жатвы. В это время нельзя заниматься большими исправлениями, кстати говоря, нельзя стричься, покупать что-то новое, устраивать свадьбы и т.д. Законы нашего поведения в материальном мире говорят о том, что в это время человек не может заниматься большими, серьезными исправлениями, нет для них достаточно света, сил.

Семь недель называется временем малого состояния – катнут: мы не вооружены большими силами против нашего эгоизма, потому что практически подготавливаемся к получению высшего света в праздник Шавуот.

И РАДУЙСЯ ПЕРЕД БОГОМ, ВСЕСИЛЬНЫМ ТВОИМ, ТЫ, И СЫН ТВОЙ, И ТВОЯ ДОЧЬ, РАБ...

Это и есть получение света в Шавуот?

Да, в течение 49 дней идет постепенное накопление правильного желания, которое исправляется в очень напряженных состояниях, затем оно прорывается, раскрывается и в нем проявляется высший свет, который называется «Дарованием Торы».

И написано так:

ПРАЗДНИК СУКОТ СОВЕРШАЙ СЕМЬ ДНЕЙ, КОГДА УБЕРЕШЬ С ГУМНА ТВОЕГО И ИЗ ВИНОДЕЛЬНИ ТВОЕЙ.

В Песах начинаешь духовную работу, продолжаешь в праздник колосьев Шавуот и заканчиваешь в Суккот.

В Суккот ты уже собрал свой урожай и сидишь вместе с товарищами в сукке. Сейчас уже можешь подняться действительно до высокого уровня, потому что находишься в окружении своих исправленных желаний.

Почему семь дней отводится на Суккот?

Речь идет о семи днях духовного подъема. И Суккот, и Песах продолжаются семь дней – это полная мера нашего усилия и желания, которое мы можем исправить.

О ПУРИМЕ В ТОРЕ НЕ ГОВОРИТСЯ

В Торе говорится о трех главных праздниках.
ТРИ РАЗА В ГОДУ ПУСТЬ ПРЕДСТАНЕТ КАЖДЫЙ МУЖЧИНА У ТЕБЯ ПРЕД БОГОМ, ВСЕСИЛЬНЫМ ТВОИМ, НА МЕСТЕ, КОТОРОЕ ОН ИЗБЕРЕТ: В ПРАЗДНИК ОПРЕСНОКОВ, И В ПРАЗДНИК ШАВУОТ, И В

ПРАЗДНИК СУККОТ. И ПУСТЬ НЕ ПРЕДСТАЮТ ПРЕД БОГОМ С ПУСТЫМИ РУКАМИ: КАЖДЫЙ ПУСТЬ ПРИНЕСЕТ, СКОЛЬКО ОН МОЖЕТ, ПО БЛАГОСЛОВЕНИЮ БОГА, ВСЕСИЛЬНОГО ТВОЕГО, КОТОРОЕ ОН ДАЛ ТЕБЕ.

На этом заканчивается глава «Смотри». Что означают эти три праздника?

Три праздника олицетворяют процесс исправления. Песах – выход из эгоизма. Шавуот – исправление в свойстве отдачи. Суккот – это уже получение урожая и нахождение внутри шатра.

Это три праздника исправления, а полное исправление олицетворяет Пурим, который выглядит как маленький, незаметный, детский праздник.

В Торе ничего не пишется о Пуриме. Это состояние впереди, его еще не было, поэтому Тора не может его раскрыть.

Приложение

ОБ ИЗДАНИИ «ТАЙНЫ ВЕЧНОЙ КНИГИ»

«Тайны Вечной Книги. Каббалистический комментарий к Торе» – многотомное издание, передающее содержание одноименного цикла передач с каббалистом Михаэлем Лайтманом. Автор и ведущий – Семен Винокур.

Уникальное издание впервые приоткрывает завесу тайны о истинном смысле Торы. Знания, которые тысячелетиями передавались из уст в уста, хранились от посторонних глаз и ушей, сейчас раскрываются нам, потому что пришло время.

В каждом томе последовательно дается каббалистический комментарий к недельным главам Торы.

ПРИЛОЖЕНИЕ

СОДЕРЖАНИЕ ТОМОВ

Том 1, главы Торы: «В начале», «Ноах», «Иди себе».

Том 2, главы Торы: «И открылся», «И было жизни Сары», «Вот родословная Ицхака…», «И вышел Яаков».

Том 3, главы Торы: «И послал», «И поселился», «В конце», «И подошел», «И будет», «Имена», «И явился», «Идем».

Том 4, главы Торы: «Когда послал», «Итро», «Законы», «Пожертвование».

Том 5, главы Торы: «Укажи», «Когда будешь вести счет», «И собрал», «Исчисления», «И призвал».

Том 6, главы Торы: «Прикажи», «Восьмой», «Зачнет», «Прокаженный».

Том 7, главы Торы: «После смерти», «Будьте святы», «Скажи».

Том 8, главы Торы: «У горы», «По Моим законам», «В пустыне», «Исчисли».

Том 9, главы Торы: «Когда будешь зажигать», «И послал», «Корах», «Закон», «Балак».

Том 10, главы Торы: «Пинхас», «Матот», «Маасей», «Дварим».

Том 11, глава Торы: «И молился я», «Вследствие», «Смотри».

Том 12, главы Торы: «Судьи», «Когда выйдешь», «И придешь»

Том 13, главы Торы: «Вы стоите», «И пошел», «Внимайте», «И это благословение». «Тайны Вечной Книги» – избранные публикации.

МИХАЭЛЬ ЛАЙТМАН

Михаэль Лайтман (философия PhD, биокибернетика MSc) – всемирно известный ученый-исследователь в области классической каббалы, основатель и глава Международной академии каббалы (МАК) – независимой, некоммерческой ассоциации, занимающейся научной и просветительской деятельностью в области науки каббала.

М. Лайтман – автор более 70 книг по науке каббала, переведенных на 40 языков, являющихся углубленными комментариями ко всем оригинальным каббалистическим источникам.

СЕМЕН ВИНОКУР

Автор и ведущий серии передач с Михаэлем Лайтманом «Тайны Вечной Книги», писатель, сценарист, кинорежиссер и продюсер более восьмидесяти документальных и художественных фильмов, лауреат премий и наград 12 международных фестивалей за лучшие документальные фильмы, обладатель приза Израильской академии кино за лучший сценарий игрового фильма.

ПРИЛОЖЕНИЕ

ОБУЧАЮЩАЯ ПЛАТФОРМА МЕЖДУНАРОДНОЙ АКАДЕМИИ КАББАЛЫ

https://kabacademy.com/

Миллионы учеников во всем мире изучают науку каббала. Выберите удобный для вас способ обучения на сайте.

Наша онлайн-платформа позволит вам пройти обучение у лучших преподавателей академии, изучая уникальные каббалистические источники, общаться в онлайн-сообществе, получить инди.видуальное сопровождение помощника-тьютора.

ИНТЕРНЕТ-МАГАЗИН КАББАЛИСТИЧЕСКОЙ КНИГИ

https://kabbalah.info/rus/books/

Крупнейший международный интернет-магазин каббалистической литературы. Здесь представлен самый широкий и уникальный ассортимент научной, учебной и художественной литературы по каббале, включая каббалистические первоисточники.

Возможность заказать книгу из любой точки мира.

 **МЕЖДУНАРОДНАЯ АКАДЕМИЯ КАББАЛЫ**

https://kabbalah.info/rus/

Сайт Международной академии каббалы – неограниченный источник получения достоверной информации о науке каббала.

Вы получаете доступ к уникальному контенту: библиотеке каббалистических первоисточников, к широкому спектру передач и архиву лекций. Сайт дает возможность подключаться к прямой трансляции ежедневных уроков основателя и главы Международной академии каббалы Михаэля Лайтмана для всех, кто занимается углубленным изучением науки каббала и исследованием каббалистических первоисточников.

Михаэль Лайтман

ТАЙНЫ ВЕЧНОЙ КНИГИ
Каббалистический комментарий к Торе
Том 11

Редакторы: *А. Постернак, Э. Сотникова.*
Оформление обложки: *А. Мохин.*
Технический директор: *Й. Левинский.*
Технический редактор: *Н. Серикова.*
Верстка: *С. Добродуб.*
Выпускающий редактор: *С. Добродуб.*

ISBN 978-965-551-054-6

www.ingramcontent.com/pod-product-compliance
Lightning Source LLC
LaVergne TN
LVHW021221080526
838199LV00084B/4304